戰爭

暴力、衝突與動盪如何形塑人類與社會

HOW CONFLICT SHAPED US

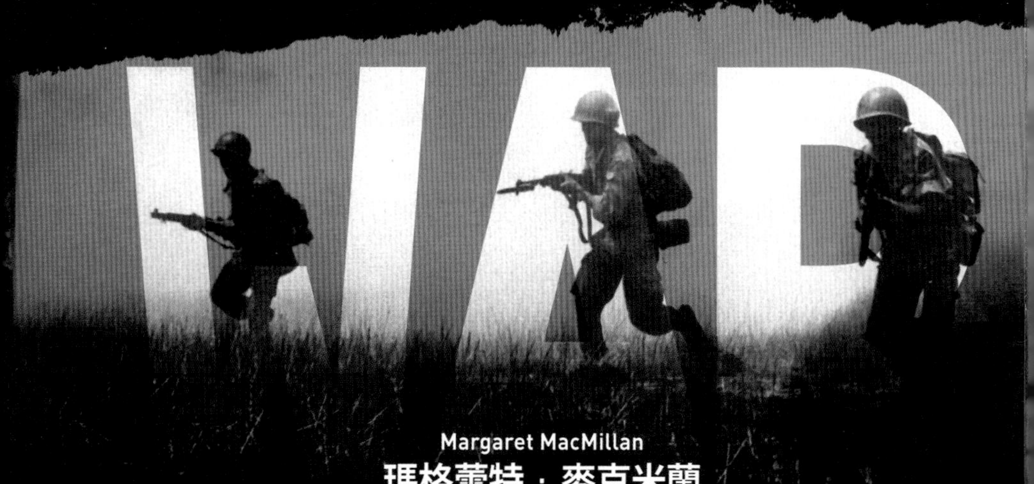

Margaret MacMillan
瑪格蕾特 · 麥克米蘭

曹嬿恆——譯

一九一七年四月，列寧（Vladimir Ilyich Lenin）抵達聖彼得堡的赫爾辛基車站。若無第一次世界大戰，他和他那小小的激進派別布爾什維克派永遠不會有機會在俄國掌權。隨著政權搖搖欲墜民眾失去耐性，政治巨變成為戰爭所無意引發的諸多後果之一。

在當時稱為列寧格勒的聖彼得堡圍城戰期間，橫越拉多加湖（Lake Ladoga）的冬季補給線。圍城是一種戰爭手段，用來摧毀敵人奮戰下去的意志。在第二次世界大戰期間，德國軍隊包圍列寧格勒將近九百日。這座城市挺了下來，可是平民百姓的死亡，人數可能超過上百萬。

美國內戰期間，一八六二年在血腥的安提坦戰役中死去的邦聯南軍，照片為知名攝影師亞歷山大・加德納所攝（Alexander Gardner）。眾所周知，他會為了鏡頭而重新排列屍體，這張照片可能也是如此。內戰所喚起的熱情，往往會使戰爭曠日廢時又代價高昂。在這場內戰中死去的美國人，超過美國在所有其他衝突中死亡人數加總。

西班牙內戰期間共和軍第一次大型進攻。攝影師潔妲・塔羅（Gerda Taro）在這張照片裡捕捉到一九三六年馬德里附近的巷戰，當時，捍衛合法政府的共和軍試圖壓制由佛朗哥將軍所領導的叛軍。

第一次世界大戰時，一名在充填炮彈的英國女性勞工。當男人上戰場，女人一肩挑起向來被視為是「男人的工作」。兵工廠所使用的化學品把許多女性的膚色染黃，「金絲雀女孩」往往也會生下有相同膚色的嬰孩。女性對戰事的貢獻有助於削弱女性外出工作的社會與法律障礙。

被德國人暱稱為「暗夜女巫」的第五八八夜間轟炸兵團蘇聯女性飛行員。雖然在整個歷史上，戰鬥人員絕大部分是男性，但是從亞馬遜族的時代到今日，不乏許多女性戰士的例子。二戰時，蘇聯女性也會擔任狙擊手、槍手和游擊隊員。

一架能載運部隊與炸彈的英國皇家空軍運輸機維克斯．維農（Vickers Vernon），在一九二〇年代飛越巴格達與底格里斯河上空。在早期空中武力使用新科技的例子中，英國會派出像這樣的飛機，來恐嚇第一次世界大戰後發現自己被英國統治而反抗的伊拉克人。

女人們走在遭到空襲毀壞的敘利亞伊德利卜（Idlib）街區。這張照片攝於二〇二〇年三月，敘利亞內戰的第十年，見證了戰爭讓平民百姓所蒙受的代價。儘管自從一九八〇年代的兩伊戰爭後，未見國與國之間的大型戰爭，但世界各地長久不歇的內戰仍持續殺害數十萬名百姓，並使得更多人淪為難民。

一九四五年七月，在新墨西哥州阿拉莫戈多（Alamogordo）首次成功引爆一顆原子彈。曼哈頓計畫將愛因斯坦等物理學家的計算公式化為現實，給了美國一個極具破壞力的新武器。原子彈被用於日本的廣島市與長崎市，雖然加速終結太平洋地區的二次大戰，但此後一直存有爭議性。二〇二〇年有九個大國持有核子武器，目前作為威懾之用。

一九八二年，英國，格林漢空軍基地：女性示威活動，反對美國巡弋飛彈部署在英國。從一九八一年開始，一群又一群女性使用非暴力手段，試圖阻止飛彈交付。照片中約有三萬名抗議者圍著基地形成人牆路障。試圖節制或完全禁止戰爭的歷史，就跟戰爭本身一樣悠久。

北越士兵走過廢棄的美國軍事設施。一九六〇年代的越戰主要是美國與北越及其在南越的支持者之間的爭戰，終結於一九七二年的一份休戰協定。儘管美國人在軍事上從未被打敗，但是他們輸掉了自家與海外的政治戰役。一九七五年，北越接管了南越。

照片中為第一次世界大戰時，一位在義大利前線的奧地利士兵。我們往往認為戰場是開闊的空間，但其實戰爭發生在很多種地形地貌上，從叢林到冰山皆有。一九一五年至一九一八年間，義大利和奧地利的戰鬥便經常在高海拔之處進行，使得人員與設備的移動異常困難。

電影《現代啟示錄》（*Apocalypse Now*）中的一個場景，暱稱為「休伊」（Huey）的裝甲直升機正在攻擊地面目標。美國在越戰中握有技術優勢，其制空權的關鍵就在於「休伊」直升機。這部科波拉拍的電影既控訴戰爭的瘋狂與殘酷，也捕捉到戰爭的興奮刺激。

韓戰爆發初期，美國海軍陸戰隊在一九五〇年的戰鬥身影。儘管現代軍隊愈來愈依賴科技，但戰爭還是不免要「派出兵力」。當北韓在一九五〇年入侵南韓時，美國在聯合國的支持下派出地面部隊趕赴馳援，成功遏阻侵略。這幀照片是由知名的美國攝影師大衛・道格拉斯・鄧肯（David Douglas Duncan）所拍。

美國陸軍憲兵押送一名塔利班囚犯，於古巴的關塔那摩灣海軍基地X光營，二〇〇二年。許多文化裡已經存在戰囚待遇的指導規則，自十九世紀以來連續幾次的日內瓦公約使這樣的指導規則更加具體成形。美國關押在反恐戰爭中抓到的囚犯，不允許他們享有日內瓦公約的保護，已經飽受世人批評。

中國大陸國慶慶典中的閱兵。這張照片攝於二〇〇一年北京市中心的天安門廣場，地對地飛彈正在通過群眾與中共領導階層。撇開平民的參與不談，閱兵已經成為中國大陸軍力的展示場。

一具西元三世紀的羅馬石棺，呈現羅馬士兵大勝武器裝備不佳的蠻族，後者指的是不受羅馬文明教化的民族。雕刻家反映出一種常見於羅馬人的觀點，亦即勝利來自於他們的紀律與好戰精神。由於羅馬就跟許多其它社會一樣崇尚軍事美德與勝利，富有的平民以這類石棺下葬是司空見慣之事。

關於努爾哈赤生平的一本十八世紀歷史書中的一頁。努爾哈赤推翻明朝，創建清朝，在一六四四年到一九一一年間統治中國。直到二十世紀之前的整個歷史上，騎兵在戰爭中扮演重要角色。如這張圖所示，諸如封建歐洲武士或蒙古人等騎在馬上的戰士擁有機動性，能壓制並且分散步兵。

一四九八年，阿爾布雷希特·杜勒（Albrecht Dürer）的《天啟四騎士》（*The Four Horsemen of the Apocalypse*）。這位德國藝術家創作出最富盛名的一系列木刻版畫來描繪《啟示錄》，這是其中的一幅。這幅畫自左至右，呈現出死亡、饑荒、戰爭與瘟疫的降臨。他所描寫的情況在戰爭中也經常如此，四者緊密相連而來，毫不留情地蹂躪無助的平民百姓。

雅克－路易·大衛（Jacques Louis David）的《拿破崙越過阿爾卑斯山》。這是大衛所繪的五個版本之一，頌揚拿破崙在義大利北方擊敗奧地利人的榮耀與英雄氣概，賦予這場征途一個高度理想化的版本。拿破崙就跟之前及此後的領導人一樣，深諳宣傳的力量，徵召藝術家與作家為其服務，許多藝術家也都跟大衛一樣願意貢獻才華。

保羅．烏切羅（Paolo Uccello）的《聖羅馬諾戰役》，繪於一四三八年，呈現來自佛羅倫斯城邦的軍隊擊敗敵對城邦西恩納。畫中，素以蠻勇聞名的佛羅倫斯指揮官尼科洛（Niccolò Mauruzi da Tolentino）帶領騎兵衝鋒。

戈雅（Goya）的《她們勇如猛獸》（*And they are like wild beasts*），《戰爭的災難》系列畫作之五。這位西班牙畫家在一八一〇年到一八二〇年間創作了一系列畫作，呈現西班牙在反抗波旁王朝的革命時，以及一八〇八年法國入侵與隨後的半島戰爭時所蒙受的恐怖與殘酷。平民百姓也會抵抗入侵者，這幅畫中，西班牙女子們正在攻擊法國士兵，其中一人腰間還抱著一個嬰孩。

歸化為法國公民的費利克斯・瓦洛東（Félix Vallotton）曾經在第一次世界大戰剛開始時自願從軍為法國打仗，但因為年齡遭拒。《凡爾登戰役》是他所繪一九一七年戰爭前線的系列畫作之一，呈現環繞著這座重要法國要塞的戰役，超過六十萬名士兵在德國軍隊的持久攻擊中喪命於此地。

加拿大畫家 A.Y. 傑克遜（A.Y. Jackson）的《列萬的毒氣攻擊》（*Gas Attack, Liéven*）。他向一位友人承認説，在西方戰線，夜晚的戰場上有一種奇特的美感；「毒氣雲升起時，天空因火光而閃閃發亮。」在第一次世界大戰時，有些政府會委託官方戰爭藝術家進行創作，雖然他們並非總能認同這些畫家對前線的圖像描繪。

德國左派藝術家凱特・珂勒維茨（Käthe Kollwitz）的《悲痛的雙親》（*The Griering Parents*）。這位在一九一四年十月失去兒子，她與丈夫直到辭世都還在悼念他。她的作品一再地回到關於失去與哀悼的主題，並為了兒子在比利時的墓地創作這些雕像。雖然一開始遠遠分開放置的這兩座雕像後來被移得更靠近，但他們仍各自困在自己的悲傷中。

亞賓・艾格林茲（Albin Egger-Lienz）的《無名者》（*Den Namenlosen*；或 *The Nameless*）。這幅範例是出自第一次世界大戰的奧地利戰爭藝術，描寫工業化的現代戰爭，幾乎沒有前現代戰爭應有的榮耀。艾格林茲雖非官方戰爭藝術家，但也設法到前線作畫。在這幅畫裡，他看到的士兵是失去人性、無名無姓的人物，彷彿直闖風暴圈一般地向敵人進軍。

亨利・摩爾（Henry Moore）的《防空洞裡的人》（*Figures in a Shelter*）。主要以雕像聞名的摩爾，畫了一系列忍受二次世界大戰的百姓們的素描。這些素描多以灰色色階構成，偶爾穿插柔和的顏色，捕捉到一九四一年倫敦仍遭受猛烈轟炸時日常生活的單調還有危險。畫中的人們狼狽地睡在一座地下防空洞中。

喬治・葛羅茲（Georg Grosz）的《戴著防毒面具的基督》（*Christ with Gasmask*）。 就跟戈雅一樣，德國藝術家葛羅茲用他的藝術來抨擊戰爭。這幅一九二六年的素描是他所繪的相同主題系列之一，以十字架上的基督形象來批判從戰爭中獲利的人。他因褻瀆上帝而受審，後來還被納粹譴責為墮落藝術家。

一九四一年格雷姆・薩瑟蘭（Graham Sutherland）的《毀滅，一九四一：東區的街道》（*Devastation, 1941: An East End Street*）。薩瑟蘭受聘於英國政府紀錄二次大戰對英倫諸島的影響，《毀滅》呈現出城鎮遭到空襲的結果，當時納粹德國想要摧毀設施與人民的意志。畫中的景象是受創特別嚴重的倫敦東區已成廢墟的普通排屋。

艾瑞克・拉維利斯（Eric Ravilious）的《赫特福德郡紹布里吉沃斯的噴火戰鬥機》（*Spitfires At Sawbridgeworth, Hertfordshire*）。另一個英國戰爭藝術家拉維利斯繪出岸防與英國賴以削弱德國攻擊的飛機。畫中所描繪的噴火戰鬥機，在一九四〇年防止德國取得制空權的「不列顛之戰」（Battle of Britain）中扮演關鍵角色。

目錄 Content

推薦序

國立臺北大學歷史學系副教授 伍碧雯

戰爭——這裡所指的是人類社會高強度的大型暴力衝突，從遠古至今，不僅未曾在任何歷史時代缺席或消失，甚至是每個世代歷史敘述的主題，每個社會歷史紀念的核心。漫長時間的敘述、年年反覆的紀念，新世代的年輕人多少已經疲乏而無感……也自認：我們太熟悉戰爭了！還有什麼好討論的呢？死傷數字、誰贏誰輸、遠因近因、戰術成敗……還是轉換成電玩遊戲吧！當代科技設計的動態遊戲，史詩般浩大場面的立體電影，透過聲光音效都讓我們感覺到廝殺慘烈的震撼，也產生振奮激動的情緒。然而安全又令人放心的虛擬螢幕可以關閉，敲打鍵盤的雙手可以休息，殘酷浴血的戰場奔逃卻真實存在，就算以無人機為遙控武器，戰爭仍在進行中，就在你我共同生存的地球上，距離我們不遠之處。

我們太熟悉戰爭了！沒錯，人、事、時、地、關鍵戰役……都可以琅琅上口，但是難道這些就是人類亙古擺脫不掉血腥行為的全貌嗎？當然不是，戰爭有其縱橫交錯的肌理紋路、橫牽直連的寬廣面向、上下纏繞的深層影響。我們是否因立足於新時代——21世紀——的自信而不屑談論戰爭？或者我們其實明知這是普遍人性野蠻墮落的劣根性，而不敢靜心面對真實的「它」呢？別提那個字，用「和平」比較好！作者瑪格蕾特．麥克米蘭在《戰爭》的前言裡，就指出她在大學開課遇到這發人深省的問題。明理的人都知道，遮眼閉目或用「和平」換字包裝，緩和不了戰爭的殘酷真相；逃避而不願直視，也無法否定戰爭與我們的過去同在，也是我們現在的一部分，而且還會緊隨著我們，共同走向未來。人就是這類暴力衝突中唯一的主角，沒有配角，討論戰爭，就是討論人。麥克米蘭這位長期研究戰爭史、國際外交史而著名的歷史學者，在《戰爭》一書中帶領我們直視「人」與這種高強度暴力衝突的種種關連。數十年累積的學術研究功力，使得她得以不依賴數字堆砌的量化圖表，也不用尖銳犀利的文字批判，而是從文學、史學經典著作擷取文句，以及引用書信、演講，甚至近期的新聞事件內容，以悠悠閒適的低吟語詞，讓人在戰爭中遭逢的傷害、烙印的痛楚、甚至扭曲本性成病態等這個巨大猙獰的網羅，緩緩籠罩全書，默默箍緊讀者的心思，進而發自肺腑：「人類何以如此」的大悲問！

在書中她告訴我們，戰爭是難解的謎團，甚至可能無解，但是身而為人，我們有責任層層挖掘這個人類社會的老現象，探究其在歷史中的變與不變，深思其在人身上的印記與鑄造。麥克米蘭指出，人類開戰的理由，古今中外幾無差別，都是自己最合理，都是他人的錯誤；現代戰爭的特色就是用愛民族、愛國家、愛鄉土的口號，把全體人民黏在一起，這個老調不斷重彈，效果依然十足；接著將工業革命製造的利器，配備在男性戰士身上，送他們上戰場，強迫他們展現男子氣概。書中也指出，有男性因參戰、因集體操練而感受到幸福與愉悅。那麼女性呢？女性也曾以堅強而熾熱的意願送男性上戰場，如果他們喪命呢？先不想這些了，重要的是藉此保有對勇士珍貴的回憶！請問：值得嗎？更弔詭而且長期被忽略的現象是：大後方的一般人民，比戰場上的士兵更仇恨敵人！這些沒有上戰場的平民，都被愛國激情澆灌成了「殺敵優先」

的勇武者。「幸好戰爭是如此可怕，否則我們會打到樂此不疲。」麥克米蘭引用了美國內戰時，南軍李將軍（Robert Edward Lee）的話。但是看看戰爭中的強暴、洗劫、屠殺、飢餓、逃難……遠古至今，同樣的傷害戲碼循環演出，從未落幕，人類可能真的樂此不疲。那麼，有追求和平的努力嗎？有啊！第八章〈控制和規範戰爭〉列舉了多個近代國際共同制訂的規則，但是無須樂觀，因為都被人給破壞了！本書第九章，舉出戰爭相關課題的戲劇、小說、繪畫、雕刻、攝影、音樂、電影等藝術作品，這些都足以讓未親歷戰場的幸運者，得以看到殘屍遍野、聽到垂死哀嚎，甚至聞到飄忽於戰場上的血味與死味，感受到末日降臨的悲戚與絕望。人類何以如此？有別於其他以戰爭為題的論著，麥克米蘭的《戰爭》以「人」為全書的主軸：人的感受、人的反應、人的荒謬、人的矛盾……書中的主題不是國家、民族、戰術或勝負，甚至不是歷史時間序列，因為作者認為，「人」才應該是我們思考戰爭這個謎團唯一的關懷所在，「人」無可取代！

麥克米蘭是一位老派的學者，從本書取名為很傳統的《戰爭》即可看出；她也是老實的學者，不用「和平」花俏包裝《戰爭》；她更是一位老練的歷史學者，很坦白的告訴我們，戰爭仍然是謎團，至今無人能解。但是世世代代接棒之下，勇於面對，就有解謎的希望，動力來自於我們身而為人：只要人類仍在漫漫的時間長河中生存，對於永恆寧靜樂園的盼望就不會停止。人，深思戰爭、剖析戰爭；人，期待和平。

前言

「戰爭一如既往，仍然是人類最大的謎團。」

——斯維拉娜．亞歷塞維奇（Svetlana Alexievich），《戰爭沒有女人的臉：169個被掩蓋的女性聲音》（*The Unwomanly Face of War*）

戰爭。僅此一詞便能挑起從恐怖到景仰的千般情緒。有些人選擇眼不見為淨，彷彿想起或思考戰爭，會使我們離戰爭更近；其他人則為之著迷，從戰爭中找到刺激與魅力。我身為歷史學家，堅信若欲鑑古知往，便必須把戰爭納入我們對人類歷史的研究中。戰爭帶來的影響如此深遠，置之不理，就是漠視除去地理、資源、經濟、思想及政治社會變化以外，形塑人類發展與改變歷史的一股強大力量。如果在西元前五世紀是波斯人打敗希臘城邦；假使十六世紀時是印加人擊潰皮薩羅的探險隊；又若是希特勒贏得第二次世界大戰，這個世界會變得不一樣嗎？我們知道絕對會，卻僅能臆測情節嚴重程度。

而這些假設題只是我們所面臨的諸多難題之一，戰爭引發了人之何以為人和關於人類社會本質的根本問題。戰爭帶出來的是人類的野蠻獸性還是良善本性？戰爭牽連甚廣，我們對此莫衷一是。戰爭是人類社會無法抹滅的一部分嗎？打從祖先開始形成社會群體的那一刻，便如原罪般深入我們的肌理？它是我們的該隱印記（mark of Cain），一個施加在我們身上的詛咒，使我們落入一而再、再而三的衝突處境？抑或這樣的觀點是一種危險的自我應驗預言？是社會變化帶來新型態的戰爭？還是戰爭推動了社會變化？我們是否應該去努力解答這雞生蛋或蛋生雞的問題？或寧可把戰爭與社會視為焦孟不離的夥伴，陷入一種既危險又多產的關係中？這破壞一切、殘酷又浪費的戰爭，也能帶來好處嗎？

以上都是大哉問，我會試著對它們，還有我在探索這個主題的過程中冒出來的其他問題，提出我的答案。不過，我希望能說服讀者一件事情：戰爭並不是一個最好盡快拋諸腦後的反常現象，也非單純只是和平常態所沒有的而已。戰爭與人類社會的交織夾纏之深，到了我們說不出是誰支配了誰或導致了誰的地步，我們如果不能對此有所掌握，就錯失了人類故事的一個重要面向。若我們希望了解自己的世界，知道是怎麼走到歷史的這個時刻，就不能忽略戰爭和它對人類社會發展的影響。

西方社會何其有幸，自二戰終結以來，過去這幾十年從未親身經歷過戰爭。沒錯，西方國家派兵到世界各地去打仗，在亞洲，韓戰或越戰，或到阿富汗、部分中東地區或非洲，可是住在西方世界的人們，只有極少數直接碰觸到這些衝突。而在那些地區的幾百萬人口，卻有著迥然不同的生活。打從一九四五年以來，沒有一年世界無一處不發生爭鬥。我們這些素來享有「長期和平」（Long Peace）的人，很容易就認為戰爭是別人才會做的事，也許是因為他們還處在不同發展階段的關係。西方人則志得意滿的以為自己比較崇尚和平，如演化心理學家史蒂芬·平克（Steven Pinker）等作家也廣為宣揚這觀點，說過去兩個世紀以來，西方社會變得沒那麼暴力，整體來說世界上死於戰爭的人數也下降了。因此，儘管我們年年憑弔過去戰爭的亡靈，但卻愈來愈認為戰爭是屬於和平遭到瓦解才會發生的事情。同時，我們也耽溺沉醉於偉大的戰爭英雄和他們的過往戰役，崇敬戰爭裡的英勇故事與彪炳戰績；書店和圖書館的架上盡是戰爭歷史書;影視製作人也知道戰爭是永不退流行的題材。大眾似乎百看不厭拿破崙和他的戰役、《敦克爾克大行動》、D-Day作戰日、或《星際大戰》、《魔戒》等奇幻故事。我們之所以能享受其中,有部分原因出自我們和這些故事保持安全距離,自信絕不會被捲入戰爭中。

結果是我們沒能對戰爭保持應有的慎重態度,寧願迴避這麼一個嚴肅而沉重的課題,這是不應該的。戰爭一再地改變人類歷史的進程,打開通往未來的道路,也封鎖了其他途徑。經過一連串戰爭,先知穆罕默德的言說被人帶出阿拉伯半島的沙漠,傳揚到富饒安定的黎凡特諸島和北非,對那個地區產生長遠的影響。有那麼兩次,穆斯林的領導人就快要成功征服整個歐洲大陸,想想看此事若是成真,今日的歐洲會是什麼模樣。在八世紀,穆斯林入侵者攻克西班牙後,揮軍北上,翻越庇里牛斯山,進入現今的法國。他們在西元七三二年的圖爾戰役(the Battle of Tours)中被擊潰,北征之舉就此止步。倘若征伐之路未阻,不難想像接下來幾個世紀形塑法國社會與歐洲歷史的會是一個穆斯林法國,而非天主教法國。約莫八百年後,鄂圖曼大帝蘇萊曼一世(Suleiman the Magnificent)橫掃巴爾幹半島和大部分的匈牙利;一五二九年,他的軍隊兵臨維也納城下。假使他們拿下這座重鎮，歐洲中部恐怕會被他的帝國收入囊中，而有了不一樣的歷史。維也納許多教堂的尖塔旁會有清真寺的宣禮塔入列，而少年莫札特可能會聽到以不一樣的樂器彈奏出不同形式的音樂。更近一點來看，讓我們想像一下，如果一九四〇年五月，德國在敦克爾克殲滅了英國和聯軍，接著在同年夏天的不列顛戰役（Battle of Britain）中摧毀英國戰鬥機司令部，會發生什麼事情？不列顛諸島恐怕已經成為另一個納粹屬地。

戰爭的本質是有組織的暴力，不過，不同的社會自有著型態各異的戰爭，遊牧民族打移動式戰爭，有優勢時進攻，沒有則遁入廣袤大地；定居型農業社會需要的則是城牆與防禦工事。戰爭逼迫出改變與調適，社會的改變也反過來影響戰爭。古希臘相信捍衛城邦，公民有責，從軍參戰進而衍生出權利與民主。到了十九世紀，工業革命使政府得以集結並維持大型軍隊，龐大到這個世界前所未見，但也讓被徵召入伍的數百萬人心中升起一股期待，認為他們將能對自己的社會有更大的發言權。政府不僅有傾聽的義務，更須提供從教育到失業保險的各項服務。今日擁有中央集權政府與組織化官僚體制的強大民族國家，是好幾個世紀以來的戰爭產物。對過往勝敗的追思與紀念，成為民族故事的一部分，而國家也需要故事來凝聚向心力。這類中央集權政體擁有自認屬於共同體一部分的人民，以其組織化、運用社會資源的本事和借助公民支持的能力，能夠發動更大規模也更持久的戰爭。製造戰爭的能耐與人類社會的演進，講的是同一個故事。

過去幾個世紀以來，戰爭變得更致命，帶來更大的衝擊，而我們更厲害的地方可多了，我們擁有更多資源和更有組織也更複雜的社會。在戰鬥時，我們能夠調動數以百萬計的人，而且，我們擁有更大的毀滅能力。我們必須想出兩個新名詞，才能描述二十世紀的兩場大戰：世界大戰（world war）與全面戰爭（total war）。儘管戰爭與人類社會的歷史有著一路貫通的脈絡，例如社會或科技變遷的影響、限制或控制戰爭的努力、或戰士與平民的差別等，但由於自十八世紀末期以來，戰爭不僅已經量變，更發生質變，所以我將把大量注意力放在這段時期。我也會有許多例子取自西方歷史，這是因為西方在近年來的戰爭中遙遙居於先驅位置，而且必須說，它也率先力圖節制戰爭。

然而，戰爭這門學問被大多西方大學院校給忽略了，也許因為我們害怕光是研究與思考戰爭的這個舉動，就意味著我們認同戰爭。國際史學家、外交史學家和軍事史學家莫不抱怨世人對他們的領域，還有他們的工作興趣缺缺。而戰爭研究或戰略研究若是存在的話，也會被貶謫到自己的小小封地裡，任由那些所謂的軍事史學家漫遊其中，挖掘令人厭惡的軼事，建構無益於教化的故事。我記得多年前我首度在歷史學系任教時，有一位教育顧問來訪，協助我們把課程設計的對學生更有吸引力。當我告訴他，我正在草擬規劃一門名為「戰爭與社會」（War and Society）的課程時，他面露驚惶，極力敦促我以「和平的歷史」（A History of Peace）為題會比較好。

這是種異常的忽視，即便很難意識到，但我們的確活在一個戰爭所塑造的世界裡。因為戰爭，人民遷移、逃難，有時還會消失於世、不見容於史。有如此多的邊界是被戰爭所界定，如此多的政權與國家通過戰爭而崛起與殞落。莎士比亞對此知之甚深，在他的劇作裡，戰爭往往提供了帝王一個興衰起落的機制，而普通老百姓只能明哲保身，祈禱自己能不受風暴所傷。有些最偉大的藝術作品受了戰爭或對戰爭的憎惡所啟發：《伊利亞德》（*Iliad*）、貝多芬的《第三號交響曲》（*Eroica*）、布瑞頓（*Benjamin Britten*）的《戰爭安魂曲》（*War Requiem*）、戈雅的畫作《戰爭的災難》（*The*

Disasters of War）、畢卡索的《格爾尼卡》（*Guernica*）或托爾斯泰的《戰爭與和平》（*War and Peace*）。

孩子們玩的遊戲裡也有戰爭，例如奪旗或奪下要塞，二〇一八年美國最受歡迎的電玩遊戲就是以第二次世界大戰為藍本的《決勝時刻》（*Call of Duty*）。參與運動賽事的群眾，有時候會把這些賽事當成是與另一敵對隊伍的戰鬥。在義大利，那些以過激聞名的鐵桿球迷會形成具有堅實指揮階層的高度組織化團體，來到足球比賽場上。他們身穿制服，給自己封上諸如突擊隊員（Commandos）、游擊隊員（Guerrillas）的稱號，而讓許多義大利同胞感到不安的是，其中有些字眼還是借用自第二次世界大戰的反抗軍陣營。他們來到場上與敵對球隊的支持者幹架的時候，還多過欣賞球賽的時候。現代奧運會原本意在培養國際情誼，可是幾乎打從一開始，奧運會就成為不同國家相互競爭的反射鏡。運動賽事不是戰爭，卻顯露出許多戰爭特徵，有獎牌、會播放國歌、身穿制服的比賽隊伍陣容整齊地跟在國旗後進場。眾所周知，希特勒和戈培爾（Goebbels）把一九三六年的柏林奧運視為他們興國大計的關鍵，藉以展示德國人民的優越性，而在冷戰期間，奧運也有記載獎牌數的排行榜，以證明某一陣營具備技壓另一陣營的優勢。

我們的語言和用字遣詞也帶著戰爭的印記，羅馬人在布匿克戰爭（Punic Wars）中擊敗迦太基人後，還是繼續用「迦太基人的誠信」（fides Punica）來挖苦背信忘義之舉。在英文裡，我們會以「平底鍋裡的火苗」（a flash in the pan）輕蔑表達某人或某事的好景不常，卻不明白這個措辭源自早期的槍枝，意旨應該點燃火藥發射槍彈卻火光一閃毫無作用的情況。英國人想要冒犯人的時候，就會說那是法國來的或荷蘭來的，因為這些國家曾經是敵國。粗魯或唐突的起身離開叫做「法式離場」（taking French leave），而「荷蘭人的勇氣」（Dutch courage）則是藉酒壯膽的意思（在法國與荷蘭，「不列顛」與「英國」等詞彙也具有同樣的作用）。有很多我們喜愛的譬喻來自軍隊，英國尤其取自海軍為多，如果我們酩酊大醉（three sheets to the wind）[1]的

1 航海術語，指如果有三根固定船帆的繩索沒有固定好，船隻就會東搖西晃，用來形容水手喝醉的程度。

話，飽餐一頓好料（eating a square meal）[2]會有幫助。如果我們身陷亂局，可以等待風暴平息或留出大幅緩衝餘地（lots of leeway）[3]。若你不相信我講的話，你可以說「去跟海軍陸戰隊說說看！」[4]（Go tell it to the marines!）我們的對話與文字裡有滿滿的軍事隱喻：向貧窮、癌症、毒品或肥胖宣戰（有一次我還看到一本書的書名是《我和我老公的膽固醇之戰》〔My War on My Husband's Cholesterol〕）。訃聞中談到亡者，會說此人在與疾病的戰鬥中「敗下陣來」。不管是廣告或是慈善募款，我們會不受拘束的以「戰役」（campaign）這個字眼來指稱活動。商業領導人閱讀兩千年前中國人撰寫的戰爭策略之作，尋找如何智取對手，帶領企業成功致勝的祕訣。他們吹噓自己的策略目標與創新手段，喜歡拿自己和偉大的軍事將領如拿破崙相比。當政治人物轉趨低調以規避問題或醜聞時，往往以深陷風暴稱之，媒體報導會說他們正躲在地下碉堡重振旗鼓，計劃反擊。《紐約時報》（*New York Times*）在二〇一八年十二月有一則頭條是這樣寫的：「對川普而言，日日都是作戰日，但他卻越來越孤軍奮戰。」

我們的地理中也有如此多戰爭的影子。以地名來說：納爾遜勝役之後，倫敦有特拉法加廣場（Trafalgar Square）；拿破崙拿下一場偉大勝利之後，巴黎出現奧斯特利茲車站（Gare d'Austerlitz），而當他吃下最後一場敗仗後，倫敦有了滑鐵盧車站。加拿大有一座城鎮在十九世紀時已有德意志移民曾定居於此，故名為柏林（Berlin）；第一次世界大戰爆發時，它就突然變成了基奇納（Kitchener）。我們的城鎮裡幾乎都有刻著亡者姓名的戰爭紀念碑或久遠以前英雄的紀念塔。納爾遜（Nelson）就站立在倫敦的石柱上；格蘭特將軍墓（Grant's Tomb）是紐約河濱公園（Riverside Park）裡受歡迎的碰面地點。過去這一個世紀，有愈來愈多紀念碑是獻給基層人員的，這些人往往是不知名的參戰者，例如護士、駕駛、步兵、海軍陸戰隊員、普通水兵，甚至以英國來說，還有針對兩次世界大戰中參與的動物的紀念碑。周遭有太多東西提醒我們過去

---

2 這個諺語源自皇家海軍，因為軍中的自助餐都是使用方型托盤。此處則以 square（方形）引申為豐富、實在、營養的意思。

3 Leeway 是指船舶因風或潮之作用向下風（流）方向之偏移，在航行時必須預先考慮船隻可能產生此類偏移，而預先留出空間，避免船隻與下風方向的其他物體發生碰撞。

4 用來表示「我才不相信」的意思。

的戰爭，我們卻經常視而不見。我出入倫敦帕丁頓車站（Paddington Station）一號月臺的次數多不勝數，卻從來沒注意到那裡有個大型紀念碑是獻給二千五百二十四名死於第一次世界大戰的大西部鐵路公司（Great Western Railway）員工。帕丁頓車站裡也豎立著一座身著戰服的士兵銅像，正在閱讀一封家書。若不是第一次世界大戰的百年紀念活動，我也不會駐足觀看，或花時間在維多利亞車站（Victoria Station）尋找標誌著大批士兵在那裡搭乘火車前往法國的牌匾，或一九二〇年不知名士兵的遺體抵達月臺的那塊牌匾。

只要我們停下腳步，回顧自己的歷史，往往能在記憶中找到戰爭的蛛絲馬跡。我成長於歌舞昇平的加拿大，可是讀過不少關於戰爭的書籍和漫畫，從亨堤（G. A. Hentys）幾可說是源源不絕出版的小說，講述一九一四年以前在多數重大衝突裡高貴英勇的少年故事，到第二次世界大戰中勇猛的飛行員比格斯（Biggles）和他的隊員，到起初在第二次世界大戰但又無縫接軌至韓戰的《黑鷹》（*Black Hawk*）漫畫書。當時幼年童軍的我們學習旗語及包紮繃帶，並會唱來自第一次世界大戰的歌曲，後來我才知道歌詞中大部分內容經過修潤。一九五〇年代初期，我們在學校念書時，會為了韓戰而去蒐集繩子與箔片，也會練習躲在桌子底下，以防美國和蘇聯之間爆發核子戰爭。

應該也有很多人和我都聽過，見聞過戰爭的老一輩人說的故事。我的祖父和外祖父都在第一次世界大戰時當軍醫，外祖父在威爾斯跟著印度部隊在加里波利（Gallipoli）及美索不達米亞（Mesopotamia）打仗，而祖父於加拿大則是西線戰場（Western Front）。我父親和四位叔伯舅舅都曾在第二次世界大戰時從軍。我父親在一艘加拿大軍艦上服役，護衛船隊橫越大西洋前往地中海沿岸，他說的大多是好玩兒的故事，不過有一次，也只有那麼一次，當說到他們險些沉船的事情時，他的聲音顫抖，難以為繼。爺爺則不曾談到太多關於戰壕的歲月，但倒是經常和一個孫子聊，就是我的姐姐，只是她當時年紀太小，能聽懂的地方不多。我爺爺還帶回一顆手榴彈當紀念品、瑞士農莊袖珍屋和一隻小小的木製蘇格蘭犬等其他寶貝，一起放在我奶奶的展示櫃裡。我們小時候會玩那顆手榴彈，丟到地板上讓它滾，直到有人發現上面還插著保險針才停手。很多家庭裡一定都有這樣的故事和紀念品，來自戰區成綑的信件、從戰場上撿來的人工製品、老式雙筒望遠鏡和頭盔、或是用彈殼做成的雨傘架。

隨著世界各地戰場上的殘物被丟棄出來，這類紀念品也持續問世。歐洲之星還必須張貼公告，提醒去過第一次世界大戰戰場的旅客，不得把搜羅來當紀念品的彈炮或武器帶上車。每年春天，比利時和法國的農人會沿著過去的西線戰場堆疊他們所謂的鋼鐵莊稼（Iron Harvest）。冬日嚴霜使大地隆起，把帶刺鐵絲網、子彈、頭盔和未爆彈都翻到地面上來，其中有些還含有毒氣。法國和比利時的部隊會搜羅軍用品進行安全處置，然而，戰爭仍然在製造受害者，對著農人和拆彈專家，對著挖錯地方的工人，對著在某一顆實彈上方生火取暖的樵夫。倫敦與德國的建築工地會三不五時地找到第二次世界大戰的未爆彈，也有更古早的戰爭廢墟浮出地面。一艘疏浚船在以色列海法港發現；一頂華麗宏偉的頭盔，出自西元前六世紀或五世紀；一位退休教師帶著金屬探測器外出散步，在萊斯特郡（Leicestershire）找到一頂埋在山丘裡的羅馬頭盔；水肺潛水員在愛爾蘭的香農河（Shannon River）進行例行訓練時，發現一柄十世紀的維京劍。

很多社會都有戰爭博物館及緬懷亡者的國定紀念日，提醒著我們戰爭的代價。考古學家在瑞典寧靜的哥特蘭島（Gotland）挖掘出一副穿著鏈甲（chainmail）的當地士兵遺體，他與許多同袍在一三六一年對抗丹麥入侵的戰鬥中身亡。遺體若是埋在汙泥中或在熱帶國家被木乃伊化，可以保存好幾個世紀。二〇一八年夏天，考古學家為了住宅開發案而勘查靠近伊普爾（Ypres）的土地時，發現一百二十五具士兵遺骸，主要是德國人，也有協約國的軍人，他們自從在第一次世界大戰時倒下之後，便一直躺在那裡。二〇〇二年，有數千具還穿著藍色制服、鈕扣上有所屬軍團號碼的屍體，在維爾紐斯（Vilnius）外圍的亂葬崗中被發現。他們死於一八一二年拿破崙從莫斯科撤退的途中。

當我們稍事停歇，回想起戰爭，我們想到的是戰爭的代價——是人命與資源的浪費、是戰爭的暴力、是不可預測性和戰後留下的混亂。我們比較不會承認，戰爭是多麼的有組織性。一九四〇年，德國想要逼迫英國投降，有將近兩個月的時間日夜不停轟炸倫敦。很多平民都被疏散到鄉下去，留下來的人不是睡在臨時避難所，不然就是防空洞裡。總部設於倫敦市中心的英國廣播公司（British Broadcasting Corporation, BBC），把好幾個部門撤走。音樂部門搬到貝德福德（Bedford），戲劇和綜藝部門遷往布里斯托（Bristol），直到那裡也變得太危險，然後綜藝部門便去了北威爾斯的安靜小鎮班戈（Bangor），在那裡悶悶不樂的苦熬著。ＢＢＣ被暱稱為「阿姨」（Auntie）可不是浪得虛名，留下來的員工晚上常常回不了家，因此，ＢＢＣ便把它的廣播大樓劇院變成宿舍，用一道簾子隔在中間以區分男女。那年十月，兩顆炮彈擊中大樓，有七名員工在試圖移開一顆未爆彈時死亡，消防隊衝進舞臺救火，避免火勢擴散。由於大樓搖晃，新聞播報員在播報九點鐘新聞時暫停了一下旋而繼續，黑灰煙塵覆滿一身。到隔天早上，廣播大樓周圍已經架起鷹架，瓦礫也清除乾淨。想想戰爭所牽涉到的組織，這一幕不過是整個戰爭歷史中的一個小小場景。德國轟炸機和護航戰鬥機是德國戰爭工業的產品，動員了從物料到勞工與工廠的資源，才能造出可以起飛升空的飛機。飛行員經過遴選與訓練，德國的情報與策劃人員也竭盡心力選擇重要的目標。以英國的反應來看，其組織性之高也不遑多讓。皇家空軍追蹤來襲的飛機，極盡所能的阻擋它們，同時地面人員也在操控防空氣球和探照燈；倫敦和其他重要城市的停電做得徹底並小心監控；ＢＢＣ制定緊急應變計畫，消防隊更是即刻出動進行清理工作。

戰爭恐怕是最具有組織性的人類活動，它也反過來促使社會變得更組織化。即便在昇平時期，政府也需要對社會有更大的控制力，才能供應必要的金錢與資源進行作戰準備。到了近代尤為如此，因為戰爭的要求會隨著我們製造戰爭的能耐提升而有所增長。政府權力擴大的同時，戰爭也帶來對我們多屬有益的進步與改變：私有武力的終結、更好的法律與秩序、到了當代變得更民主、社會福利、教育的改進、女性或勞工地位的改變，及醫藥、科學與技術的進步。我們更擅長於殺戮的同時，也變得更不願意容忍暴力相向。全球多數地區的謀殺率下降，但以絕對數字來看，二十世紀死於戰爭的人數卻是史上最高。這引發了另一個問題：我們在強力譴責暴力的同時，如何能安適於這等規模的殺戮？顯然我們大多數人都不會為了得到戰爭的好處而選擇走上這一途，肯定有別的路可走，只是，我們找到出路了嗎？

跟戰爭有關的矛盾還很多。我們恐懼戰爭也著迷於戰爭，戰爭的殘酷與浪費也許使我們感到毛骨悚然，但我們也欽佩軍人的勇氣，感受到戰爭的危險魅力。有些人甚至奉戰爭為最高尚的人類活動。戰爭允許參戰者殺害人類同胞，然而它也需要表現出偉大的利他精神。說到底，還有什麼比願意為了他人付出生命更無私的呢？我們有將戰爭當成社會補藥的悠久傳統，認為戰爭能使社會振作精神，展現出更高貴的情操。一九一四年以前，德國詩人格奧爾格（Stefan George）便斥責和平的歐洲世界是處於「垃圾與雜碎的懦弱年代」，而未來主義運動發起者暨未來的法西斯分子馬里內蒂（Filippo Marinetti）則讚頌「戰爭是這世界唯一的衛生保健之道。」（War is the sole hygiene of the world'.）毛澤東後來也說了非常類似的話：「革命戰爭是一種抗毒素，它不但將排除敵人的毒焰，也將清洗自己的汙濁。」不過，我們也有另外一種同樣悠久的傳統，視戰爭為邪惡之事，只會製造大量的苦難，也是一種徵兆，顯示我們這個物種有無可救藥的瑕疵，免不了在暴力中走向歷史終結的命運。

亞歷塞維奇說的沒錯，戰爭是一個謎團，一個令人心驚膽戰的謎團。因此，我們必當傾力去認識戰爭。

［第一章］

人類、社會與戰爭

「發動戰爭的是人，不是野獸，也不是上帝。它是一種特有的人類活動。說它是危害人類的罪行，會錯失至少一半的重要性；它也是對罪行的懲罰。」

——弗雷德里克・曼寧（Frederic Manning），《財富的中段》（*The Middle Parts of Fortune*）

人類從何時開始死於暴力？

若你造訪位於波扎諾的優美小城阿爾卑斯山城鎮（Alpine town），經常會看到南蒂羅爾考古博物館（South Tyrolean Museum of Archaeology）外大排長龍。不少人還帶著孩子，耐心地等著參觀波扎諾的主要景點：一具活在西元前三千三百年的男人木乃伊化的遺體。冰人奧茲（Ötzi）在金字塔或巨石陣被建造出來以前就已經死了，但是他的屍體和隨身物品因為冰封得以完整保存，直到一九九一年被兩名登山客發現。他身披一件以草編和織物製成的斗篷，綁腿、靴子和帽子則是皮製的。他的胃裡還留有最後一餐，吃的是肉乾、根莖類、水果，可能還有麵包。他攜帶木製的籃子與各種工具，包括一柄銅頭斧、一支小刀、箭和一把弓的部分物件。

一開始大家以為他是在暴風雪中迷路，一個人孤零零地死去，五千年來無人聞問。這是個無辜的農夫或牧羊人的傷心故事。不過接下來幾十年，拜醫學與科學進步之賜，他的屍身經由電腦斷層掃描、X 光及生化檢測被更仔細的檢查。奧茲的一邊肩膀裡留有一支箭頭，身上有挫傷與割傷。他的頭顯然也遭到重擊。他最有可能是死於一個或多個攻擊者對他造成的傷害。從他的刀子和箭頭上所發現的血跡來判斷，他也可能在某個時候殺死過其他人。

奧茲絕對不是我們手上唯一顯示早期人類會製造武器、拉幫結派相互對抗，極盡所能幹掉對方的證據，在石器時代晚期肯定已經如此。從中東到美洲與太平洋地區，全球各地發現遠至奧茲和更早年代的墓穴，裡面的成堆骨骸上留有暴力死亡的痕跡。雖然用木頭與皮毛做成的武器通常無法留存下來，但考古學家已經發現了石刀，有些還被卡在骸骨裡。

暴力似乎在更早的時候就已經出現，就在我們的祖先過著游牧生活，尋覓食用植物也宰殺其他動物為食之時，事實上那幾乎占據了人類故事的泰半時間。我們對那段時間的所知，大部分含有高度臆測的成分。人類約在三萬五千年前出現在地球上，往過去追溯的愈久，蒐集和解讀證據就會益發困難重重，不過我們也正逐漸受益於考古學的發現和科學進展，例如對古代基因的判讀。我們現在知道，在人類的漫長歷史中，我們是直到非常近期才組成遊群（band），星羅棋布於地球上比較溫暖的地帶。那時候沒有什麼太多有形物質可爭搶，根據推測，倘若有個遊群遭到其他遊群威脅，它只要走開便是了。整個二十世紀大部分時間，研究人類起源的人往往以為早期遊牧族群過著和平的生活。然而，考古學家已經發現來自這段漫長時期的骨骸，上面的傷痕顯示另有隱情。人類學者試圖檢視倖存至當代的少數狩獵採集社會，藉此捕捉那個世界的模樣，但這是一條迂迴曲折的路，有著潛在的陷阱：觀察這類社會的外來者會有自己的成見，而接觸本身就會造成改變。

儘管如此，這麼做還是有些具有提示性的發現，比方說，一八〇三年，澳洲有個十三歲的男孩威廉・巴克利（William Buckley）從英屬罪犯流放地逃了出來，躲進澳洲土著（Aborigines）群裡避居了三十年。據他後來所描述的那個世界，劫掠、埋伏、世仇結怨、突然橫死都是社會構造的一環。在世界另一頭嚴酷的北極大地上，首批探險家與人類學家發現，因紐特人（Inuit）和因紐皮雅特人（Inupiat）等當地居民會用骨頭及象牙來製造包括盔甲在內的武器，而且有著豐富的口述傳統，述說過去的戰爭故事。一九六四年，一位年輕的美國人類學系學生拿破崙・夏儂（Napoleon Chagnon）在巴西雨林對亞諾馬米人（Yanomami）做田野調查，期待他們能證實時下流行的觀點，顯示狩獵採集者本質上是愛好和平的。他發現在每個亞諾馬米人的村子裡大多能和諧相處，彼此友愛，不過一碰到其他村落就是另外一回事了。處理差異的方式是棍棒和矛叉，某個村落會襲擊另一個村落，殺掉男人和小孩，並且綁架婦女。經過三十年的觀察，他斷定有四分之一的亞諾馬米男性死於暴力。

儘管歷史學家、人類學家和社會生物學家之間有著熱烈的言詞與觀念交流和交鋒，但證據似乎已站在其中一方，認為遠至我們所能分辨的過去，人類已經具備有組織地相互攻擊，也就是發起戰爭的本性。這激發我們去了解，何以人類願意也有能力相互殺害。這不只是一個知性上的謎團：如果我們不能明白我們為什麼要打鬥，那麼避免未來衝突的希望便很渺茫。截至目前為止，理論很多但無定論。也許戰爭是貪求或競爭日益減少的資源，包含食物、地盤、性伴侶或奴隸的結果。又或者我們被血緣關係和共同文化塑造成重視自己的團體，不管是親族還是國族，而懼怕非我族類？我們是不是就跟我們的表親黑猩猩一樣，只要感到受威脅就會出於本能的猛力反擊？戰爭是不是我們忍不住會去做的事情？還是我們通過理念或文化所建構出來的？既然戰爭與對戰爭的恐懼在二十一世紀仍然與我們常相左右，這類問題的答案就很重要。

何謂戰爭？

若無殺人的意願，戰爭就沒有可能發生，但光憑這一點無法定義戰爭。我們不會說兩個男人在酒吧打架或甚至十幾個幫派分子在街頭或公園械鬥是在作戰。暴力導致傷亡是戰爭的一部分，但我們往往把戰爭當成手段，而非目的。優秀的德國理論家卡爾・馮・克勞塞維茨（Carl von Clausewitz）其中一個最為家喻戶曉的觀察：「戰爭是一種暴力的舉動，意在強迫對手遂行我們的意志。」就跟個人或幫派一樣，作戰關乎榮譽、生存或控制，可是它的規模和組織性都有別於酒吧幹架。戰爭牽扯到的是幾十、幾百、幾千、甚至幾百萬人，而非只是少數幾人暴力相向。戰爭是博得成員擁護，並通常在自己的領土裡已經存在相當長時間的兩個組織化社會之間的衝突。誠如英國政治理論家赫德利・布爾（Hedley Bull）所說的：「暴力不是戰爭，除非以某個政治單位之名為之……」他接著又說：「同樣的，以某個政治單位之名為之的暴力不是戰爭，除非它是針對另一個政治單位。」幫派有組織性，成員也能自稱有共同的價值與目標，但他們不是穩定的政治與社會單位。當然，他們也可能是，隨著時間而壯大規模，變成氏族、部落、酋邦、殖民地、王國或國家，有能力發起戰爭。

戰爭有諸多弔詭之處，其中一個是人類在建立組織化社會之時，就很擅長戰爭，這兩種發展實際上是一起演進的。戰爭是兩個政治單位間有組織、有目的的暴力，在我們發展出組織化定居型社會時，戰爭變得益發精緻，也有助於社會變得更有組織性、也更強大。僅僅一萬年前，在人類歷史中的某個片刻，人類開始定居下來務農時，戰爭變得更有系統，也開始需要特殊訓練和武士階級。隨著世界不同地方的墓穴出土，考古學家發現防禦工事的證據，例如在土耳其，至少可遠溯至西元前六千年，還有看來是被人故意焚毀的住宅群。隨著農業到來，人類更加固著在一個地方，也擁有更多值得偷竊、護衛的東西。為求自我防衛，他們需要更好的組織與更多的資源，進而使得族群以和平的方式，或者透過征掠來擴張領土、增加人口。

戰爭起源與演進的眾多爭論之一，是人類變得更暴力還是更和平。演化心理學家史蒂芬・平克以及與布爾有相同想法的人，如考古學家伊安・摩里士（Ian Morris），抱持樂觀的態度，相信人類遠離暴力的趨勢清楚可見。大多數國家不再有公開處決的情況，也立法禁止虐待動物或孩童，而鬥熊或鬥狗之類的運動通常也是違法的。樂觀派更進一步展開大工程試圖合計過去戰爭的死亡人數，以論證過去的殺人率比起今日高出許多，而就戰爭當時死亡人數占存活人數的比例來看，在二十世紀和二十一世紀，即使把兩次世界大戰的大型殺戮都算進去，也比更早之前的戰爭還少得許多。其他人則質疑這些數字，並指出二十世紀的戰爭死亡人數可能達到過去五千年來所有戰爭死亡人數的七成五。而如果你真的為人類前景感到悲觀的話，看看佛羅倫斯大學（University of Florence）和科羅拉多大學（University of Colorado）用數學工具做出的研究，聲稱趨勢顯示戰爭的數量更少但卻更為致命。他們的論證在於，好比電腦病毒或森林火災那樣，社會變得愈是緊密互連，衝突循著網絡的路徑傳散開來的速度就愈快。由於歐洲強權被條約、協定或計畫給相互綁得很緊，以至於法蘭茲・斐迪南大公（Archduke Franz Ferdinand）在塞拉耶佛被暗殺的緊張局勢向上、向外延燒，直至爆發全面戰爭，一九一四年夏天巴爾幹半島上的一個小小爭吵，竟會演變成第一次世界大戰。

即便平克是對的，爭論仍然沒停止，就是不知怎麼的似乎讓人很不放心。我們這些享有一九四五年以來長期和平的人，必須有所反省，世界上大部分地區，包括中南半島、阿富汗、非洲大湖地區及大部分中東在內，過去到現在仍然衝突不斷。瑞典烏普薩拉大學（Uppsala University）的一個長期計畫估計，在一九八九年到二〇一七年間，超過兩百萬人因戰爭而死亡。而自一九四五年以來，恐怕有五千兩百萬人因為衝突而被迫逃難。

暴力是人類的基因？

暴力與戰爭盛行於過去、宿存於今日，引發了人類相互爭鬥是否為基因所決定的棘手問題。有一種研究途徑是去檢視我們在動物界的近親：黑猩猩和倭黑猩猩（bonobos），兩者都是有組織的群居動物，有相互溝通的方式，也能製造原始工具（最近北愛爾蘭有兩隻富有創新精神的黑猩猩，通力合作靠著樹枝做成的梯子逃出貝爾法斯特動物園〔Belfast zoo〕）。黑猩猩和倭黑猩猩在外觀上非常相近，所以直到一九二〇年代還被認為是同一物種。其實，牠們在群居與應對陌生者方面，已經有相當不同的演化。

珍・古德（Jane Goodall）在坦尚尼亞的自然棲地研究黑猩猩超過半個世紀。她和同事們如此融入於環境，以至於黑猩猩們漸漸無視他們的存在。觀察者從旁觀看黑猩猩發展關係、照顧幼小、嬉戲玩耍，並且相互殺害。這些由雄性主宰的群體，各個極其固守自己的地盤，往往不經挑釁就會針對其他黑猩猩群製造衝突。牠們會殺害離自己地盤很遠的落單黑猩猩，也會發動襲擊殺死敵對的公猩猩，還有母猩猩及幼猩猩。在一次為時頗久的衝突中，某個族群消滅了另一個族群，並且占領對方的地盤。珍・古德在她的回憶錄裡說，一開始她以為她研究的黑猩猩「大部分時候比人類還友善」。接著她說：「突然間，我們發現黑猩猩也可以很殘忍，牠們就跟人類一樣，本性有著黑暗的一面。」

在我們拿定主意，認為人類的天性裡存在無法抹滅的暗黑汙點以前，應該來看看反例倭黑猩猩，牠們既不打架也不獵殺對方。倭黑猩猩看來跟表親黑猩猩一樣聰明，不過演化方向卻南轅北轍，可能是因為牠們居住在覓食容易的剛果河以南，也不像坦尚尼亞黑猩猩那樣，要面對比較強大的敵人，尤其是大猩猩（gorillas）。在倭黑猩猩裡，是由雌性而非雄性組成堅強的群體，而且往往是由牠們來支配雄性。當陌生的倭黑猩猩碰到面時，牠們的本能反應不是攻擊，而是試探性地端詳對方，然後慢慢靠近彼此。牠們會開始分享食物，相互清理，並且不分你我的擁抱，給對方各種歡愉（網路上流傳的倭黑猩猩影片非常受歡迎，即使有些人認為兒童不宜）。倭黑猩猩偏好做愛而非作戰，是環境或演化所致，還是兩者綜合下的結果，目前仍未有定論。

與人類最相似的是哪一組表親？答案似乎兼而有之。人類的基因裡約莫有百分之九十九與黑猩猩及倭黑猩猩相同。不過，跟牠們不一樣的是，我們已經發展出語言、精巧的技術及抽象思考的能力。我們已然建立高度複雜的社會，擁有社會與政治制度、理念、信仰系統與價值。我們當然有辦法像黑猩猩那樣，在擔心害怕的時候回敬暴力，不過我們也跟倭黑猩猩一樣，擁有高度發展的能力，能做出友善的互動、合作、信任及利他行為。人類學者理查・藍翰（Richard Wrangham）在他的著作《善良的悖論》（*The Goodness Paradox*）裡主張，在人類漫長的演化過程中，我們已經學會節制自己激進的一面，像我們馴化野生動物那樣，這有部分靠著自我馴化而成。想一想，狼最後是怎麼變成我們信賴的寵物狗。他相信，人類通力合作，經由殺人逐漸擺脫族群裡比較暴力的成員。又或許像其他人類學家所提的，性取向（sexual preference）也發揮作用，因為女性和他們的雙親會想要找溫和又願意合作的配偶。藍翰接著又說，就在我們的祖先發生這種漸進式馴化的同時，人類也正在建立社會與政治制度，包括強大的中央政府，握有獨占暴力之權，因此，不同於黑猩猩，他們的臣民再也不能隨意殘殺他人。然而，這不表示暴力走向終結，毋寧說是組織化的社會現在能夠以有條理、有目的的方式使用暴力。誠如藍翰教授所見，其中的吊詭在於人類變得比較和善，但也更擅長殺戮，規模也愈來愈龐大。

我想，我們不能否認演化在我們身上留下的遺傳特徵，我們有衝動、感受（包括恐懼）、和對食物與性等事物的需要與欲求。從鳥類到哺乳動物，我們就跟大多數物種一樣，對地盤有強烈的執念。可是我們也是有情眾生，有能力做決定，聽從人性中的良善天使或惡魔。我們創造出文化，文化又反過來塑造了我們，幫助我們判定孰輕孰重。因此，我們不會只為了生存、食物、性與庇護所而戰，也會為我們認為值得殺戮或付出生命的抽象概念而戰，例如宗教或國族。而無論這個起因對我們來說有多麼重要，我們不是非戰不可，我們也會尋求和平解決之道。事實上，人類向來夢想著讓世界徹底擺脫戰爭，而且迄今仍如此嚮往。

人類的發展與進化

我們是如何以及為何演化成這樣，在談到戰爭時，此事的重要性又是如何，答案仍然莫衷一是，懸而未決。另外一個同樣熱烈也由來已久的討論，是社會本身讓我們變得更好還是更壞，更和平還是更好戰。這場爭論並不是拿黑猩猩和倭黑猩猩來做對比，而是圍繞著兩個歐洲思想家：霍布斯（Thomas Hobbes）與盧梭（Jean-Jacques Rousseau）。此二人所要奮力處理的課題都是人類與所屬社會的關係，以及戰爭或和平孰者才是我們的正常狀態。兩人都描述組織化社會出現以前，處於自然狀態（a state of nature）下的人類樣態，跟現今的我們不一樣的是，他們沒有人類在遙遠的過去如何生活的證據；反之，他們發現一個有用的作法，是去想像人類在沒有規則或組織的情況下，可能會怎麼彼此共存，然後再來檢視自己的社會。

盧梭認為，暴力並非身為人所不可分割的一部分。他堅持人性本善，是社會使人腐化。他描述一幅牧歌田園景象，狩獵採集者彼此之間、與大自然之間，莫不和諧共處。他們所擁有的足以滿足需求，沒有必要為了搶走別人食物或捍衛手中財產而去爭鬥。邪惡是在人類定居下來，並且開始成為農夫的時候悄悄潛入。盧梭說，這導致私有財產及專業的發展，有些人仍然是農夫，也有其他人變成了工匠、戰士或統治者。成功累積的財產愈多，這個曾經奉行人人平等的社會，也就變得不平等與階級化。強者剝削弱者，貪婪、自私與暴力成為社會的印記。當社會與國家逐漸發展，而且變得更複雜，對成員擁有更大的權力時，人類也就變得愈來愈不自由。既然個別的國家往往只會考慮自身利益，它們也就更有可能相互攻伐。盧梭在《社會契約論》（*The*

Social Contract）一書中所鋪陳的解方，並非回到他那推想出來的天堂，他也認同這是不可能的事，而是在個人與社會及政治制度之間建立起一種新關係。人類需要共同生活、一起工作，可是他們應該要有辦法在一個為他們所用而非相反，而且會保證他們自由的狀態下，出於自願如此。如果人們的所作所為可以有如已經自由地進入一種相互契約，那麼個人與社會都將變得更快樂，也更和諧。如今各國民智已開，此事一旦達成，大家便能一起努力，克服以往經常導致戰爭的相互恐懼、猜疑與貪婪。有時候，盧梭似乎已經在想像一個歐洲聯邦，裡面的成員國立法禁止戰爭，保障和平。

霍布斯所描繪的則是一幅截然不同的景象。在他的自然狀態下，人類過得很不安穩，為了生存相互鬥爭對抗。如他所說，「生命是孤獨、貧困、卑下、殘酷，而且短暫即逝的。」沒剩下什麼時間也沒有多少資源，可以用來製造工具、開墾耕作、做買賣或學習。「對世界一無所知；不覺時間流逝；沒有藝術；沒有文學；沒有社會；而最糟的是，只有橫死的無盡恐懼與危險。」從來就不是定居型社會和大型國家的成長導致衝突，更多時候情況剛好相反。被霍布斯稱為利維坦（Leviathan）的大型強勢政體的成長，為暴力至少可收歸在社會的控制之下，提供了一條出路。而國際社會則仍然很像處在自然狀態中，各國在一個無法無天的世界裡爭相競奪利益。強者霸凌弱者，弱者舉手投降或是被武力征服。跟盧梭不一樣，霍布斯對於社會與國家能變得更開化，並且學會自動自發的合作，不抱任何期待。

我們多數人還是比較喜歡盧梭版本的過去和人類生來無邪和平的假設。二十世紀有很多方面都亂糟糟的，無怪乎我們在當代追尋更美好、更良善的社會。如果它們沒有遠避於熱帶島嶼或雨林或沙漠裡，那麼或許可以基於對的原理原則，把它們創造出來。在一九二〇年代及一九三〇年代，有段時間西方知識分子以為在蘇聯找到了他們的伊甸園，直到最後，大饑荒和國家施以組織化謀殺的證據太過明顯，讓大多數人難以視而不見。一九六〇年代，部分由於所知不多，毛澤東的中國成為眾人希望之所寄。文化大革命一開始看似仁善，情緒高昂的年輕人將社會重新打造成一個力行平等主義的天堂，人人快樂的努力建設新世界。同樣的，當我們得知那些年裡的真實暴虐與破壞，原本光明樂觀的圖像也為之變色，蒙上深深的陰影。

從聖經裡的伊甸園開始，文學與藝術便已描繪了過去的和平黃金年代或未來的烏托邦。希臘羅馬詩人海希歐德（Hesiod）和塞內卡（Seneca）相信，人類在遙遠的過往曾經享有一段黃金時期，但這段歷史卻朝著青銅時代與鐵器時代每況愈下，那時候的人獲得武器，變得貪婪好戰，在印度與華夏傳統裡也有類似的故事。早期的探險家若遇到美洲或太平洋地區的人民，對於其中許多人看起來如此溫和，感到驚奇不已。他們的報導抓住了快速工業化的西方世界的幻想。十九世紀的西方藝術家亨利・盧梭（Henri Rousseau）和保羅・高更（Paul Gauguin）便畫出如夢般的景色，裡面有美麗的非洲人或太平洋島民，被結實累累的果樹包圍，顯然沒有絲毫暴戾之氣，也無打鬥的必要。

當人類學以嚴謹的田野調查問世於十九世紀及二十世紀之時，它的發現似乎大多證實了這類快樂的描述。美國的瑪格麗特・米德（Margaret Mead）於一九二〇年代在薩摩亞所做的田野調查，描述的是一個沒有罪行、貪婪或憤怒的世界，也沒有其他文明會有的詛咒：戰爭。在薩摩亞，她如此寫道，沒有人「會因為他的信念而受苦，或誓死捍衛什麼特殊目標」。年輕人很容易就跟隨老一輩的腳步，進入充滿愛的、開放的性關係中，而多個家庭一起宴飲，分享豐富的食物，是再自然不過的事情。「有時候，村莊仍未進入夢鄉，直到過了午夜許久，才終於只剩下礁石的溫柔鳴擊聲和愛人的低語，一夜到天明……」她的書《薩摩亞人的成年》（*Coming of Age in Samoa*）發揮巨大的影響力，尤其在一九六〇年代，似乎為我們指出一個再也沒有像越南般戰亂的世界，有的只是無止盡且無罪惡感的愛。最近，她的研究和結論雙雙受到質疑。米德的後輩評論家指出她的方言說的並不好，只在薩摩亞待了幾個月，而恐怕最要命的是，她打算不加批判的相信當地人告訴她的任何事情（其中有兩個人後來說，有關薩摩亞青少年單純又縱情無疚的性生活是他們騙她的）。早先造訪過薩摩亞的人如傳教士和水手，也說薩摩亞人還蠻起勁跟彼此交戰。唯有等到帝國主義到來，以此處來說是美國人和德國人，然後是英國人，薩摩亞才見和平之日。我們一度以為中美洲的馬雅文明可能是一個振奮人心的例子，呈現國家之間可以如何和睦相處。遺憾的是，第二次世界大戰後所破解出來的馬雅文字倖存文獻中顯示，大多與戰爭有關。

那麼，人類的歷史是盧梭版還是霍布斯版？考古與歷史的證據明確指向霍布斯，顯示戰爭是人類經驗中由來已久且不可或缺的一部分。這不表示我們不該寄望一個更像盧梭版的未來。同時，或許多少可堪告慰的是，戰爭也出人意料地為社會帶來和平與進步。

利維坦的力量

這讓我想到戰爭第二個弔詭之處：國家力量的成長與更大型國家，如霍布斯所稱的利維坦的崛起，經常是致戰爭的主因，但也反過來帶來和平。國家與國家機關的權力奠基在統治者的認知性權威上，不管這權威是來自上天，還是來自選民，也奠基在被統治者的默許下，但至關重要的是，混合在裡面某處的還有一個因素是戰爭，或國家可加諸自己人民身上且用來對付敵人的暴力威脅。十九世紀在多數西方世界及部分亞洲地區由國家主宰的警察力量崛起，逐漸平息了盜匪活動與低度暴力行為。當君王取得足夠的武力來毀滅封建領主的私人軍隊，踏平他們的城堡，封建領主的權力也就因此瓦解。強勢國家的崛起，和它在國境內使用武力與暴力的壟斷權漸增，兩者息息相關。如果你拒絕繳稅、放火燒了鄰居的房子、或放著兵役徵召令不管，一個強勢的國家會對你出手，往往也會動到你的財產，你會被懲罰，有時候甚至被處死。南斯拉夫人民在狄托（Tito）的鐵腕統治下，就算並非滿意，但好歹過著和平日子，因為好比克羅埃西亞人說的：「每過幾百年，就會有個警察大人出現，來確保我們非常愛著對方。」等到狄托一死而他的共產黨分崩離析，南斯拉夫的不同種族便在無恥煽動者的慫恿下兵戎相向。我們也許會認為國家是壓迫的化身，可是也應該想一想，沒有國家力量的生活會是什麼樣子。薩摩亞人和新幾內亞高地人過去曾有過這層認知，而失敗國家如葉門、索馬利亞和阿富汗的不幸人民今天也體會到了。

在戰爭中克敵制勝，經常被用來進一步合法化並強化國家政權的權威性，不管這政府是民選的還是獨裁的，一向把偉大勝利當成德行的表徵與功勳的標誌。川普總統在二〇一九年的聯合國演說中，談到在D-Day諾曼第登陸後美國人的勝利（忽略其他同盟軍隊的存在），他說，他們是為了美國、「為了我們」。然後接著說：「自此之後的一切種種，我們對共產主義的勝利，我們在科學與探索的巨大躍進，我們在公平與正義上無與倫比的進步，之所以成為可能，全都要感謝美國這些前人的血淚、勇氣與遠見。」羅馬人豎立圓柱與勝利拱門來頌揚皇帝和國家。拿破崙在法國崛起掌權時，讓作家與藝術家讚詠他的勝果。當他自封為皇帝時，一個阿諛諂媚的元老說他是「無人能比的英雄，征服了他們所有人，讓一切脫離混沌，為我們創造出另一個宇宙」。只要拿破崙看起來無堅不摧，他便能繼續掌控法國與大部分歐洲。而希特勒的連番勝利，連質疑他統治合宜性的德國保守派也被說服了。

相反地，無法保護自己國民或在國外吃敗仗的統治者則會失去支持。在古代中國，無能處理內部暴力叛亂或抵禦外侮的皇帝，會被說是失天命而不宜在位。偉大的拿破崙的姪子拿破崙三世所領導的法國在普法戰爭中戰敗，他的政權垮臺，也落入流亡的命運。當希特勒在一九四一年夏天入侵蘇聯，據說史達林驚慌失措的說：「列寧創建我們的國家，而我們把它搞砸了。」林登．詹森總統（Lyndon Johnson）因為其領導的政府未能終結越戰，而決定放棄競選一九六八年的美國大選。

國家與帝國得以壯大，往往透過侵略戰爭，或是當弱國與其陷入無望的爭鬥，還不如舉旗投降之時。雅典人運用他們的海軍與陸軍將鄰國納入掌控之下。亞歷山大大帝帶領軍隊建立起一個龐大的帝國。羅馬軍團從羅馬揮軍向外，所向披靡。曾經分裂成約一百五十個小邦國的中國，在痛苦血腥的過程中逐漸整併。中國人對西元前五世紀到三世紀的戰國時期，仍留有恐怖的記憶，當時餘下的少數幾國沒完沒了的相互攻伐，百姓飽受欺凌，生活窮困。秦始皇終於在西元前二二一年一統各國，他是一個無情的暴君，卻因為帶給中國和平與秩序，而成為後世感念的統治者。他被埋葬於西安，與成排的兵馬俑一同入土，恰如其分的提醒我們軍事力量在他建國立朝時所扮演的角色。離我們的時代近一點的普魯士，版圖是像拼布般蒐集拼湊而來，該國用軍隊累積愈來愈多的領土，最後創建出現代德國。冷戰時期的蘇維埃帝國也是被紅軍奪下，並操控於股掌之間。

強國不必然是好人國（為什麼應該要是呢？）不過，它們確實帶給自己人民最低限度的安全與穩定。那些強權以武力來穩住地位，但長治久安卻是靠著一個能發揮合理效能的政府，幫助它們贏得人民的默從，甚至忠誠以待。羅馬人深諳此道，他們曾經以戰止戰，為自己建立和平，但他們也有其他值得一用的手段。一如維吉爾（Virgil）在《伊尼亞斯逃亡記》（*Aeneid*）[5]裡所寫：「切記，羅馬人，汝當以權力治國（這將成為你的技能），以法律維護和平，寬待被征服之人，且謙抑自持。」僅憑權力而沒有一些來自人民的支持，不足以確保利維坦的生存。羅馬帝國之所以能延續這麼久，是因為它取代了一群紛爭頻仍的國家，也因為在其疆界內，人民、食物與財貨能

---

5 又譯為《埃涅阿斯紀》。

沿著完善的道路或橫跨已無盜匪的地中海自由移動。帝國內的經濟日漸繁榮，人民享壽較長，外國人甚至會移居羅馬帝國，而不是羅馬人搬走。儘管暴力脅迫始終都在，但羅馬的臣民並未受武力壓迫。羅馬士兵的戰鬥大多發生在邊境。比較好的利維坦力行一致的法治、合理的稅賦並保障財產安全，有時候甚至像羅馬帝國那樣，包容不同的風俗民情與宗教信仰。

強勢武力打造出強勢國家，不過一旦軍隊失控也會破壞國家基礎。在羅馬帝國裡，肆無忌憚的將軍帶領效忠他的軍隊行謀逆之事，或者士兵背信忘義，投靠出價最高的人。當皇帝佩蒂納克斯（Pertinax）在位三個月後，在西元一九三年遭到暗殺時，根據歷史學家狄奧・卡西烏斯（Dio Cassius）的說法，場面可恥不堪：「彷彿置身在某個市場或拍賣行，城市與整個帝國都被這樣叫賣掉。」假以時日，帝國傾頹，政府變得愈來愈無能，無力處理來自國內的軍事造反及騷擾邊境的敵人，汪達爾人（Vandals）洗劫衰弱的羅馬；策馬奔騰的蒙古戰士橫掃波斯、中國、印度與俄羅斯；一個農夫率領的反抗軍擊破蒙古元朝的最後兵力，在一三六八年創立了明朝；兩個半世紀以後，滿族人從長城的一道缺口傾瀉而下，反過來推翻了明朝。

利維坦只要夠強大，也能為鄰國帶來和平。在十九世紀，大英帝國扮演世界警察的角色，確保全球航道安全無虞，並在可能的情況下抑制衝突發生。英國此舉乃出於私利，以保護自己的貿易與帝國，但就跟之前的羅馬一樣。不列顛治世（Pax Britannica）促成了全球貿易與商業的昌盛和人民大量流動。我們可能正在經歷美國利維坦霸權的終結，開始意識到世界需要某人或某物來維持秩序。一個比較不穩定的替代作法是由規模與國力相當的強權組成聯盟，同意共同維護和平。這在十九世紀上半葉曾經以「歐洲協調」組織（Concert of Europe）出現在歐洲過，一九二〇年代的歐洲民主國家也曾短暫結盟。不過，只要一兩個強權就能決意挑戰現況，從和平往戰爭的方向傾斜，如第一次世界大戰前的德國和第二次世界大戰前的德國、日本與義大利。世界出人意料地一下子就退回霍布斯的無政府狀態，大國之間互不信任，跟失敗國家的內部局勢一樣，反覆衝突的前景可見。

西方的羅馬帝國在西元五世紀傾頹之後，歐洲逐漸退回到一個較低的發展水平：道路與航道對旅人來說太過危險，致使貿易衰退，學術與藝術也為之褪色。盎格魯人、汪達爾人、匈人（Huns）、哥德人，一波波的入侵者橫掃而過，強取豪奪，只因沒有武力能阻止他們。擁有城堡與侍從的地方強人剝削屬民，相互攻伐。十二世紀有個編年史家便曾寫到維托的羅伯特（Robert of Vitot）的一個意願，如何使得「將近四十個皆以騎士地位自豪的男性親族，陷入持續的相互爭戰中」。歐洲處於統一的時期遠比中國來得更少，不過它斷斷續續地從十五世紀大約五千個獨立政治單位（封邑與公國），縮減到十七世紀初的五百個，十九世紀初拿破崙時期的兩百個，再到一九四五年以後不到三十個。這並未終結戰爭，但確實限制了可能參戰的人數和因而可能導致的戰爭數量。在面臨衝突的種種危險下，由歐洲機構所帶動成長的歐洲統一，被有意識地視為歐洲國家體制的一種替代方案，盼望強權之間的戰爭已變得無可想像。

發起戰爭的需求和國家的發展向來攜手並進。歷史學家查爾斯・蒂利（Charles Tilly）竟說出「戰爭成就國家，國家也成就戰爭」的話。保護自己不受鄰國或打家劫舍的遊牧部落侵擾，需要做到組織化，並發動人民上戰場，然後提供領導統御和確實服從的紀律與訓練。政府需要知道他們能召集到多少戰士，而這會主導計算與紀錄保存。人口普查（census）這個字眼來自古羅馬；西元前六世紀，當權者開始列出男性公民的清單，既是為了收稅，也是因為預料到他們擁有武器。雖說早期的軍人往往會自備武器與食物，但隨著戰役變得更龐大也更持久，這些東西必須由政府提供，這表示要有更多官僚來計算跟取得補給與運輸士兵的動物及船隻。以西元前二一六年對抗迦太基人的著名戰役「坎尼會戰」（Battle of Cannae）來說，據估計約有八萬人之譜（古代的數字總是很棘手）的羅馬軍隊，一天大約需要一百噸小麥。在十八世紀，英國海軍是截至當時整個不列顛諸島最大的單一產業。你用五千英鎊可以蓋出一座棉紡廠，而一艘大型海軍主力艦納爾遜的勝利號戰艦，要價就超過六千英鎊。若要打造、配備人員和維持海軍，在不列顛群島和海外都需要有造船廠、倉庫與基地，也需要愈來愈多的官員、行政人員、供應商及工人。海軍需要用錢，很多很多的錢，也需要組織和管理，英國政府為此發展出必要的工具與制度，隨後在管理英國社會的其他面向時，派上了用場。財政部創立於十七世紀下半葉，目的在於控制軍用支出，但隨著時間過去而發展成一個追蹤記錄所有政府部門花費的機構。一六九〇年代，英國正在與法國打仗，需錢孔急，政府採取一個緊急措施，創立英格蘭銀行，將認購者的錢以固定利率借給政府。跟財政部一樣，英格蘭銀行發展成英國財政體系的重要環節之一。拜英國政府課徵稅賦的效率之賜，投資人發現政府發行的年金或債券是穩健又值得的投資，因為它能保障固定利息，結果，為了戰爭之類目的所籌措到的資金就更多了。

索賠、稅收、借款

偉大的羅馬歷史學家塔西佗（Tacitus）曾說：「金錢是戰爭的原動力。」幾個世紀後，英國日記作家山謬．皮普斯（Samuel Pepys）如此抱怨：「缺錢讓所有事情，尤其是海軍，都亂了套。」在伯羅奔尼撒戰爭中，雅典人重建艦隊三次，可是當最後一批艦隊在西元前四〇五年被摧毀時，雅典已經耗盡資源，不得不臣服於斯巴達及其聯軍。如果戰敗方有油水可揩的話，戰爭本身有時候也值回票價。亞歷山大大帝便從波斯人那裡累積了巨額財富；十六和十七世紀西班牙人打歐洲戰爭的資金，大部分是用他們從戰敗的阿茲特克及印加王國帶回來的黃金白銀挹注的；德意志邦聯（German Confederation）在一八七〇年到七一年的普法戰爭後，要求法國付出一筆戰爭賠款；德國在一九一八年的《布列斯特－立陶夫斯克條約》（*Treaty of Brest -Litovsk*）中逼迫俄國交出黃金，並且把自然資源送往西方；協約國則企圖用《凡爾賽條約》（*Treaty of*

Versailles）向德國索取賠款，以彌補戰爭損害。

不過，政府經常需要從自己人民身上挖取必要資金或是向願意的人借款。直到二十世紀下半葉，戰爭還是占了歐洲強權的最大筆支出。一六八八年至一六九七年法國路易十四對英國的九年戰爭中，據估計法國花掉政府收入的百分之七十四，英國則是百分之七十五。儘管路易十四的軍隊一再獲勝，但最後還是不得不進行令他不滿的媾和，因為他再也找不到人願意借他錢了。結果證明，英國在徵稅及借貸與債務管理上的表現來得好太多。雖然法國是歐洲最富裕的國家，但路易十四及其繼承人們從來沒能開發出那些財富，故而最終影響到法國發動戰爭的能耐。政府借錢只會驅使這個國家走上破產一途。一七八九年，路易十四的子孫被迫召集法國主要階級的代表開會，希望他們能投票支持課稅，此舉變成他的致命傷。

沒錯，英國課稅比較容易，因為他們可以在港口徵收關稅。不過更重要的是，他們有一個準備好在必要時便可提高稅賦的國會，而且他們擁有恐怕是截至十八世紀歐洲最有效率的課稅體制，大眾雖有怨言但也繳交稅款。到一七八三年美國獨立戰爭結束時，普通英國人每年上繳的稅金幾乎是法國人的三倍之多。更有甚者，在英國負責徵稅的是一個政府機關，不像法國是交給買下徵稅權的包稅人（tax farmer）去做，條件是只要他們繳給政府一筆固定金額，多出來的稅款不論多寡都可收歸囊中。約翰生博士（Dr. Johnson）在他編纂的字典裡，把對本國商品課徵的重要貨物稅，界定為「可恥之人」所徵收的「可憎之稅」，可是，這卻是英國維繫海軍不墜並派軍海外的關鍵。只要英國變得更有組織、更有效率、更強大，它便能加強對英國社會的控制，包括難控制的蘇格蘭人和愛爾蘭人在內。稅務機構累積大量數據，從蠟燭製造商的數量到船隻的數量皆有。稅務署核發牌照給數千個釀酒廠、酒館、茶和咖啡經銷商及其他許多行業。它的稽查員遍布四處，像人們抱怨的那樣，有「一萬隻眼睛」盯著他們。

政府歲收無虞，意味著只要它決定籌借資金，就能保證還款。英國政府依循尼德蘭的前例，發展出一套低息政府信貸體系，藉著發行可系統性償債的短期與長期票據，來向自己的市民借款。英國政府也經常運用另外一種新手段叫償債基金，分配一定的政府收入來償還特定債務。若沒有這樣一種穩定又可靠的籌資管道，英國便無法擁有海軍，使它成為十七世紀末和十八世紀的歐洲暨世界經濟軍事強權。我們都記得皮普斯的日記裡關於人類的精彩細節、他對倫敦的描述、對妻子與她的朋友的缺乏耐性，不過，他也是個認真盡責的官僚，經過多年來的艱苦努力，將英國海軍從一個效率不彰又腐敗的機構，改造成令人生畏的戰力。他研究造船，檢查每一份合約，從瀝青到大炮都不放過，他也對進到船上每一樣東西的價格瞭如指掌。他說，「他發現裡面大有文章，希望經過此番實踐，能為君王省下錢來。」他做的不止於此，在他服務公職三十年結束之際，海軍的船炮數量翻倍，也獲得有效率且如實的管理。

人民的軍事生活

到了十八世紀，歐洲國家權力集中化有所成長，陸軍與海軍都是由國家來組織、控制與支應，意味著政府擁有可恣意支配的工具，來鎮壓不服管教者及謀逆反叛者，不管這些人是地方權貴、鬧事群眾或是土匪強盜皆然。國家需要維持在國內獨占武力之權，並抵禦外部敵人，使得它對社會、資源及人民的生活有更大的掌控力。在中世紀，英格蘭與蘇格蘭的政府都要求臣民參與常規射箭練習。蘇格蘭人還被要求放棄足球。第一次世界大戰與第二次世界大戰期間，參戰國的政府會決定工廠生產什麼產品，哪些又將採配給制。從事特定工作的技術性工人，如軍火或採礦，則沒有轉換雇主或自願從軍的自由。時尚、食品、娛樂、旅遊等行業，都因戰事的關係受到管制。甚至在昇平時期，軍事紀律與軍事編制也悄悄潛入生活。想想有嚴格上下班打卡時間的工廠、今日的亞馬遜倉庫，或十九世紀與二十世紀初的公共教育讓小學生穿制服並井然有序地排隊，而現在有時還是會這樣做。

另一方面，國家為了改善軍事能力而必須引進的改變，已經讓部分或整個社會因此受益。一致的法律與有效率的行政管理也許是為了戰爭而動員國家資源的必要環節，但它們也擴大了國民的權利與可發揮的空間。有權享有公民身分向來一再的與兵役密切掛鉤。在希臘與羅馬的古典世界裡，身為公民意味著有拿起武器上戰場的義務，這又反過來承認其身為公民的權利。儘管在大多數城邦裡，財產是擁有公民權的一項條件，但是諸如雅典等海洋強國的槳帆船需要划槳手，這表示身無長物但有體力的自由人，可以靠著拿起船槳來取得公民權。羅馬共和國成立初期，羅馬幾乎不曾間斷的與義大利鄰國交戰，獨占權力的貴族領導人不得不號召平民百姓來戰鬥。據傳說，有一次庶民們撤退到羅馬城外某個地方，遴選出自己的代表——護民官

（tribune），成功要到一些權利，包括他們的護民官可以否決貴族執政官和元老院所做的某些決定。國家也經常賞賜公民權給在戰時服役的外國人。直到二〇一八年，在軍中服役的美國移民都還能加速申請公民的程序。

在十九世紀和二十世紀，拜工業革命之賜，國家發動大規模戰爭的能耐有所成長，政府發現自己在回應或預測戰爭及維繫公眾支持上也做出改革，連獨裁政權也是如此。政府鼓勵建造鐵路，有部分是為了本土發生騷亂時軍隊能輕易地在國內移動，或是能方便送他們到邊疆打仗。德國應軍隊要求，以單一時區取代既有的多時區，如此一來，才能讓運兵列車的移動更順暢。為了培養更健壯的士兵與水手，好的教育與營養也是必要的。英國政府及輿論便曾很失望的發現，為了一八九九年至一九〇二年南非戰爭而志願從軍的人當中，每三個就有一個因為體格不符遭到拒絕。此事激發出改善公共衛生及創新的需求，如提供貧困兒童免費的學校供餐。經過克里米亞戰爭（Crimean War）的慘敗後，沙皇亞歷山大二世廢除農奴制，有部分是為了改革徵兵制度。他試圖將國家的官僚及司法教育體系現代化，也獲得一些成功。後世的俄國改革者倡導代議機制，作為建構國族的部分手段。誠如埃夫根尼·特魯貝茨科伊（Yevgeny

Trubetskoy）親王在第一次世界大戰前所說：「若有必要讓人民挺身而出保衛俄羅斯，那就不可能站在人民的對立面遂行統治。」

戰爭推動文明的路徑

一九一四到一九一七年間，俄國政府發現自己的統治違背許多人民的意願。戰爭往往會弱化政府並腐蝕它的合法性，開啟政治與社會巨變的大門。勝利能鞏固某個政體的權力，曠日廢時的消耗戰也能毀掉一個政權。有時候，這改變是政治性的，由一批統治者取代另一批統治者，但它往往是更根本的變化。第一次世界大戰帶給所有參戰強權沉重的壓力，不過比較強盛的國家，如：英國、法國和某種程度上的德國，則挺過了風暴。它們雖經歷改變，但一九一八年以後的社會並未出現根本變化（德國確實變成一個共和國，不過從官僚到軍隊，它的體制與文化還是大致相同）。俄國在一九一四年以前是大國當中最脆弱的國家，它的經驗就相當不同。沙皇政體證明沒有能力應付戰爭並處理社會承受的壓力，到了一九一七年，面對普遍的不滿、與日俱增的組織性反抗，以及軍隊裡有很多人愈來愈不願意戰鬥，它的權力已蕩然無存。遭到質疑的不只是政權的能力，還有俄國社會的本質。在戰爭以前，革命分子便已經在呼籲終止獨裁專政，將俄國改造成某種社會主義國家，可是他們分歧嚴重、人數不多，而且不斷地被當權者打擊。戰爭提高了他們的支持度，他們訴求根本的、社會的與政治的變革也得到重視。即便是這樣，若不是沙皇的冥頑不靈，以及他在臨時政府的繼任者們未能讓俄國從戰爭中脫身，否則這政權可能還是會以某種形式苟延殘喘下去。這給了其中一個最強硬、冷酷，並且具備優異戰略能力的革命分子攫取權力的機會。然而，假使二月爆發第一次革命時，列寧仍然流亡於瑞士，今天他只會是二十世紀歷史中一個微不足道的注腳。德國最高指揮部（High Command）一如以往經常的短視近利，讓列寧坐上著名的封印列車，穿越德國領土一路駛回俄國。列寧和他的布爾什維克派（Bolsheviks）在一九一七年十一月發起政變，建立一套新秩序，改變了俄國與世界歷史的進程。而我們現在仍活在這件事的後果中。

這是戰爭又一個令人不安的事實，亦即它同時帶來破壞與創造。我們有如此多科學與技術上的進步，如噴射引擎、電晶體、電腦之所以問世，是因為戰時的需要。

拯救許多人命的盤尼西林在一九二八年首度被亞歷山大・弗萊明爵士（Sir Alexander Fleming）發現，但直到第二次世界大戰時，開發它的資金才到位。加拿大籍醫生諾曼・白求恩（Norman Bethune）率先在戰場上實施輸血。如今在醫院急診室很常見的檢傷分類作法也是從戰爭中開始的，大概是在拿破崙戰爭。到了第一次世界大戰，法國軍醫開風氣之先，將傷者區分為治療無效、馬上處理便可能活命和可以再等一等這三種類別。外科手術（治療外傷或毀容重建）在二十世紀的戰爭期間有長足進步，部分原因出在有太多病人可以拿來練習了。

許多社會裡的女性由於參與戰爭的關係，獲得了職業、教育與權利。甚至在第一次世界大戰結束以前，英國政府便制定了一九一八年《人民代表法》（the Representation of the People Act 1918），將投票權擴及所有無自有財產者，意指勞工階級和年滿三十歲的女性，以表彰他們對戰事的貢獻。在第二次世界大戰結束之際，福利國家的實施也是基於一種類似的情感而促成的。冷戰期間，包括艾森豪總統和詹森總統在內的美國政治領導人同意他們必須有所作為，讓非裔美國人享有公民權，此舉卻不必然是因為他們相信正義公理。美國與蘇聯長久以來相互鬥爭，搶著證明自己的社會比較好，而美國的種族歧視會成為蘇聯進行宣傳的利器。

近來，包括沃爾特・謝德爾（Walter Scheidel）和托瑪・皮凱提（Thomas Piketty）在內的知名歷史學家與經濟學家提出有力的論證，主張大戰也能發揮縮短貧富差距的作用，被捲入一戰與二戰的國家便有經驗為證。大規模戰爭刺激就業；勞工變得更有價值，薪資與福利也隨之水漲船高；富人出於自願，或是發現難以逃避，而繳了更高的稅。毀滅性戰爭結束後，也比較容易籌謀大型的重建與社會福利計畫，並獲得富人支持。威廉・貝佛里奇（William Beveridge）的報告奠定英國福利國家的基礎，一如他所寫的：「當戰爭正在徹底破壞各種地標時，現在正是運用經驗打掉重練的機會。此一世界歷史上的革命性時刻，是一個用來革新的時機，而不是修補的時候。」

也有一些證據顯示戰爭能帶來社會與經濟的夷平效應。男人，有時也有女人被徵召入伍，被和以前從未見過的人湊成堆。第一次世界大戰的時候，大多在公立學校受教育的年輕英國軍官檢查兄弟們的家書，往往很驚訝地發現普通士兵所表達出來的愛、恐懼與希望，和他們的感受並無二致。後來以「劣紳」（Falshman）系列小說聞名於世的喬治・麥當勞・弗萊澤（George MacDonald Fraser），發現自己在二戰的緬甸戰役中，進入一個多數由強悍寡言的坎伯蘭人（Cumbrian）組成的軍團。身為一個受過教育的中產階級男孩，他發現這些人很迷人卻與他極為相異。家人寄了兩本書給他，一本是漫畫小說，另一本是《亨利五世》（*Henry V*）。他說自己是個「恃才傲物的勢利眼」，估計不會有人來跟他借這本莎士比亞劇作。當那個十幾歲就輟學的士官把書拿走時，弗萊澤也假定他不會看。結果令他大感羞愧但也深受啟發，三天後士官歸還劇作，說他把書讀完而且很受感動。他跟弗萊澤說，莎士比亞一定當過兵，因為他太了解身為士兵的點點滴滴了。一名年輕的中產階級女性也在同場戰爭中加入皇家女子海軍（Women's Royal Naval Service），因為她以為比起陸軍或空軍的女子輔助軍團，她在這裡可以找到更多同類人，結果她在一堂機械課裡和蘇格蘭女工一起上課。「這場戰爭，」她後來承認：「真的對我這種接受私塾教育的女孩大有好處，真的是這樣。它教會我知道，勞工階級的人也有情感，而且他們也是聰明人，真的很聰明，因為我的老天啊，裡面有些女孩可是很機靈的。這些都是我以前從來沒有想過的事情。」

說戰爭帶來好處，而且有助於打造更強壯、甚至更公平的社會，並不是在為戰爭辯解。當然，我們寧願在和平的狀態下改善我們的世界，幫助弱小不幸之人，或追求科學與技術的進步。然而，在昇平時期是比較難有做出重大進步的意志與資源的，我們太容易就把貧窮、鴉片類藥物危機或氣候變遷擺到一旁，他日再議。戰爭使我們集中注意力，無論你喜歡與否，在整個人類歷史上一向如此。

［第二章］

戰爭的理由

「沒有戰爭是無可避免的，直到它爆發時。」

——A. J. P. 泰勒（A. J. P. Taylor），《歐洲列強爭霸史，1848-1918》（*The Struggle for Mastery in Europe, 1848-1918*）

人類恆河沙數的爭端

上帝百無聊賴，決定找人類玩一玩，還啟動一連串事件：一個男人偷了另一個男人的老婆；國王們為了一塊領土或王位繼承權爭吵不休；一個英國船長失去了一只耳朵；一個皇帝的代表在布拉格被人拋出窗外；一艘美國戰艦在哈瓦納港爆炸；僧侶在耶路撒冷的一座聖殿裡打架；一位大公在塞拉耶佛被殺；日本士兵在北京一座古橋附近被開槍；於是，開戰了。士兵殞命，船艦沉沒，城鎮遭到劫掠，遭殃的總是百姓。

戰爭的起因可以看起來很荒謬或無足輕重，但背後往往藏著更大的紛爭與緊張。有時候，只要星星之火便足以燃起已經在悶燒的柴堆。據信，發生在古代世界的特洛伊戰爭，是因為眾神之王宙斯認為地球上的人類數量太多了，所以想出一個乾淨利索的解法，鼓動人類相互殺伐，滅掉對方。他讓女神阿芙蘿黛蒂承諾特洛伊國王那久未謀面的兒子帕里斯，說他有一天會娶到世上最美的女人。帕里斯也適時的愛上海倫，她當時已經嫁給斯巴達國王墨涅拉俄斯為妻。海倫不負天命，帶上墨涅拉俄斯的大把財富，跟著帕里斯乘風破浪回到特洛伊。然後，根據古代人的說法，特洛伊戰爭便開打了。來自斯巴達及盟國的希臘人成功來到小亞細亞的岸邊，很多人就死在這裡，最後，特洛伊城被毀，倖存下來的人淪為俘虜。這場戰爭真的發生了嗎？還有，倘若不是上帝的錯，那麼是誰開啟戰端？特洛伊周遭廢墟存在戰鬥的跡象，而荷馬之後的後世子孫當然相信當初該處打了一場持久戰。我們知道，當時是個不穩定又暴力的世界，小型國家為了土地、家畜、貴金屬、女人等獎賞而戰。荷馬恐怕是把一個由惡棍暴徒所打的真實戰爭，變成一件偉大的藝術作品了。

國家開戰的意圖

我們對中世紀和近代歐洲早期（early modern Europe）的王朝戰爭所知較多。統治者把他們的土地當成自己的私人財產，不覺得擴張領土有什麼不對。不管是受人汙辱或是復興某種遠古的主張，想要打仗幾乎總是可以找到理由。歐洲的統治者被家庭關係網給串連起來，意味著大多數繼承權可能都會引起爭議。一三二八年，法國國王駕崩，沒有留下子嗣或繼承人。他的堂兄或剛好是英格蘭國王的外甥，是誰比較有繼承資格一事引起爭端，導致法國與英格蘭之間的百年戰爭。五個世紀以後，又有一個國王無嗣便死了，這次是在西班牙，有三個國家，分別是英格蘭、尼德蘭共和國和法國，為繼承權爭吵不休，導致一場遍及歐洲並影響全球的戰爭，從一七〇一年到一七一四年，這場仗拖了十三年。

公然侮辱統治者或國族的尊嚴，經常被當成解決長期對抗的藉口。一七三一年，詹金斯船長的耳朵，如他所稱被懷疑他走私的西班牙水手給割了。他向英國國王訴苦卻徒勞無功。一七三八年，在他展示了他所謂怵目驚心的殘耳之後，國會決定關注此事。戰爭在隔年爆發，一直打到一七四八年，真正的原因並不是為了詹金斯的耳朵，而是英國想在西印度群島和西班牙美洲殖民地的豐厚貿易（包括奴隸買賣）上分一杯羹的野心。可想而知，西班牙人也同樣決意保護他們的獨占地位。

過去的戰爭或許是由單一領導人或菁英們所發起，他們往往也握有一些群眾支持。希臘城邦的公民害怕波斯人的生活方式，所以集合起來對抗他們。先知逝於西元六三二年後，阿拉伯半島上終日爭吵的阿拉伯部族被宗教和伍麥亞王朝（Umayyad）的哈里發們緊密團結起來，橫掃中東、北非和部分歐洲。宗教是一六一八年「布拉格拋窗事件」（Defenestration of Prague）背後的主因。新教徒在波西米亞是一股強大的勢力，他們眼見奧地利皇帝掛保證的權利被他的市議會代表們所違反，於是把這些人從現在仍高聳於布拉格的大城堡丟出窗外。雖然這些皇室大臣們活了下來，但這次插曲引發了一場起義和奧地利人後續的企圖鎮壓，進而把歐洲大大小小國家都拖進一次漫長複雜、集宗教、社會、國族與王朝戰爭於一身的爭鬥中。

保護同一教派的人，是戰爭最方便的藉口。十九世紀中期，列國強權虎視眈眈，覬覦日漸傾頹的鄂圖曼帝國（Ottoman Empire）。英國和法國都對地中海東側有濃厚的興趣，不希望俄羅斯把手伸向君士坦丁堡，此處對通往地中海的海峽握有至關重要的控制權。當正教與天主教的修士在耶路撒冷的聖墓教堂（Church of Holy Sepulchre）裡將燭臺及十字架砸到對方頭上時，沙皇自告奮勇站出來護衛正教會在鄂圖曼帝國的權益，而屬於新教的英國和反教權的法國則表達出他們保護天主教與鄂圖曼帝國的決心。

十九世紀末期，美國開始越過國界，對外施展日益壯大的實力，尤其是對自己的鄰居，它企圖入侵加拿大，或說服加拿大的居民臣屬於他國是不成的（接受大英帝國不是個好主意），然而，來自南方的油水看起來更佳。美國人已經拿下大部分墨西哥，並基於貿易與安全的理由，對加勒比海愈來愈有興趣，他們考慮建造一條橫越巴拿馬地峽或是尼加拉瓜的運河，連結太平洋與大西洋，所以注意力都放在這個區域上。除了英國之外，主要的障礙就是日薄西山的西班牙帝國了，該國所控制的屬地還包括富饒且具有策略重要性的古巴島。因此，當一八九八年美國戰艦緬因號在哈瓦納港爆炸，大部分船員跟著沉入水底時，給了美國擴張主義者非常大的便利。有影響力的赫斯特（Hearst）新聞為文譴責西班牙人（但這場悲劇也有可能是設計缺陷或船隻操作技術造成的），呼籲讀者們「莫忘緬因號」（Remember the Maine），而且要求報仇。國會熱心的齊聲唱和，逼著總統去打美西戰爭（Spanish-American War），使美國得以在加勒比海及中美洲取得支配優勢，也幾乎是在偶然的情況下拿下菲律賓。

一九一四年六月，奧地利皇儲犯了一個異常愚蠢的錯誤，來到塞爾維亞民族主義分子覺得是屬於塞爾維亞的波士尼亞首都塞拉耶佛，尤有甚者，他還選在二十八號，那天是重要的塞爾維亞紀念日，紀念塞爾維亞大公拉扎爾（Lazar）在一三八九年的科索沃戰役（Battle of Kosovo）中，敗在鄂圖曼人手下。對一群年輕又熱血的民族主義分子及躲在暗處的支持者來說，這是個很難抗拒的下手目標，其中一人還僥倖的成功殺死大公和他的妻子。奧地利皇室和政府皆未哀悼亡者，還草草的給這對夫婦辦了一場寒酸的喪禮。大公向來不受歡迎，他的妻子更被輕視為只是一介女公爵。不過，他們給了奧地利企圖摧毀塞爾維亞一個完美藉口，維也納方覺得塞爾維亞在南境惹禍生端已經太久了。德國決定支持奧地利，開出一張有名的「空白支票」。俄國覺得不能袖手旁觀，眼睜睜看它的小客人塞爾維亞被毀滅。德國軍隊計畫取道比利時，號召眾人攻擊俄國的盟友法國，英國則決定挺身而出保衛法國與比利時。五個星期的時間，歐洲就從羅馬帝國以來所知最為和平的時期，進入全面戰爭的狀態。

在亞洲的第二次世界大戰則是禍起於另一樁簡單小事，但也有著深層根因。日本的軍國主義者與民族主義者正想著要在亞洲建立一個帝國，能提供原物料、市場、便宜勞動力和土地，以為殖民之用。日本擁有的鐵路線在一九三一年剛好順便發生一連串爆炸後，該國已經取下富裕的中國東北省分。一九三七年，日本士兵外出在北京進行定期巡邏，這是十九世紀末多國聯軍擊敗排外的義和團運動後所訂下的權利。當巡邏兵行經北京一座古橋附近（據說幾個世紀以前，威尼斯探險家馬可波羅就是跨越這座橋進入城裡）槍聲砰然響起。隔天日本人拿出一具穿著日本軍裝的屍體，儘管北京謠傳那只是日本人拿一個死掉的中國乞丐喬裝的，但盧溝橋事變使得日本師出有名，跨越長城以南入侵中國，還占領一大片沿岸地區，直到香港邊界。該次侵略也讓美國的立場從孤立主義轉向對抗。

顯然不同時空下的戰爭有著各式不同的理由。誘拐、愛情、宗教、皇室鬥爭、掠奪、帝國主義、暗殺或羅織編造。然而，某些動機會一再出現：貪婪、自我防衛，還有情感與理念。

覬覦他人所擁有的，不管是生存所需的糧食、用來奴役或繁殖的女人、貴金屬、貿易、或土地，總是能激起戰爭。霍布斯曾說，「人類互相打鬥，是為了宰制對方的人員、妻妾、孩童和牲畜。」蒙古騎兵尋找戰利品，最後卻摧毀了也建立了帝國。十六世紀初的科爾提斯和皮薩羅在追尋黃金時推翻了阿茲特克和印加帝國。普魯士、奧地利與俄羅斯因為想要擴充領地，在十八世紀末瓜分波蘭。希特勒把戰爭帶往東方，是因為他認為日耳曼種族的存續需要更多土地與資源。海珊在一九九〇年占據科威特，是因為他想要當地的石油。

人類創造的託辭

修昔底德（Thucydides）曾說：「強者為所欲為，弱者必當受苦。」（The strong do what they can and the weak suffer what they must）但弱者可以決定捍衛自己，挺身

戰鬥，而非屈從忍受。小蝦米芬蘭在一九三九年至四〇年的「冬季戰爭」（Winter War）中對抗大鯨魚蘇聯，儘管芬蘭人最後不得不投降，放棄部分領土，但這個國家保住了自己的獨立性。波蘭人在一九三九年與納粹德國及蘇聯兩方戰鬥，是因為替代方案看來似乎更糟。只要看看這兩個敵人如何對待被占領的波蘭，就很難說他們當初做的是錯誤選擇。個人和群體即便沒有遭受攻擊，面對迫在眉睫的威脅或未來的可能際遇，也會出於恐懼而戰鬥。此外，他們也會為了保護所珍視的事物而戰，如領土、家園、家庭。

儘管按例戰爭向來被視為男人的主場，但女人也可以是戰爭的託辭。十九世紀德意志作家暨民族主義者恩斯特・莫里茲・阿恩特（Ernst Moritz Arndt）認為法國人「刻薄、好色、貪婪又殘忍」，而且曾經玷汙德意志女性，使她們的男人蒙羞。德意志男人必須起身戰鬥，一雪恥辱。第一次世界大戰期間流行一張英國明信片，上面有個女人的臉孔跟一行標題，寫著：「夜晚閃爍在壕溝之上的明星。」雙方的募兵海報上都呈現出凶殘的士兵正在威嚇無助的女性。戰時針對敵人的宣傳會提醒對方，他們的女人並未如應有的守身如玉。第二次世界大戰時，日本廣播會對澳洲士兵提出警告，說他們的女人跟駐紮當地的美國人混得太熟了。在一九三九年至四〇年的「假戰」（Phony War）期間，法國推測德國將發動進攻，派士兵在邊界站崗守衛時，德國人豎起一塊看板，從法國這方目視可及，上面寫著諸如「北部省分的軍人們，放蕩的英國士兵正在睡你的女人，強暴你的女兒！」之類的訊息。某個法國部隊回敬說：「我們才不在乎，我們來自南方！」納粹宣傳機器也玩弄種族恐懼，宣稱法國與英國女性正在被自己帝國內，或是來自美國的黑人士兵引誘。

有人主張，面對一個可能僅是預料，而非實質真正發生的威脅時，最好的自衛是發動一場預防性戰爭（preventive war）。據修昔底德所述，斯巴達公民投票決定開戰，是「因為眼見大部分希臘已在雅典的控制之下，他們害怕雅典的勢力像現在這般進一步增長」。羅馬人在第一次布匿克戰爭中與實力更強大的迦太基人一較長短，是因為如波利比烏斯（Polybius）所說：「如果迦太基人也成為西西里島的主宰，羅馬人應該會發現自己多了一個非常危險又很難對付的鄰居，因此，他們開始變得極度焦慮驚惶。」以色列首次在一九六七年攻擊它的鄰居埃及、敘利亞和約旦，是因為它有理由擔心他們正在策劃一次協同戰爭。在一九一四年的危機中，德國最高指揮部認為只剩三年時間，快速現代化的俄羅斯就會強大到讓德國也打敗不了，這個說法為開戰憑添更強的動能。日本軍方在一九四一年看著美國加強備戰時，也抱持大致相同的看法。攻擊珍珠港是一次賭注，意在把美國打趴在地，從戰爭中出局，這樣日本就能坐享所有眼前和即將到來的利益。冷戰期間，兩邊都擔心對方會先發射核子彈頭，取得優勢。

而另一種恐懼也會加劇戰爭的壓力。一九一四年以前的歐洲出現一股憂慮，擔心太多的和平正在使社會變得柔弱，故而出現大量言論，談及乾脆來一次衝突，可強化國家的道德品行，把年輕人打造成強悍的愛國者。一九三八年，當慕尼黑協定（Munich Agreement）看似將終結戰爭的可能性時，德國人歡欣鼓舞，令希特勒大感驚駭，他告訴會議上的編輯和記者們（那時當然全都在納粹的掌控下），說他們必須教育德國人，讓「人民內心的聲音自己慢慢地開始呼喊使用武力」。

從敵對幫派到國家，對他者的猜疑與恐懼也會形成威脅的意識，即便威脅可能並不存在，這跟我們的表親黑猩猩沒有兩樣。冷戰期間，西方與蘇聯集團互不信任，各自經常會從最壞的角度來解釋對方的言行，甚至意外事件。一隻熊想要爬上圍著美國飛彈的圍籬，被誤以為是敵軍入侵；一群鳥出現在美國和加拿大的雷達上，以為就是飛機或飛彈來襲；或在雲層後微微閃爍的陽光，看起來很像有人正要襲擊蘇聯技術人員；曾經在那樣的一瞬間，第三次世界大戰離得更近了。有一次，北美防空司令部一個美國技師誤把一支訓練磁帶插到電腦裡，指揮中心突然得到警示，說蘇聯的飛彈正要飛過來。轟炸機小隊跳上飛機，美國飛彈也進入高度警戒狀態。好在這個錯誤及時被發現。一九八三年，韓國民航機 KAL007 被意外擊落後，蘇聯把不相干的巧合事件編在一處，比方說北大西洋公約組織的演習和首相柴契爾夫人同雷根總統之間的加密通訊變多，建構出一套即將發生核武攻擊的情節。

今天，北京和華盛頓兩邊都有人說，中國與美國之間的衝突勢不可免。如果他們去尋找跡象，當然可以找得到。哈佛大學有個計畫提出一個叫做「修昔底德陷阱」（Thucydides Trap）的主張，以寫作伯羅奔尼撒戰爭（Peloponnesian War）古典作品的作家為名，將此人關於雅典實力增長和斯巴達的恐懼導致戰爭的名言，提升為一種如它所主張總會成立的規則：當某個崛起的強權威脅到既有強權，便可能發生戰爭。既然此一結論靠的是過去案例的選擇性詮釋，在專家眼中，便一定會、也將持續存在很大的爭論空間。

值得一死的理念

人類也會因為霍布斯所謂的雞毛蒜皮小事而開啟戰端：「一個字眼、一個微笑、一個不同的意見，或任何貶低他人的跡象，不管是直接針對本人，或是從親族、朋友、國家、領土或名聲而反射到自己身上。」榮譽與光榮是抽象的概念，但可比生命本身更重要。據說亞歷山大大帝尊奉不接受侮辱的偉大戰士阿基里斯（Achilles）為楷模，睡覺時枕頭下放著一本《伊利亞德》（*Iliad*）。太陽王路易十四（Louis XIV）為了追求光榮在歐洲連年征戰，不為國家，而是為了自己，使法國陷入山窮水盡的窘境。「我不會試圖為自己辯護，」他在對尼德蘭開戰之後這麼說。「對國君而言，野心和光榮（的追求）總是可以被原諒的……」打勝仗、兼併領土、讓國王的親戚坐上歐洲其他王位的寶座，即便因此引發的戰爭對法國並無益處，也都是為了路易十四的光榮。拿破崙似乎更崇拜路易十四的優秀對手馬爾伯勒公爵（Duke of Marlborough）多過國王本人，但他也有著相同的渴望。他最大的榜樣是亞歷山大大帝。拿破崙入侵埃及，渴望著向亞歷山大大帝那樣在東方建立一個帝國。「我滿懷夢想，」拿破崙後來寫信給一位友人說：「我看到自己創建一個宗教，長驅直入亞洲，騎乘大象，頭纏布巾，手拿一本由我編纂、適合我需要的可蘭經。」拿破崙在他自己追求光榮的過程中，把歐洲搞得天翻地覆，摧毀數十萬條人命。

虛構角色大鼻子情聖（Cyrano de Bergerac）寧願與人決鬥致死，也不讓人侮辱他的鼻子，歷史上有很多這樣的對照人物。保住榮譽，或是為了不管是真實或感知而來的羞辱與傷害而復仇，已經開啟了很多場戰爭。一九一四年當奧地利決定如何回應大公暗殺事件時，它的領導人對帝國的榮耀很敏感，也準備面對俄國的戰爭威脅。「這將是一場無望的爭鬥，」奧地利參謀總長如此告訴他的夫人說：「但我們必須求戰，因為如此古老的君主政體和這般光榮的軍隊，不能就此不名譽的倒下。」英國外交大臣愛德華・格雷爵士（Sir Edward Grey）八月三號對下議院（House of Commons）發表演說，宣布政府決定介入正在展開的戰鬥中，他在演說中談到英國有「維護榮譽的義務」。今天的街頭幫派分子寧死也不能失了顏面（不受尊重），他們的出發點又有何不同？

迦太基，尤其是它的貴族統治者在西元前三世紀的第一次布匿克戰爭中被羅馬打敗，尊嚴掃地。據說迦太基的大將軍漢米卡（Hamilcar）握著幼小兒子的手，要他鄭重起誓絕不與羅馬化敵為友。這個孩子是漢尼拔（Hannibal），長大後成為一個更偉大的將軍，在第二次布匿克戰爭中幾乎摧毀羅馬。一八七一年，法國慘敗在德意志邦聯手下，法國人為巴黎的雕像披上黑衣，象徵他們失去的兩個省分阿爾薩斯（Alsace）及洛林（Lorraine）。當戰爭在一九一四年爆發，歡欣鼓舞的民眾撕掉喪服。一九一八年德國戰敗以後，輪到他們渴望復仇了。《凡爾賽條約》那紙「命令」，被德國人不分黨派廣泛認為是挾怨報復、不公不義的，而一九二〇年代在德國不管有什麼不順遂，大多會怪到條約身上。一位英國記者碰到一對年長的姊妹，說她們再也不能一周一次送洗衣服，全都是因為條約的關係。希特勒和納粹之所以能得勢掌權，有大部分是因為他們承諾打破條約的束縛。而希特勒也確實打破條約，宣布賠款支付告終，公然違反裁軍條款，進軍非軍事區的萊茵地區（Rhineland），並且把奧地利併入德國版圖。

他的目標始終遠不止於毀棄條約或讓德國成為歐洲大陸最強大的國家，而是要給德國人民（即他眼中的雅利安種族）一塊廣袤的領土，配得起他們身為優等種族的身分地位，最終確保他們主宰世界。無論是理想主義者、救世主、邪惡之人或單純只是瘋子也罷，歷史上某些最為嚴重的衝突，關鍵核心就在於意識形態。民族主義分子的範圍很大，從此端的種族主義者到彼端珍視共同文化與歷史的愛國者都算，這些人向來以國族之名發起征戰與殺戮，今日猶然如此。美國革命戰士內森・黑爾（Nathan Hale）曾這麼說：「很遺憾我只有一條命可以為國家犧牲。」

宗教，還有像塞爾維亞人及俄羅斯人所信奉的正教那樣與民族主義合併，既能成為值得一死的原因，也能給予永生的承諾。遍及歐洲的十字軍離開家園，冒著危險長途跋涉到聖地，並非只是為了財帛與土地，離家近一點的地方有的還更多更好呢！他們是受到他們所認為的神聖使命所驅使，去收復耶穌基督為了基督教世界所生活過的土地。十字軍將士們，如英格蘭國王獅心理查一世、法國國王腓力二世和大地主權貴們，拋下財產、地位和家族，許多人再也沒有回來過。教宗格列哥里七世（Pope Gregory VII），以《耶利米書》（*Book of Jeremiah*）的篇章：「禁止刀劍不經血的，必受咒詛。」（Cursed be he that keepeth back his sword from blood.）來喚起信仰，十字軍受到這類宗教領袖的慫恿，任意殘殺他們認為是異教徒的人。一〇九九年的耶路撒冷大屠殺中，據說街道上血流成河，有些地方的血甚至及於十字軍馬匹的膝蓋。「無一人倖存，連女人與小孩都不放過。」一份當代的記述如此寫著。

不管是宗教還是政治的意識形態戰爭，往往是最殘酷的戰爭，因為只要拿出天堂國度或某種形式的人間天堂，任何作為便師出有名、理由正當，包括剷除人類障礙在內。就像疾病應該被消滅一樣，那些抱持著錯誤觀念或信仰的人也活該去死，或可說他們只是在實現造福全人類的夢想之路上，必須要有的犧牲。馬丁・路德（Martin Luther）對新教思想產生極大影響，他曾說：「揮舞著寶劍殺戮的不是人類的手，而是上帝的手。」這種觀念助長了他自己那個世紀兩敗俱傷的宗教戰爭，也導致隨後的三十年戰爭，正如同二十世紀為了革命社會主義（revolutionary socialism）所發起的戰爭，也是認為自己是在完成歷史的工作，而非為了上帝服務。今天，我們當然又要面對宗教戰爭，而且也是不達最終目的，勢不罷休。可悲的是，即便意在以戰止戰的戰爭，也有著那種沒有界線的特性。如果目標是要永遠掃除戰爭的苦難，那麼以此為名所犯下的行為無論有多麼暴虐殘酷，都可以被合理化，因為犧牲肯定是值得的。在逐步走向三十年戰爭之前，激進的喀爾文教徒（Calvinists）信奉極端形式的新教教義，相信哈布斯堡君主國是黑暗的力量，必得根除之，方能挽救正義。法國大革命的激進分子準備在歐洲發起戰爭時，為的也是拯救蒼生。如一七九一年一個革命分子說的：

「我求戰，因為我想要和平。」跟宗教戰爭一樣，這敵人就變成了全人類的敵人，不是打敗便罷，而是要徹底摧毀。

來自內部的敵人

內戰因為關乎社會的本質，所以也不時顯露出這樣的特性與運動的殘酷性。由於另一邊拒絕認同共享價值與相同的願景，所以被當成社會共同體的叛徒，為了修補受損的國體，極端的暴力與殘忍變得可以容忍，甚至是必要的。當來自同一家族的人相互攻訐，曾經喜愛或至少堪可忍受的人也變得面目可憎，甚至到了欲使對方灰飛煙滅的地步。內戰的各方都在一個曾經共有的空間裡奮力爭取正統性與主宰性。外部敵人是一個很明確但也可以理解的威脅；內戰則更多是彼方令人不解的背叛所引起的憤怒與傷害所助長出來的。率先提出「文明戰爭」（civil war；內戰）此一概念的羅馬人，把羅馬內部存在的傾軋不和視為嚴重的道德淪喪，致使人們對羅馬文明本身產生質疑。

內戰特別令我們感到驚怖，一則因為它們撕毀了團結社會的紐帶，另則因為它們經常有個特徵，是會對另一方施以毫無節制的暴力。美國內戰的傷亡人數恐怕比美國所有其他戰爭加起來都還多。三千萬的總人口裡，約有三百萬人上戰場，其中至少有六十萬人死亡，另有五十萬人受傷（以如今美國更為龐大的人口數來看，死亡人數相當於今日的五百萬人）。出於直接暴力或飢餓與疾病的關係，平民百姓可能也死了十五萬人。若說有什麼不同的話，自一九四五年以來，隨著國與國之間的戰爭變得罕見，內戰倒是有所增加。希臘、奈及利亞、蘇丹、阿富汗、葉門、敘利亞、剛果、北愛爾蘭、南斯拉夫：名單很長，而且遍及世界大部分地區。想要證實在這類衝突中死亡的人數，即便不是不可能，也是困難重重，有部分原因出在這類數字往往沒有很好的紀錄。而且，哪一種死亡算是戰爭造成的呢？只計算戰鬥人員，還是要把支援人員也算進去？戰爭導致饑荒或疾病所造成的死亡呢？因此，一九四五年以來的內戰死亡人數，估計從高達兩千五百萬人到遠遠更低但仍令人驚駭的數字皆有，而且我們還必須考慮到數百萬計逃離暴力的難民。

和平時期裡的微小嫌隙與敵意，在內戰時會被放大到變得致命。伯羅奔尼撒戰爭期間，城邦科西拉島（Corcyra）的市民間爆發衝突，表面上看是民主的敵對派與支持者之爭。事實上，如修昔底德說的：「人們被殺往往是基於私怨，不然就是因為欠錢被債主所殺。殺人致死有千百種原因與樣態。而且，在這種情況下，通常會看到人們走極端甚至跨越底線。有父親被兒子殺死的；有被人從神廟拖出來或就在聖壇上遭到屠殺的；有些人竟然在酒神戴奧尼索斯（Dionysius）的神廟裡被圍堵，死在那裡。」

內戰使家庭或朋友分裂，往往再也無法回頭。羅夫・霍普頓爵士（Sir Ralph Hopton）和威廉・瓦勒爵士（Sir William Waller）是十七世紀英格蘭西南部的地主，自小便是朋友。兩人都是清教徒，在英國社會歷經重大宗教分歧時站在同一邊，上一樣的教堂，也都進入廟堂成為國會議員，在很多事情上一直保持共識。他們都支持一六四一年的《大諫章》（*Grand Remonstrance*），上頭紀錄議會對查理一世諸多政策的反對意見。可是到了最後，霍普頓覺得他必須支持國王對抗反對者，隨著英格蘭走向內戰，這對老友選擇不同立場。一六四三年，當保皇派與議會派在英格蘭西南部對戰時，霍普頓寫了一封信給瓦勒請求見面。瓦勒的回應是真誠而傷心的：

先生：我所擁有與您的珍貴經驗，我曾在您的友誼中享受到的快樂，都在我看著你我之間眼下巨大的鴻溝時，傷害著我的考量。當然，我對您的情感矢志不渝，就算是戰爭也不能使我違背友誼，但我必須忠於我所服膺的理想。偉大的上帝是我心靈的探針，知道我恪遵職守是帶著何等傷心，而我又是何等憎惡這沒有敵人的戰爭；但我把它視為上帝的旨意（Opus Domini），這便足以澆熄我心中所有的熱情。和平之神將適時為我們帶來和平，值此同時，我們身在其中，必得扮演好這場悲劇中被分配到的角色。讓我們帶著榮譽各行其是，不帶私人恩怨。

無論結果如何，我永遠是你最深情的朋友。

他們再也沒有碰面。保皇派被打敗後，霍普頓流亡到布魯日，一六五一年死於當地。瓦勒對於所成立的共和國致力於復興君主政體感到失望，他死於一六六八年。內戰中還有很多像霍普頓與瓦勒這樣的悲劇。

即便和平到來，內戰也很難忘懷，這是因為它們太常讓不久前才是敵人的人比鄰而居。原諒是一件難事，輸家很難接受失敗，而贏家很難寬宏大量。英國議會在一六六〇年為了內戰期間和剛結束時所犯下的罪行，通過《免罪大赦法案》（*The act of Pardon, Indemnity and Oblivion*），即便今日我們看到盧安達、哥倫比亞、北愛爾蘭及南非等地正在為了和平與和解，進行著更為系統性的嘗試，但《免罪大赦法案》在歷史上仍是太罕見了。更常看到的是佛朗哥的西班牙發生的情況，如一位歷史學家所形容是「長久而不文明的和平」。就像西班牙和狄托的南斯拉夫那樣，某種秩序回來了，可是野蠻與殘暴在兩造所留下的苦澀記憶只會轉入地下。羅馬詩人荷瑞斯（Horace）便曾提出警告，說：「熾火，在灰燼下悶燒著。」過往的爭論，仍然能撕裂今日的西班牙，例如在烈士谷（Valle de los Caídos）的佛朗哥將軍紀念碑該何去何從，最近便引發了公憤。前南斯拉夫所留下的記憶就更為嚴苛了，甚至連討論一九九〇年代所發生的事情都很難。過了一個半世紀後，關於懸掛邦聯旗（Confederate flag）或南方邦聯將軍的雕像，或千絲萬縷的種族政治與南方白人縈繞不去的憤恨，這種種的爭論仍然籠罩在美國內戰的陰影下。

戰勝了，然後呢？

「求和比求戰更難，」睿智且憤世嫉俗的法國總理喬治・克里蒙梭（Georges Clemenceau）曾經這麼說，幾乎所有的戰爭皆如此。太常看到國家開啟戰端，卻未事前思考他們希望成就什麼，想要怎樣的和平。一九一四年以前，德國軍方有一套精心策劃的攻擊計畫，花了許多年，經過許多人的手，並且經過反覆演練才制定下來。施里芬計畫（Schlieffen Plan）是歐洲最好的參謀所能制定的最好計畫了，但它有個致命瑕疵，假定德國必須同時攻擊它的鄰國法國與俄羅斯，因此排除其他選項，包括只開出一條戰線或採取防禦戰，而且它也未能考慮偉大的克勞塞維茨所謂的摩擦（friction）和美國人說的莫非定律（Murphy's Law），戰爭中所有會出錯並打亂最佳計畫的事情，都是最精良的軍隊做出來的。最危險的是，它是一種領導下的產物，軍方專注於贏得戰爭，而文官也沒有多加考慮事過境遷以後的事。

戰爭裡這種狹隘眼界之多，超乎人想像。一九一四年的德國人沒能訂出他們的戰爭目標，或想好倘若法國與俄羅斯求和的話，他們會怎麼做。一九四一年九月，隨著日本愈來愈接近與美國一戰，天皇、重要的文官武將與政界元老開了一場高階帝國戰爭會議。當時主導政策制定的軍方提出一份文件，對即將到來的戰爭，卻是目標模糊到令人屏息。「我們不能排除這個可能性，」文件上說：「那就是戰爭可能因美國輿論的一個重大變化而結束……無論如何，我們應該要有能力立於不敗之地……值此同時，希望我們會有辦法影響事態走向，把戰爭帶向終點。」不久後，日本首相東條英機（Tojo Hideki，後來因戰爭罪受審）將這決定比做閉著眼睛跳下懸崖。「有些時候，我們必須擁有行非凡之舉的勇氣。」亞洲、美國與日本的人民因為那樣的勇氣，付出沉痛的代價。

那些制定戰爭決策的人，太常以為勝利會以某種方式，神奇地解決所有問題。一九九八年，美國軍方花了很多時間發展出打敗海珊的計畫，並且在軍事演習中進行測試。負責中東地區的美國中央司令部將領安東尼．辛尼將軍（General Anthony Zinni）後來說：「那時我突然想到，我們有擊敗海珊部隊的計畫，卻沒有重建伊拉克的計畫。」他在一九九九年組織他自己的軍演，得到的結論是入侵部隊會遭遇重大問題；這個國家有可能「循著宗教界線及／或種族界線」而四分五裂，敵對勢力會為了爭權而戰，而美國人將面對日益高漲的敵意。二〇〇二年，當美國將要對伊拉克宣戰之時，舉行一場最終的大型軍演，以測試美國軍隊擊敗不知名中東強權的能力。美方在先進電子設備、坦克、飛機及戰艦上擁有明顯優勢。可是，負責指揮弱得多的「敵軍」將領，卻遙遙領先他的對手。他讓無線電保持靜默，運用摩托車來傳送訊息，使得對手很難透過電子監控設備追蹤他的動向。他有數隊駕著快艇的自殺炸彈客，結果在演習形式上撂倒了十六艘美國戰艦。五角大廈中途立刻暫停演習，並且重寫規則。戰艦奇蹟般地復活了，因「敵軍」將領被命令關閉防空系統，以洩露重要部隊的位置。他感到不齒，選擇辭職。

他所展現的不對稱戰爭，顯示弱國運用非傳統手段也能擾亂並挑戰更為強大的武力，這是一個警訊，提醒多國部隊在阿富汗及伊拉克將會有什麼樣的遭遇，他們會在該地被突襲痛扁，遭遇游擊隊的攻擊，這些人透過安全頻道溝通，即興製作便宜的爆炸裝置，經常用炮彈殼或其他容器裝填炸藥和普通鐵釘之類的金屬物，以便宜、隨手可得的技術就可以引爆，像是小孩子玩具車的遙控器或是車庫門開啟器。占領部隊在這兩個國家的絕大多數死傷，都是這類裝置造成的。此外，在初步推翻塔利班或海珊之後，占領便少了清楚的目標。軍方發現他們要承擔國家塑造（nation-building）的挑戰，他們沒有這方面的訓練，也沒有得到清楚的指示。二〇〇三年三月，美國入侵占領伊拉克前夕，華盛頓只有召開過一場會議，就在同年二月，所有來自不同部門的代表與會，包括國務院、國防部、財政部和中央情報局（CIA），共同商討戰後情勢，但為時已晚難有助益。雖然國務院已經花了一年時間準備一份大規模研究，但國防部和白宮表明他們對其中的發現沒有興趣，也不想讓美國的伊拉克專家們去對勝利後的情勢做任何規劃。

如同多國部隊在伊拉克所發覺的，戰爭會發揮自己的動能，而且往往開始容易停下難。今天的政府也許可以高談闊論，並且希望進行有限戰爭或「警察行動」，不過一旦下海，就會發現自己很難脫身。一場贏家迫使輸家接受和平的決定性勝利，會付出昂貴無比的代價，可是若走協議和解的路，雙方都無法事事如意，也難以說服菁英和社會大眾買單。隨著代價（人命與錢財），或復仇的欲望逐步增長，戰爭的目標往往也會跟著水漲船高。當第一次世界大戰的各方都無法快速拿下勝果時，各國政府在外交部、政客及遊說團體的力促下，訂出更詳細且野心勃勃的購物清單。俄羅斯覺得它會拿下黑海和從鄂圖曼帝國進入地中海的海峽，而英國與法國這邊則打算瓜分鄂圖曼在中東的領土。在經過戰爭血腥的第一個月後，為德國總理所擬定的九月計畫（September Programme），構想出一個在非洲龐大的德意志帝國，把英國與法國殖民地都收入囊中，而且握有從烏克蘭一路往下到巴爾幹半島，橫跨歐洲大陸的經濟優勢。到一九一八年，一如德國與蘇維埃布爾什維克新政府所簽訂的《布列斯特－立陶夫斯克條約》（*Treaty of Brest-Litovsk*）清楚所示，德國的戰爭目標已經擴大，把政治霸權也涵蓋在內。俄國損失西邊的大片土地；波蘭、芬蘭、波羅的海三小國和烏克蘭變成德國或它那奉承順從的盟國奧地利的被保護國。二〇〇二年北大西洋公約組織的部隊進入阿富汗，起初是要剷除塔利班政權，可是當他們陷入低強度戰爭的泥沼時，他們的目標就大幅度擴大，涵蓋從塑造國家到公共衛生到女性教育等許多值得稱許的課題。

戰爭的藉口琳瑯滿目，多不勝數，可是過去幾個世紀以來，背後的原因並沒有什麼明顯變化。使用的語彙也許不同：過去談到榮譽的國家，現在往往會說是名聲或信譽。而貪婪、自我防衛、情感與理念，仍然是催生戰爭的助產婆。戰爭的根本要素、策略與大目標未曾有過改變。不管在陸上還是海上，敵對兩造會設法破壞彼此發起戰爭的能量或永遠摧毀之。策略性目標可以是防禦型的：讓敵人自己消耗殆盡；或是攻擊型的：和敵人的軍隊開戰，圍困它的城鎮港口，或破壞它的貿易與生產。不過戰術，也就是達到策略性目標的作戰方法，以及確保軍隊擁有所需補給的後勤，倒是會與時俱變，世界上不同地區也會有所不同，這是因為社會及其組織與價值會演進與變化，而手上可用的資源與技術也各有千秋的緣故。

［第三章］

戰爭的方法與手段

「人心是戰爭所有問題的起點。」

——路易斯・迪・葛蘭梅森（Louis de Grandmaison）上校

「三個人加上一架機關槍就可以阻止一大票英雄人物。」

——第一次世界大戰時的法國將軍

尚武的文明

在伯恩斯坦（Leonard Bernstein）的音樂劇《西城故事》（*West Side Story*）裡，幫派分子吹噓著他們對團體的忠誠至死不渝。在莎士比亞的《英雄叛國記》（*Coriolanus*）

裡，令人害怕的芙龍霓（Volumnia）讚美從戰場歸來的兒子科銳藍內斯。她告訴媳婦維琪莉婭（Virgilia）說，如果他死在戰場上，她同樣感到驕傲。

那麼他的不朽的聲名就是我的兒子，就是我的後裔。聽我句真心的話：要是我有十二個兒子，我都是同樣愛著他們，就像愛著我們親愛的瑪歇斯一樣，我也寧願十一個兒子為了他們的國家而光榮地戰死，不願一個兒子閒棄他的大好的身子。[6]

任何時期在許多不同地方都存在這樣的社會，年輕人，而且幾乎一定是男人，被老一輩教養成看重紀律、勇敢與從容就義的特質。而他們聽到的史詩，閱讀的書本，吟唱的歌曲或看到的繪畫與雕像，都樹立起過往的偉大戰士榜樣。《伊利亞德》中寫到，特洛伊聯軍之一的沙普頓（Sarpedon）在一次對希臘人的攻擊裡，敦促他的同僚

---

6 本譯文擷取自《英雄叛國記》譯本，世界書局出版，朱生豪譯。

到前線占據一席之地，如此一來，將來就沒有人能說他們是懦夫。前往西方戰線的年輕英國軍官耳濡目染這些古典作品長大，直到面對戰壕的現實以前，都還希望能像希臘與羅馬的英雄那般戰鬥。

在歐洲中世紀，吟遊詩人的歌曲、有豐富插圖來描繪的英雄故事與英勇事蹟，為封建貴族創造出一種騎士文化。例如亞瑟王和尋找聖杯的傳奇，鼓舞了一代又一代年輕人奮起而戰。人們對蘭斯洛特（Lancelot）和加拉哈德（Galahad）的榮譽與美德，其景仰程度不下於對他們的殺戮能力。中世紀的皇家與上流階層女子，也在維繫騎士戰爭的迷思上發揮作用，稱許她們相中的騎士，獎賞他們的勇猛無雙。往往為了最自私的目的，以最殘忍的方式打的血腥戰爭，現實狀況卻被騎士精神方便地籠上一圈魅力與崇高的光輝。有著繁複儀式與禮節的騎馬比武大賽，既是戰爭的替代品，也是為了戰爭所做的訓練。據說一二四一年，在萊茵河畔的諾伊斯（Neuss）舉辦的一場比武大賽上，就死了八名騎士。編年史學家為暴力辯護：「他不適合戰鬥，」十二世紀的一位史學家這麼說：「他從未在對手的重擊下看到自己的血在流，聽到自己的牙齒嘎吱作響，或感受到敵人壓在身上的全部重量。」十九世紀和二十世紀時，英國寄宿學校的橄欖球教練也說過類似的話。

社會打仗的方式和他們使用的武器，從最廣泛的意義上來看，既影響了他們的價值、他們的信仰與理念，還有他們的制度與文化，也反過來被影響；而女性同男人一樣，會去協助加深並灌輸這樣的文化給後代子孫。在寡頭政治的社會裡，是上層階級主導戰事，在更民主的社會裡，戰鬥的責任則更為分散。戰鬥風格也有天壤之別。如修昔底德所記述的，伯羅奔尼撒戰爭開始之初，科林斯（Corinth）派遣使者到斯巴達提醒它要防備雅典。科林斯人說，你們斯巴達人太保守了，你們躊躇不前，等著被人攻擊。相較之下，雅典人是革新者，而且會冒險。「如果他們贏得一場勝仗，他們會馬上乘勝追擊，假使他們被打敗了，也幾乎從來不會退縮。」

所有的希臘方陣部隊都喜歡在平原而非山裡打仗，當有一方屈服時，戰鬥通常會在一天後結束。阿茲特克人有「花之戰爭」（flower wars），受規則所約束，而且是選在一個特殊日子裡，在某個預定好的地點戰鬥。戰士們穿上特別的服飾，只使用某幾種武器。十八世紀歐洲的將領們會在戰爭中，讓部隊整齊排成一行出發打仗，而且會努力想出一個致勝的有效公式，反映出那個時代對數學剛萌芽的信念。當時，一位頂尖的指揮官莫里斯・迪・薩克斯（Maurice de Saxe）這麼寫：「作戰絕不心存僥倖。這是身為一個將軍所能成就的極致完美與技能。」拿破崙震懾對手，讓他們毫無頭緒的一處是他不遵循規則，例如他會徹夜行軍，沒有讓陣形混亂的部隊排成往常應有的行列就趕著上戰場。

當我們談到戰士組織時，它可以是一個國家、一個民族，或甚至更小，例如一個紐約幫派。其中最有名的戰士組織已經成為一種形容詞，所以只要講到涉及勇氣、節約或紀律的事物，我們會說斯巴達住宿、斯巴達障礙賽、斯巴達生活。十九及二十世紀時，英國上流社會自豪地把兒子送到實施混合冷水澡、硬床鋪、捱打、粗茶淡飯和過去英雄故事等元素的斯巴達制學校，讓孩子變得更堅強。古代斯巴達是歷史上軍事化程度最高的社會組織。不健康的男嬰會被殺掉，而活下來的在七歲就會被帶離家庭，接受軍事訓練。他們允許婚娶，但主要效忠對象永遠是國家和國家的需要。斯巴達男人只要活得下來，直到六十歲都還保持軍人身分。由於斯巴達戰士在戰場上丟了盾牌是一種恥辱，所以斯巴達母親們會告訴兒子，若不能帶著盾牌回家，不如死了躺在上面被抬回來。近代歐洲早期在某個推選領導人麾下作戰的瑞士傭兵，或十九世紀對著美國部隊猛撲過去的蘇族戰士，雖然時空相隔遙遠，不過他們的成長過程都是歷經艱苦，視死如歸、面不改色，也都是聽過去豐功偉業的故事長大的。

在古典世界裡，羅馬的戰爭文化尊崇勇敢的戰鬥並面對死亡的行誼，這也變成後世子孫的模範。西元一世紀的猶太歷史學家約瑟夫（Josephus）是這麼評論羅馬人的：「他們似乎生來手上就拿著武器……」早期的羅馬共和國，男性公民有義務服十六年兵役，而且至少服滿十年才能擔任公職。即便在帝國時期的羅馬把更多戰鬥交給傭兵或外國盟軍，但軍事的符號和語言已經滲入羅馬的社會。文官制依循軍事規律運行，且需穿著軍服。富裕的羅馬人若辭世了，通常會選擇刻有戰爭場景的大理石棺。當凱旋而歸的將領慶祝勝利時，羅馬城的運作往往會停頓多日。群眾聚集觀看盛大的場景：士兵行軍，號角齊鳴，載滿戰利品的馬車低鳴而過，被俘的敵軍，當然，還有意氣風發的將軍隊伍，並且享受免費的盛宴。從創建羅馬城的傳奇人物羅穆盧斯（Romulus）開始，廣場的大理石板上刻有每一個曾經打過勝仗的人的名字。

普魯士在極不可能的情況下，以東拼西湊的領土茁壯成強大的德意志國家，經常被稱為是北方的斯巴達。它能夠生存並枝繁葉茂，是因為它擁有一支有效率的軍隊和軍事化的社會。一位智者曾說，普魯士並不是一個碰巧擁有軍隊的國家，而是一支碰巧擁有國家的軍隊。維繫軍隊的是地主貴族（the Junker）階級和他們的軍事文化。地主貴族生來就該勇敢、敬畏上帝、隨時為君主效勞。最受人尊敬的職業是軍人，政府官員和法官還排在後面！地主貴族的孩子被養育成強悍的人，捱痛忍苦也無半句怨言。有一位來自這種家庭的女性，二戰後在德國成為傑出的記者，她回憶小時候有一次手臂斷了好幾個星期都沒人注意到，部分原因出在她沒想到要提這件事。我有一位大學認識的朋友，二戰期間成長於東普魯士的家族莊園，他曾經告訴我他們的祖母如何教會他和他的小表弟左右手都能使用刀叉，祖母說的理由是他們長大後都要從軍，可能會失去一隻手臂。不過，他們還是被要求吃東西要有禮貌。盎格魯－愛爾蘭上流階級至少在身體接受死亡的勇敢是相近的，這一點莫莉・基恩（Molly Keane）的小說裡有傳神的描述。英國軍方從這個階級裡拔擢的軍官數量不成比例的高。

相較之下，古代中國誕生很多偉大的將軍、打過很多次戰爭，也征服無數的人，可是並沒有把武將的價值提升到高於文官之上（也許寫歷史的是士人而非武人）。打仗並非是什麼值得尊崇的事，反而是秩序與禮度崩壞的結果。中國沒有相當於《伊利亞德》的文學作品，足堪年輕人仿效的英雄是維繫和平的傑出官僚和明君。中國早期的思想家孔子和偉大的戰略家孫子，都強調國家的權威奠基於德行和運用武力的能耐。對孫子而言，最偉大的將軍能以韜略或計謀來不戰而屈人之兵。在中國社會，擁有聲望的人若不是士大夫，不然就是詩人或畫家，自唐朝以降，晉身廟堂的科舉制度就是博取功名的最好途徑。成功的武將會被賞賜士人的位階與袍服，以示君上的榮寵，而很多歐洲社會反倒會頒發軍人勛章給功勳在身的文官。當然，社會的價值與時俱變。瑞典士兵曾經讓歐洲感到驚恐萬分，但現在講到瑞典，我們想到的是諾貝爾和平獎或國際仲裁。平克認為，大部分的西方世界，至少從十八世紀以來便已經揚棄以暴制暴的想法了。

不意外的是，尚武的文化往往蔑視跟它們沒有相同價值或品德的敵人。或許他們也鄙夷敵人身上那些他們害怕自己可能也有的特質。羅馬就跟擁有自己帝國的英國人一樣，既能敬佩對手的勇氣，但也認為對方散漫且粗魯無文，又羅馬人受自卑情結的影響，認定對方不會打仗。當希臘人對抗波斯人而羅馬人與迦太基人對戰時，這兩族人都對敵人嗤之以鼻，說他們好逸惡勞，部分原因出在他們居住於炎熱又令人無精打采的氣候裡。希臘人還覺得波斯人諂媚阿諛且過度情緒化。羅馬人則相信因為熱的關係，非洲人的血管裡沒有太多血液，所以都是膽小鬼，很怕受傷。迦太基人更是貪婪鬼跟大騙子，特別令人厭惡心煩；男人是穿著寬鬆袍子的娘炮，女人則是沒有羞恥心的蕩婦。英國人對印度也形成類似的刻板印象。直白地說，他們眼中的孟加拉人很娘娘腔。相較之下，英國人欣賞的是「尚武種族」（Martial race），例如廓爾喀人、普什圖人、庫格人等民族，這些人居住的地方氣候比較寒冷，據稱因此具備適合的軍事素質。到第一次世界大戰時，拜地理環境之賜，定居於澳洲、加拿大或紐西蘭的英國後裔，被認為比留在英國的遠親更強悍也更冷酷。若有「比較不文明」故而不那麼擅長打仗的一方贏得勝利，也必定是誤會一場，不能算數。十九世紀中葉，當毛利人在紐西蘭一場戰爭中打敗英國部隊時，倫敦《泰晤士報》很快提出解釋：「好比下棋，拙劣魯莽的棋手有時候比棋藝精湛的大師還更難對付。」

戰略規劃

人類群體如何盤算與計畫戰爭，也會受地理環境在內的文化所影響。島國或海岸線很長的國家已經明瞭也大幅投資於海上武力。就拿英國為例，它把海軍稱為「高級軍種」（Senior Service），意思就很明白了，過去幾個世紀以來，海軍比陸軍吸收到更多資源，也享有更高的聲望。儘管繪畫、詩歌、電影與歷史紀念偉大的海上戰役，例如薩拉米斯（Salamis）、勒班陀（Lepanto）、特拉法加、中途島，但海軍摧毀對方的主要戰略目的，還是在於控制海域和縱橫交錯的海上航道，避免對手捷足先登。即便今日，陸上交通仍舊容易中斷，不管是人為所致或是大自然造成；而過去在鋪面道路和鐵路出現以前，這種情況更是多所常見。自從人類開始建造船舶以來，水域變成輸送人員與物資最可靠的管道。海軍存在的目的是保護國家、海岸線、人民和船隻，並且將力量施展到海外。在更近期的年代，派部隊登陸敵方海岸線，發揮浮動炮臺及飛機起降臺的功能，以便把火力瞄準陸上目標或摧毀敵人發動戰爭的設施，不管是擊沉或擄獲敵方船隻或有時也抓中立的船隻，還是封鎖港口讓包括士兵在內的必要資源都無法出入，一支強大的海軍可以讓敵人無論在陸上或海上發動戰爭，都變得很困難，甚至不可能做到。「我們摧毀國民的海上生活，」第一次世界大戰前曾經指導過好幾代軍官的頂尖英國海軍理論家朱利安．柯白（Julian Corbett）說：「然後只要岸上的那一方仰賴著海上，我們便能查看陸上生活的活力如何受到影響。」

西元前五世紀的雅典凌駕斯巴達的一大優勢，在於它實質控制了愛琴海的每一個港口，而且它的艦隊夠強、也夠大到足以防止敵艦穿越海域。斯巴達人看出這一點，轉向波斯人求援，以協助它打造海軍，可是直到雅典人在西元前四一五年至四一三年間，浪費了許多船隻與人員遠征西西里島，海上與戰爭的優勢才開始移轉到斯巴達身上。拿破崙在歐洲大陸所向披靡，不過他從來無法打敗英國海軍。因此，英國人得以運送補給品和增援部隊給聯軍，並且擊沉法國船艦及封鎖法國港口，重創法國經濟。在第一次世界大戰時，英國海軍成功的對德國執行海上封鎖，只要英國人認為是德國打仗用的必要物資，即便由中立船隻運送，也會被攔截下來。儘管封鎖的效應至今仍有爭論，但德國高級官員們把他們吞下敗仗怪到這件事情頭上。「我們最後是被海權所敗，」一九二八年至一九四三年領導德國海軍的埃里希．雷德爾（Erich Raeder）說：「封鎖奪走了我們的食物與原物料，慢慢地窒息我們。」

美國不是海島，可是歷史上大多時候國境兩側都有大洋的保護，而且鄰國加拿大和墨西哥的國力都比它弱很多。因此，和這個世界保持距離甚至與世隔絕，並維持有限的陸軍是有道理的。相較之下，德國在二十世紀的軍事規劃就得全神貫注於兩線作戰的可能性，因為它的西邊有滿懷敵意的法國，東邊則有後來變成蘇聯的俄羅斯。以色列的短暫歷史中，也是大多數時候生活在敵人環伺的恐懼中。爆發二戰前那段時間，英國可以砸下重金投資長程轟炸機，從相對安全的本島起飛，去轟炸德國基礎設施和城鎮，但德國必須思考如何支援地面部隊與敵人作戰。所以，德國不愛長程飛機，而偏好可以轟炸及低空掃射敵方部隊的短程飛機，這在第二次世界大戰乍始的快速閃電戰階段，對德國大有幫助。

過往的戰爭經驗會影響人們的看法和規劃。十七世紀三十年戰爭的慘痛恐怖，影響了十八世紀的歐洲人在發動戰爭時更步步為營，對待平民百姓也更小心翼翼。早先造成這種殘酷作為的宗教信仰，也不再給人同樣的原動力。此外，如今訓練一名士兵的成本很可觀，所以將領在讓手下的人冒險時也會更謹慎。第一次世界大戰之後，法國認為他們再也經不起這等規模的殺戮（除了塞爾維亞，法國是所有交戰國中損失兵役適齡男性比例最高的國家），因此，法國發展出一套防禦策略，具體展現在馬奇諾防線（Maginot Line）的浩大工程上。而法國與英國想要避免傷亡的強烈渴望，也餵養出他們在一九三〇年代對獨裁者的姑息主義。

心裡有了希臘擊敗波斯人或布匿克戰爭中的「坎尼會戰」當榜樣，幾個世紀以來，西方人的戰略並非全部、但也大多圍繞著追求一場迫使敵人投降的決定性勝仗為中心。漢尼拔打敗羅馬人的坎尼會戰是一個受人青睞的例子，可是它的重要性易遭誤解。沒錯，漢尼拔在一次耀眼的包圍調度下贏得戰役，可是迦太基最後輸掉戰爭是因為羅馬施以拖延戰術。而迦太基付出的代價實在沉重：羅馬人夷平它的城市，把鹽灑在它的土地上。一八〇五年，納爾遜在特拉法加海戰摧毀法國與西班牙聯合艦隊，此役的成功記憶糾纏英國海軍戰略數十年而不散，又海軍的適當角色是尋找並摧毀敵艦，這個觀念也是美國理論家艾弗瑞・馬漢（Alfred Mahan）影響力十足的海軍準則之核心所在。當日本在一九四二年把美國捲入中途島戰役時（日本打輸，損失慘重），他們是想複製一九〇五年在對馬海峽（the Straits of Tsushima）一戰對俄羅斯人的重大勝利。

拿破崙不斷地追求決定性戰役來確認歐洲在他一手掌握中，直到終於兵敗滑鐵盧為止。就算拿破崙贏得滑鐵盧之役也無法維繫戰果，因為聯軍已經拖垮法國。一九一四年，德國軍方設計了施里芬計畫，意欲在四十天內以一連串戰役擊敗法國軍隊並圍城巴黎。到那個時候，法國應該就會屈服。即便投降這件事情在一八七〇年的時候也沒有發生，當時德國在色當（Sedan）一役大勝後，法國仍繼續戰鬥，可是德國的文官領導們仍順服地支持了施里芬計畫。少數質疑施里芬計畫的德國將領中，有一位曾說：「你沒辦法像把一個強國的軍事力量，像抓一隻貓裝在袋子裡那樣，帶著走。」

西元前六世紀，孫子主張以最小程度流血來征服他人為佳：「全軍為上，破軍次之。」[7]中國歷朝歷代結合了建造城牆和收買手段，成功地把遊牧民族牽制在北部邊境沿線，武力是萬不得已的最後手段。英國在十九世紀第一次英阿戰爭的驚天大敗之後，發現一個類似作法用來對付阿富汗很管用。而且，行消耗之術經常能贏得戰爭，

7 意思是：使敵人全軍降服是上策，擊敗敵軍則次一等。

例如英國一再動用海軍切斷敵人補給；或是當拿破崙入侵西班牙時，像西班牙非正規軍那樣既避戰也騷擾敵軍；或採用焦土政策斷絕入侵者的生計來源，例如俄國人在拿破崙戰爭時，及二十世紀面對德國入侵時所重施的故技。第一次世界大戰時，兩邊的軍事規劃人員都指望著決定性戰役；反之，他們得到的是一場漫長艱苦的戰爭，各自都想要把對方折磨到崩潰的地步。

儘管對決定性戰役有諸多著迷，但西方也有著防禦性戰爭的強大傳統與經驗，運用天然屏障（瑞士的高山或尼德蘭的水道）、哈德良（Hadrian）之類的長城或碉堡要塞來耗損並擊敗敵人。羅馬將軍費邊．馬克西穆斯（Fabius Maximus）在第二次布匿克戰爭時奉命出征漢尼拔，但他選擇避戰，反倒去摺倒落單的部隊並攻擊他們的補給線，藉以消耗迦太基的戰力。十八世紀偉大的指揮官薩克斯避戰的知名程度不亞於正面對決：比方說，一七四一年，他在駐軍渾然不覺之下在夜間拿下了布拉格。拿破崙最偉大也最不費力的勝仗是一八〇五年在烏爾姆（Ulm），他運用計謀俘虜了奧地利全軍約五萬到六萬名士兵，而法軍只有些微損傷。

拿破崙的戰役為後世所研究，他也研究前人的戰役，試圖尋得戰爭的成功準則。

戰爭是如此重要之事，潛在後果又如此重大，以至於不同文化的偉大思想家們莫不殫精竭慮，努力調配出萬無一失的成功處方。羅馬人研究希臘戰爭，而文藝復興時期的歐洲則重新發現希臘與羅馬，好比今日的軍事院校也還在研究過去的偉大戰役。西元五世紀的羅馬官僚維吉提烏斯（Vegetius）撰述的手冊，採用偉大的羅馬統帥尤利烏斯・凱撒（Julius Caesar）過去的作品，冊中滿是關於領導統御、操練與戰術的建言，如今多半已被人遺忘，但直到十九世紀克勞塞維茨的《戰爭論》（*On War*）取而代之以前，它是西方最廣為人閱讀的軍事專著。馬基維利（Machiavelli）仔細研讀維吉提烏斯，最後自己也寫起戰爭的論述，他認同借鏡過去的案例：「君王應讀歷史，研究傑出人士的行動，了解他們在戰爭中的一舉一動，發現他們得勝或戰敗的原因，如此一來，他便能避免後者而仿效前者。」窮古溯往，追尋決定戰爭勝負的關鍵法則，產生了有用的建言和沒那麼有用的清單。十九世紀末期，法國專家便耗費了時間與精力來反駁所謂的二十四條或四十一條法則。

在著名的中國典籍《孫子兵法》中，孫子制定了後代用心研讀的誡言規律，其中知名的有「知己知彼，百戰百勝」和「知可以戰與不可以戰者勝」。他也從制定計劃到選擇正確作戰地形的各個戰爭階段提出具體建言，輔以關鍵要素、情勢或各類行動的清單。從秦朝到毛澤東，《孫子兵法》成為整個中國和亞洲領導人如何克敵制勝的指引。越南在一九五〇年代力克法國，並在十年後打贏美國人的締造者武元甲將軍，是孫子兵法的崇拜者；西方商業人士也是，一窩蜂的跑去買《追求商業成功的孫子兵法大全》[8]或《職場女王學：孫子兵法讓妳成為工作贏家》[9]等書。也許他們喜歡他斷言「兵者，詭道也」，或享受他論及強勢領導人對取勝的重要性等段落，而《孫子兵法》本身篇幅不長，由簡練的格言所組成，肯定也有加乘效果。

軍械的演進

即便最強大又技藝純熟的領導人也只能遷就於手上可得的工具與資源，而後者又取決於他們的社會與文化。社會與科技的變化如此密不可分，不可能說清楚是何者驅動何者，不過有的社會鼓勵創新與發明，有的社會運用新武器或新技術的動作很慢或根本不為。近代歐洲早期的科學與技術革命給了它和後來更大範圍的西方世界一種優勢，使之得以凌駕於才剛要走下坡的世界上大部分其他地方。十六世紀的印度、中國和鄂圖曼帝國全都和歐洲一樣富裕，也握有從印刷術到火藥等先進的技術。然而，他們未能站在已知的基礎向上發展。歷史學家們還在爭辯何以如此，但都同意擁有不斷增長的技術優勢，歐洲才有可能伸出觸角征服世上其他地方。

技術能發揮多大影響，端視如何運用或到底有沒有運用而定。英國率先在第一次世界大戰期間嘗試他們開發出來的坦克，當成一種支援步兵攻擊的移動炮臺。他們花了一些時間才明白坦克可以先行於士兵之前，把敵軍戰線轟出缺口來。有一個希臘人在西元一世紀發明出一種汽輪機，它被當成逗趣的玩具，但卻沒有做更大的發揮。如果有大量便宜的勞動力，包括奴隸在內，何必那麼麻煩去打造蒸汽動力機械？

---

8 書名原文為 "*The Complete Sun Tzu for Business Success: Use the Classic Rules of The Art of War to Win the Battle for Customers and Conquer the Competition.*"

9 書名原文為 "*The Art of War for Women: Sun Tzu's Ancient Strategies and Wisdom for Winning at Work.*"

有些發明一度被拿來使用，隨後又遭棄置。希臘火（Greek fire）是一種恐怖的燒夷彈（napalm）的前身，從一個管子射出，可以在水面上燃燒，它最先在西元七世紀的時候被拜占庭帝國採用過，不過到十三世紀時就已經消失無蹤，顯然它的祕密被保護的太過周全，以致於最後遺失了。

技術在戰爭中向來是、也仍然是新裝置或新發明與如何對付它們之間的一種競賽。古時候開發出來的盔甲是用來作為金屬頭長槍、劍或箭鏃的一種快速反制。社會，尤其是歐洲的希臘與羅馬，漸漸發展出步兵和防禦工事，用來對抗騎馬戰士，不過直到十九世紀之前，騎兵與步兵之間尚未有高下。曾有段時間，駕駛雙輪戰車的戰士勢如破竹，直到軍團想出運用弓箭手和步兵來對付他們的方法。二十世紀初始的時候，機關槍和連發步槍逼得全世界的軍隊採取守勢，直到新技術——坦克、飛機、毒氣和新戰術再度讓進攻有了優勢。今天，國家正在爭先恐後地想方設法對付如網路戰這種新興威脅。

某個世代會忘記前人為了對抗新技術而通過慘痛經驗獲得的學習，因而必須重新發明反制的技術與戰術。配備長矛或弓箭的騎兵剛出現時，打得步行軍隊不知所措，可是人們（例如古希臘人）漸漸學會以紀律嚴明的步兵組成方陣，排成數排縱深並布滿林立的長矛，形成致命屏障，使衝撞而來的馬匹和騎士徒勞無功。幾個世紀後，歐洲軍隊必須重新學習如何以步兵及弓箭手組成類似陣形，來對抗身穿盔甲的武士。羅馬人曾經是建造道路的能手，環繞地中海築出大約五萬五千哩道路（其中許多猶存於今日）。他們在歐洲及小亞細亞的後人繼續使用這些道路，即便已漸漸崩壞，裂縫中雜草叢生，可是幾百年下來，後代已經喪失了自行築路的知識與能力。偉大的希臘數學家阿基米德設計出一種超級彈弓，把重達一千八百磅的石頭擲向羅馬槳帆船，不過接下來幾百年間未見任何仿造物出現。羅馬人既建造也擊毀防禦工事，中世紀的歐洲人卻必須自行學習如何做到這件事。美國軍方有了在越南的不愉快經驗後，決定再也不打反叛亂的戰爭。軍隊把游擊戰及其對策的學習從課程中拿掉，相關主題的教科書也絕版了。等遇到阿富汗和伊拉克，美國人必須從頭來過。

直至近期以前，科技和戰爭的變化速度是緩慢且間歇零星。雖然戰術與時俱變，社會之間也有所不同，但直到近代早期（the early modern age），盔甲、劍、矛和弓箭仍然是陸上主要使用的武器。亞歷山大大帝所穿的一套盔甲，據說可遠溯至幾世紀以前的特洛伊戰爭，而希臘人與羅馬人使用的武器，在中世紀歐洲或古印度與古中國的士兵眼中，煞是熟悉。從希臘人到威尼斯人，幾百年下來，海上強權依賴的還是以划槳手為動力的槳帆船。

我們從戰爭與社會史中挑出三項主要創新，來描繪一八〇〇年以前的重大變化：金屬的使用，當時人類放棄石製武器，改用銅製或鐵製；馬匹的馴養，讓戰士有了更大的移動性與速度；火藥的採用，使陸上與海上的戰爭改頭換面（由於世界其他地方例如美國並沒有產馬，直到歐洲人在十六世紀時引進馬匹；又有些地方像是澳洲，從來沒有發展出金屬武器，所以並非所有人類社會都在相同時期經歷改變）。當然，每一種情況下的科技與社會，也還有很多其他事情正在發生中。金屬武器只是故事的一部分：社會必須培養戰士並發展基礎設施來使用這些武器。當車輪出現，使馬匹得以拉動雙輪戰車，或後來當馬匹可以載運武裝戰士時，才變得更加所向無敵。火藥的使用也必須伴隨其他重要發展：比方說冶金學，如此一來槍管才不會在擊發時爆炸，或是搭配船艦的設計與航海術，這樣他們才能用上新型大炮。

最早的武器在人類歷史的第一個千年並無太大變化，是尖端鑲有堅硬燧石的矛、刀和弓箭，用來獵殺動物與人類同胞。漸漸地，人類開始製作只為了用來殺害彼此的工具。儘管不同的社會各自在設計上精益求精，例如有的製作專為刺殺的矛，有的則是用於投擲，但基本設計仍然大致相同，不分時代與地點。不過材料倒是逐漸發生變化，戰爭也進入一個更為致命的新階段。在某些時候，也許早至西元前第二個千年，有些社會就已經找到製作複合弓而非簡易木弓的方法。弓箭手現在可以射出更有力也更遠的箭。隨著金屬武器的出現，戰爭的殺傷力有了更顯著的躍進，只是不同的社會，發生在不同時間，有的則是根本沒發生。第一個青銅製的武器出現在西元前第四個千年某個時候的中東地區（稍晚一點也出現在印度、中國與歐洲）。青銅開始變得稀少，最後在西元前第二個千年讓位給更堅硬的鐵，最後則被更有效的鋼所取代。

馬匹對於戰爭和人類社會的重要性不亞於金屬的引進，直至今也仍然如此（最後一次騎兵衝鋒可能是在二〇〇一年的阿富汗）。馬匹成為一種新工具，用來溝通與四處移動人員、貨物，還有作戰，不管是搭配雙輪戰車，或是騎馬的弓箭手與劍客，因為這樣，馬匹提高了軍隊與政府的觸角及威力。到西元前第二個千年時，能夠拉動運貨車的小型馴化馬匹正在從中亞往西方傳播。以馬拉動的雙輪戰車，載著配備金屬武器及複合弓的戰士，不管是誰擁有這樣的新技術，就有了極大的優勢，以致於國家不得不投資在上面，不然就會跟很多國家一樣遭到覆滅。亞述和埃及就有能力帶著數千輛雙輪戰車上戰場。馬匹，或者說馬匹的有效運用，促成強國的崛起，強勢領導人掌控了職業戰士階級，帶領帝國進一步擴張。

大約在西元前一至二〇〇年，雙輪戰車頗為突然的失去作為戰爭工具的優勢，有些歷史學家推測，這是因為步兵現在有了新的、更強大的鐵製武器，或可能是因為從大草原向北、向東入侵的騎馬戰士能夠以計謀取勝於雙輪戰車。接下來幾個世紀，直到西方的羅馬殞落為止，至少在歐亞大陸，戰爭與社會的特徵都是以步兵為主、騎兵為輔。希臘人與羅馬人靠著步兵贏得偉大勝利，可是當羅馬人在西元第四世紀開始分崩離析時，它那紀律森嚴的軍團慢慢消失，讓不管是外來的劫掠者例如匈人或是來自地方上的強人，馬上健兒的威力有所增長。連接著馬鞍的馬鐙讓騎士的腿可以獲得休息，這個小小但至為關鍵的創新，大大地增強騎兵的力量。試著想像早期的戰士那樣，不用馬鐙坐在馬背上（或坐在沒有橫木的高腳凳上），你就知道你的腿會有多累，而且包括盔甲在內，你可以乘載的重量也有限制。馬鐙的發展先是在印度和中國，接著西元第八世紀出現在歐洲，使得穿著全套精巧盔甲的騎士在馬上變得可能。然而，隨著步兵重拾威力，捲土重來，他們也從舞臺上淡出。

文化、技術與戰爭是如此交互依存，以至於很難說是誰成就了誰。戰爭大力推動技術的發展，但也會去適應改動既有的技術。古時候使用壓桿來壓榨葡萄酒與橄欖油，羅馬人加以改造，用來拋擲石頭攻擊敵方士兵、船艦與防禦工事。中世紀的匠人學會如何生產高品質的金屬來鑄造教堂的鐘，接著這項技術有助於製造出更好的槍。十九世紀瑞典化學家暨商人諾貝爾（Alfred Nobel）發明採礦用的炸藥，它很快便被拿來改造，生產出各項愈來愈有效的槍枝。美國的農夫用帶刺鐵絲網關住牛隻，第一次世界大戰時，它被拿來排成一排放在戰壕前方，大大提升了防禦的力量。和坦克結合的履帶，也是為了曳引機而早就被開發出來的。愛因斯坦及其物理學家同僚提出分裂原子的理論，在紙上證明這麼做將釋放大量能量，但直到第二次世界大戰前都無從最終測試該假設存在。在與敵人的巨大爭鬥中，英國，特別是和美國為了追求勝利，找到資源去提煉不可或缺的鈾，並且建造與測試出第一個成功的炸彈。據估計，曼哈頓計畫耗資超過兩百億美元，和美國在整個戰爭期間花在所有小型武器上的金額相去不遠。

如何使用技術，有部分視社會的價值觀與組織化而定，而它們自己也會與時俱變。就我們從貧乏的歷史紀錄所能看到，還有對相似社會的直接觀察得到的證據，可知我們那遙遠的狩獵採集祖先是平等的生活及戰鬥著，沒有什麼組織性。隨著農業文化發展出更強大也更精巧的社會與政治組織，帶來了形式更為嚴明的戰爭，有專門的設備、領導階級和防禦工事。西元前第八個千年，耶利哥（Jericho）已經建造起第一座已知的防禦城牆。到西元前第三個千年時，早期文明蘇美和烏爾王朝是用銅頭武器以高度組織化的形式在戰鬥。

權力集中於一人或少數幾人手中，然後用來攫取更多的權力、領土與戰利品，這類大國可回溯至久遠的過去。亞述帝國在西元前第七世紀的鼎盛時期，幅員從現今的蘇丹延伸到土耳其，並且從地中海一路直到伊朗。它的統治者宣稱由於在戰爭中取得勝利，所以他們的權力是天賜的。當拜倫（Byron）寫下「亞述人湧來，像狼入羊欄」（The Assyrian came down like the wolf on the fold.）時，可不是出於憑空想像。亞述這個國家既組織戰鬥，也被戰鬥所組織。從步兵到弓箭手到騎兵，它的常備軍設有各種特種部隊。拜道路網之賜，他們能快速移動，並獲得建於帝國各處的一連串補給站支援。這又要用上另一批官僚來確保國家兵工廠生產必要的設備，補給站的庫藏充盈，而人員與動物都能飽食無虞。羅馬建造的道路與港口為後世所懷念，但那些都是用來支撐一流的後勤作業，把軍隊與設備送到他們需要去的地方。西元七三年在馬薩達圍城戰（the siege of Masada）中，羅馬便把大約一萬五千名士兵放在乾涸的沙漠好幾個星期。

在如此階級分明的社會裡，戰爭曾經是、也仍然是上流階層或單一統治者如路易十四或屋大維（Augustus Caesar）的責任與特權。在莎士比亞的《亨利五世》裡，從普通士兵在阿金庫特戰役（the Battle of Agincourt）前夕的言談間，便知戰爭是君王的事；「我們只需知道，」其中一人說：「我們是國王的臣民，如此足矣；如果他的理由是錯的，我們只是服從國王，自身無罪。」不過，社會決定戰爭與否還有另外一種同樣古老的模式。希臘的城邦是由公民投票決定是否開戰，而羅馬共和時期則是由元老院來做決定。這不是我們所理解的民主決策，不過確實至少有一些公民參與在裡面。相反地，公民則注定要捍衛他們的國家。在古希臘，自西元前六世紀以降，經濟寬裕的農人或工匠臣屬於某個高度組織化的城邦，既然身為有錢人，就有義務為保衛家園而戰，他們也確實期望如此。在政治發展上落後於希臘其他地方的色薩利（Thessaly）則是個例外：該地的政治是由一個封建貴族所把持，喜歡騎馬打仗勝過步行。希臘其他地方的典型城邦又名「波里斯」（polis），則是一種能激發高昂忠誠度的共同體，至少對自由人來說是如此。起碼有長達三個世紀的時間，希臘的戰事主要由兩大群人對戰，各自穿著青銅盔甲，手持矛與劍，形成一種叫做方陣的緊密編隊，齊步向對方邁進。若沒有大量的練習與訓練，希臘人無法達到此等水準的協調性（被波斯人輕蔑地斥之為像舞蹈與體操的東西），不過，同樣重要的是，若少了紀律和團結眾人的社會連結，也是不成的。這些士兵，所謂的希臘重裝步兵，為隔壁之人而戰的程度不亞於為自己而戰。在行列中的每一個人以左手執盾牌，保護旁邊的人。常言說的好：「男人戴頭盔、穿護甲是為了自己的需要，帶盾牌卻是為了同一排人的需要。」一旦兩造希臘軍隊終於發生衝突，他們便會捲入一團混仗當中。隨著逃跑者被砍死，通常被破陣的一方會遭受比較嚴重的傷亡。據說，西元前第五世紀，領軍大規模入侵希臘的波斯將軍曾向他的國王薛西斯（Xerxes）抱怨，說希臘人「帶著全然的剛愎和傻勁，以愚蠢的方式」對戰。波斯人很快就會以最高的代價領略希臘作戰方式能對敵人做出什麼事情。在西元前四九〇年決定性的馬拉松戰役（Battle of Marathon）中，希臘與一支數量大約兩倍的波斯軍隊戰鬥，重裝步兵撐住了波斯試圖突破敵人防線的進攻。希羅多德（Herodotus）聲稱有六千四百個波斯人死在戰場上，而希臘只有損失兩百三十人。

幾個世紀以後，馬背上的武士們在與瑞士軍人集結而成的步兵團戰鬥時，也將學到類似教訓，後者就跟先前的希臘重裝步兵一樣，既並肩作戰也為了彼此而戰。我們現在覺得在梵蒂岡站崗的瑞士近衛隊（Swiss Guards）穿著五顏六色的文藝復興時代制服，是一種很迷人的精緻，而且瑞士既和平又富有田園氣息，是上等巧克力、謹慎的銀行、和好比《黑獄亡魂》（*The Third Man*）裡的角色哈利・萊姆（Harry Lime）不客氣的說是咕咕鐘的家鄉。有長達兩百年的時間，瑞士陣式布滿長矛，掩護手持致命十字弓的弓箭手，令歐洲人聞風喪膽，也是致勝的關鍵，至少對任何請得起他們的人來說是如此。俗語說的好：「無錢難使瑞士兵。」（Pas d'argent, pas de Suisse.）

當強勢中央政府倒臺，例如十七世紀歐洲的三十年戰爭、一九九〇年代的南斯拉夫和今日的伊朗，權力也會向下流動至那些夠強大、夠無情到靠著強索資源便足以吸引追隨者並自立門戶的人。西方的羅馬帝國在西元第四世紀時崩潰，留下一個權力逐漸下放至地方土豪的歐洲，這些人的財富與地位來自土地和他們以武裝僕人對抗鄰居或入侵者的防守能力。愈來愈多這類型的私人軍隊騎著馬打仗，而且戰士和馬匹都會套上盔甲。裝備一名武士的成本，加上羅馬道路系統大多崩壞所引起的後勤問題，使得武裝力量的規模相對較小。據估計，裝備並維持一名武士需要用到介於三百到四百五十畝的大片富庶田地來支應。隨著時間過去，人員與馬匹的盔甲變得更精巧也更沉重，以至於活動力更差，也因此更難抵擋步兵的新武器和新戰術的攻擊。武士如果被拋到地面上，就好像一隻背朝下的烏龜動彈不得。有些歷史學家把中世紀的武士比喻為上個世紀的大型戰艦或今天的航空母艦；它們吸走大量資源，但用更便宜的科技就能加以摧毀。

不管是普通貴族或是國王，歐洲的統治者會賜與軍隊土地，以維繫忠誠度並支付花費，這是一個讓人繼續戰鬥的強烈誘因。查理大帝（Charles the Great），又名查理曼（Charlemagne），在西元第八世紀透過一連串征戰創建出龐大的帝國與王朝。他企圖讓兵役制度化，並且集大權於皇室一身。他最有錢的勛爵會被要求自帶軍隊與隨從，才能進而求取土地，而另一方面，小地主們則獲准可以湊團集資來讓其中一員去參戰。查理曼的帝國勉強存活了一代便走向分裂，軍事與政治大權則仍然握在擁有土地的貴族手上。風水輪流轉，這個階級遲早注定要面對步兵力量的再次崛起。

自十二世紀以降，由商人主宰的強大城市國家興起，加上中央集權皇室的壯大，這兩個局部仰賴軍事實力的發展，對騎士形成政治上的挑戰。同樣重要的是出現更有紀律的步兵，例如瑞士傭兵，帶給他們軍事上的挑戰。皇帝查理五世（Emperor Charles V）曾說瑞士人是「病懨懨、粗魯又惡劣的鄉農鄙夫，身上找不到任何美德、貴族血統與節制」。他們不共戴天的時間長達兩個世紀。如果你想要看看他們的武器長什麼樣子，去倫敦塔吧，在讚嘆皇家侍衛隊穿著神奇的緋紅色與金色制服時，也仔細瞧瞧他們那精緻的長戟，看起來像是矛、斧和鈎的古怪組合。在戰場上揮舞著此戟，尖頭可以撞向騎士和他們的馬，斧可以打爆頭顱，而鈎可以把騎士從馬上拖下來，這樣就比較容易在地面上把他們解決掉。

即便在歐洲出現火藥與槍炮之前，經過改良的新武器與新戰術也開始讓人和馬匹的盔甲無用武之地。中國和印度、古希臘，也許有羅馬，在較早期的文化就已經發展出可以事先拉開的十字弓，而且容易瞄準與發射（它們的缺點是需要花時間重新裝填，使先發射的一方很難防守）。到了十二世紀，歐洲人已重新找回十字弓，並且在接下來的兩百年間持續改良；同樣受雇為傭兵的義大利人便以射箭精準而聞名。

雖然騎馬戰士正逢時不我與的處境，但在對的情勢下仍然很難對付。十三世紀，成吉思汗將紛爭不斷的蒙古部落團結起來，建立一個高度集權化的國家，曾有段時間是所向披靡的軍事強權，推翻了中國與波斯的政權。蒙古戰士的機動性很高，當遇到定居型帝國的武力挑戰時，他們會退回中亞的廣袤大地上。他們的成功祕密之一可能來自另一個簡單技術，例如馬鐙。蒙古戰士穿著絲質內衣，如果他們中箭了，絲布會包住箭頭，如此一來不但容易將箭拔出，而且直到近代在士兵眼中比戰死沙場更致命的感染風險也較低。在成吉思汗的後繼者領導下，蒙古戰士取道中亞與俄羅斯，往西方席捲而去，直至黑海海濱，一路勢如破竹，所向無敵，背後留下死亡與毀滅的足跡，沒有軍隊能與之抗衡，到了一二四一年時，他們已經在叩關匈牙利、波蘭和今日的羅馬尼亞與奧地利。眼看羸弱分裂的歐洲似乎就要成為帝國的囊中物，想想歷史會變得如何不同，蒙古人突然止步，在一二四二年撤軍。可能是因為遠在幾千哩外的東方有消息傳來，說大汗已經駕崩，不過最近歷史學家的推測是惡劣的天氣使得土地溼軟，毀了蒙古馬的飼料之故。

在歐洲的另一頭，威爾斯的鄉下地方，另一種用來對付人與馬匹的強大武器正在臻至完善當中。英格蘭國王開始意識到威爾斯長弓於十二世紀的戰爭中所發揮的可能性，當時威爾斯的弓箭手使用比他們還高的六呎弓箭，射出的箭可以穿透層層鏈甲、木製馬鞍與皮肉。一三四六年，在法國與英格蘭的百年戰爭期間，愛德華三世把他的威爾斯弓箭手帶到法國。在克雷西（Crécy），實力弱很多的英格蘭軍隊轉而對戰窮追不捨的法國。法國擁有歐洲最精良的騎兵團，騎馬士兵是英格蘭的三倍之多，另有六千名熱那亞弩手和兩萬名步兵，對上英格蘭的五千名。不過，英格蘭有一萬一千名配備長弓的弓箭手。熱那亞人先發射卻沒有對英軍造成太大損害。當熱那亞人還在倉促的重新裝填時，好大喜功的法國武士開始從背後踩踏而來，同時間英格蘭弓箭手啟動一波毀滅性的發射。如一位目擊者所說的：「每一支射向馬匹或人員的箭，射穿騎士的頭顱、手臂或雙腿，讓馬匹發狂驚逃。」法國武士一次又一次的衝鋒，而威爾斯弓箭手則從容地重新裝箭與發射。夜幕降臨，地上滿是死者和奄奄一息的馬匹與士兵。法國損失一千五百名武士和一萬名「非名門貴族」。英格蘭損失了兩名武士、四十名「其他人」和大約「幾十個」威爾斯人。騎士在戰場上無可匹敵的優勢就此蕩然無存。

早期步槍與攻城炮可以把封建堡壘那薄薄的高牆轟出洞來，已經使騎士的處境雪上加霜。隨著強而有力的統治者建立自己的軍隊，配備新型武器，騎士的私人武力和封地消失，取而代之的是集權專制國家。當政府擁有獨占武力之權和切實可行的制度，便能從社會汲取更多資源，不管是人員或是武裝並維持軍隊的財力。而且，在早期的軍備競賽中，鄰國武裝部隊的壯大，意味著你必須跟上腳步，不然就得冒著被征服的風險。光是一五〇〇年到一七〇〇年間，軍隊的規模就大幅成長十倍之多。這既反映出政府權力的擴大，也刺激社會控制力的增長。

克雷西戰役之後的三個世紀之間，歐洲的戰爭和社會兩者的關係出現極巨大的轉變，以至於有些歷史學家以「軍事革命」（military revolution）名之。起初由中國方士為了尋找永生的祕密而開發出來的火藥，是這個革命的核心所在，一如金屬或馬匹之於更早的戰爭變革。歐洲的科學進展有助於改進火藥和使用火藥的槍枝效力與可靠度。在新型大炮的面前，中世紀的堡壘好像沙堡一般紛紛傾倒，直到最後，歐洲人學會用厚實的低牆來建造堡壘，加上縱橫交錯的火力帶，以抵擋進攻的軍隊。冶金術與設計上的改善帶來更輕的槍枝，笨重的火繩槍（arquebus）退下，讓位給更輕的滑膛槍（musket）。

一開始的時候，滑膛槍之於士兵和任何靠近他的人的危險程度，不下於之於敵人，這是因為他所攜帶用來點燃小量火藥包的火繩，往往會炸毀整包火藥。早期的滑膛槍也非常不穩定，而且因為士兵要費力裝填並發射，所以一分鐘只能射出一發。某個史上沒有記錄其名的人想到一個聰明點子，把撞擊鋼鐵時能引起火花的打火石應用在滑膛槍上。到十七世紀下半葉，大部分歐洲軍隊已開始採用這改良後的新型滑膛槍。另一個創造巨大效應的簡單發現，是一名十七世紀的瑞典鐵匠，他發現可以把大炮的炮管縮短一半長度，而不會影響其效果。如此一來，較小、較輕的大炮便能架設在馬車上，將炮兵隊送上戰場。

歐洲戰爭還有比這更多的改變發生。士兵和軍官們花了數十年時間來接受與學習如何使用這項新技術（他們的政府也要能願意花錢），而態度與組織若無改變，戰爭的火藥革命也許不會發生，或不會產生影響如此深遠的結果。一開始，軍隊拒絕使用較輕的新型大炮，部分因為早期的大炮爆破性不佳，但也因為它們對圍城戰沒有幫助，直到十八世紀末葉，火炮才被認為適合用來打包圍戰。使用滑膛槍有一個困難是如何讓士兵在敵人進入射程時能堅守陣地。太早擊發，照俗語說的，在你還沒能「看到敵人的眼白」之前，表示在最好的情況下，那一射能在五十碼以外擊中目標，但造成的傷害並不大。當過早發射的一方手忙腳亂的重新裝填時（需要將近五十個各別動作來裝填與擊發），因為過程中必須站著，反倒變成另一方的子彈或騎兵方便攻擊的目標。

從林布蘭到顯微鏡，在十七世紀的黃金年代如此多產的尼德蘭人，也是戰爭的革新者。拿索的莫里斯（Maurice of Nassau）在一五八五年成為國家領導人，他之所以能把尼德蘭北部省分從西班牙的統治中解放出來，部分原因在於他建立了一支非常有效的戰鬥部隊。他讓戰場上的軍隊排成數排，每排最多十人，並且率先採用一種精巧的戰地移動陣形，當第一排發射之後，會轉向退到後面，讓下一排可以發射，並依序轉向後退。如果，這個如果很重要，在下令發射時部隊能站得很穩，並且聽從口號動作一致，那麼射擊的速度會快上許多；若無紀律，而且要是嚴酷的紀律，加上反覆操練，使得動作和聽命行事成為上了戰場也改不了的習慣，那麼士兵就無法有效地運用這些新型武器。由統治者雇用的傭兵或讓地方權貴招募而來的人組成的舊式軍隊，往往一場戰役打到最後會四散開來，不是接受這種新訓練與新戰術的料。這給了政府很強的動機去組建自己的軍隊，當然，最後也因此擴大了他們的權力。

路易十四熱衷於操兵，在他眼中這是贏得戰役的關鍵，而他個人對於軍事訓練與演習也很有興趣。他閒暇之餘經常會去練兵。他說：「我持續的小心操練與我切身靠近的部隊，為的是以身作則，讓其他個別將領也能學著如此這般照顧他們麾下的士兵。」據當時的一位專家估計，創建一個訓練有素的優良步兵團，需要花費五到六年時間。偉大的瑞典軍事將領古斯塔夫・阿道夫（Gustavus Adolphus）站在莫里斯所建立的基礎上，引進人稱的瑞典軍紀：強制祈禱，嚴重犯行如搶劫者處決，或臨陣脫逃的軍團施以十一抽殺律（decimation）。拜印刷術傳入之賜，新作法隨著圖解操練手冊傳遍歐洲。另一個戰爭影響平民生活的例子，則是舞蹈動作也經由圖解手冊來傳播，變得更經濟實惠也更格式化。軍事歷史學家認為，在對亞洲或非洲人的戰爭中，歐洲軍隊嚴密而有效的組織就跟他們手中的武器一樣，讓他們變得如此致命。有了新型帆船後，歐洲人便有了跨足全球的手段。

隨著風力取代人力，海戰也出現劇烈變化。一五七一年，基督教國家組成的神聖同盟（Holy League）與鄂圖曼帝國之間的勒班陀戰役（the Battle of Lepanto），是最後一場以槳帆船為主的大型海戰。早期的帆船既原始又很難移動，不過，新的尾舵技術讓掌舵變得比較容易。十三世紀某個時候從中國傳來的羅盤，加上更後期出現的六分儀與航海天文鐘，使領航員得以確切知道他們的所在位置與前往的地方，不僅使航海更簡單也更可靠，更擴大了歐洲海軍的觸角。最後，一項借用自商船的改動，亦即安裝在航行時為了裝卸貨等目的可開關的水密式裝卸貨口，使得大炮可以架設在船隻較低的位置（把大炮安裝在遠高於吃水線以上，有個危險是船隻很容易倒栽蔥，這有時候真的發生了）。過去海軍必須把船駛得夠近到可以相互衝撞與搏鬥，現在他們遠遠的就可以用大炮來對戰。

無論是把陸上武力劃分為裝甲兵、步兵與炮兵，或是建立陸軍與海軍的專門官校，許多我們如今視之為標準的軍事組織與實務，其輪廓是十六到十八世紀之間在歐洲制定下來的。軍隊變得更加職業化，軍人住在兵營裡，身穿制服，而且因為士兵與水兵食王室俸祿，所以被看成是君王或國家的僱員，而非像過去那樣屬於軍官的私人財產。海上的武裝民船，即政府發牌的私掠船，消失了，由國家海軍取而代之；儘管傭兵從未完全消失，但重要性也逐漸縮小。反之，政府為他們的軍隊擔起更多責任，提供吃住，至關重要的是會固定支薪給他們。一六七六年，法國政府為它的士兵建起一座醫院傷兵院（Les Invalides），一六九〇年英國也跟進在切爾西蓋了皇家醫院（Royal Hospital）。

十八世紀的歐洲仍有許多戰爭，但比起前一個世紀的戰爭，明顯不那麼暴力，也比較有節制，後者是宗教與社會革命的惡毒混合物，招致戰場上的屠殺與對付無辜百姓的行為。在啟蒙時代，隨著迷信與宗教似乎就要讓位給科學與理性，歐洲人也有了短暫的希望，以為至少歐洲這個地方的人類變得更和平，也學會控制自己的激情。觀察家相信戰爭變得沒有那麼殘忍；早期一位有影響力的國際法理論家艾默瑞奇．迪．瓦特爾（Emeric de Vattel）注意到，「歐洲的民族幾乎總是能以極大的節制與寬容來進行戰爭」。戰爭也如所冀望的變得文明，局限於專業人士之間的打鬥，而且能適度尊重戰爭規則。相較於在宗教戰爭中將要或已經發生的現象，十八世紀的戰爭規模比較小，為了清楚而有限的目標，相對容易停止，而且能乾淨利索的以協議或條約告終。

採用何種技術與何時採用，有賴幾件事情而定：技術的需要、知識的傳播，和某個社會擁抱改變的開放性。中國早在歐洲之前發展出火藥與槍，而且直到十五世紀都還居於領先地位。至此之後，他們便落於人後，大概是因為他們主要沿著北部邊境戰鬥，而槍的填充速度慢，大炮又很難移動，在對抗騎馬戰士時沒有太大用處。人們通常會在看到好處時才會採用新技術。成吉思汗主要依靠騎馬戰士，可是當他要攻打城市時，也學會了使用火藥和攻城器械。從一八六八年開始的明治維新時期，日本人運用也改進西方技術，將自己的國家改造成一個現代化工業軍事強權。馬匹在十六世紀被西班牙人引進美洲，受到原住民的熱烈歡迎與採用，以至於現在我們免不了會把平原部落如黑足族（Blackfoot）、蘇族（Sioux）或柯曼奇族（Comanche）想像成騎著馬打獵戰鬥，而且手持新穎的裝置，槍。

社會或其中有些成員也會出於厭惡、慣性、對老派作風的懷舊之情或道德異議，而抗拒新技術。今天的空軍飛行員哀嘆著駕駛艙再也不需要他們了，他們有個前車之鑑，是斯巴達領導人目睹投石機擲出石頭打倒一個人，他驚喊：「天神啊！人類的英勇氣數已盡！」歐洲軍隊堅持使用騎兵，直到很久以後才清楚看到，面對令人生畏的長程射擊，馬匹與騎手在現代戰場上派不上用場。對從小在馬背上長大的地主階級軍官來說，馬擁有坦克或裝甲車永遠沒有的魅力。機關槍成為陸軍的標準配備時，起初非常不受許多軍官的歡迎。根據設於法國的英國機關槍學校第一任校長所說，第一次世界大戰開始時，英國的營長們對這個新武器的慣常反應是「把那個鬼東西丟到旁邊藏起來！」十九世紀上半葉，英國海軍的第一批鐵甲艦被提出來討論時，許多海軍軍官對它們的價值有所懷疑。一八二八年蒸汽動力初出茅廬時，一份英國海軍部的備忘錄如此記載：「尊貴的大人們覺得，竭盡所能勸阻蒸汽船的應用，是他們義不容辭的責任，因為他們認為引進蒸氣，是有人蓄意對海軍在皇家至高無上的地位，給予致命的一擊。」有好幾十年的時間，一直不乏力挺帆船而反對蒸汽動力的人這麼認為。

教宗伊諾森二世（Pope Innocent II）曾說，十字弓是「上帝所厭惡的，基督教徒不宜使用。」後來，教會判定拿十字弓來對付不管怎樣都該死的異教徒，並無不妥之處。笨重的早期步槍，不管是火繩槍或滑膛槍，皆被視為邪惡的發明，恐怕是異教徒的產物。新武器的發明者有時也會對自己的所作所為感到羞恥或洩氣。偉大的學者培根（Roger Bacon）可能在十三世紀中期發現了中國人和阿拉伯人已經知曉製造火藥的祕密，倘若如此，那麼他把祕密一起帶進墳墓裡了。達文西曾說他不會把潛水艇的設計全盤托出，「基於人類的邪惡本性，他們會在海底下進行暗殺，把船底撞出洞來，讓裡面的船員跟著船一起沉入海底。」

葡萄牙的旅行者在一五四三年把最早的槍枝帶進日本時，統治階級一開始是受歡迎的，但在接下來的世紀裡卻轉而反對這項新裝置。日本人不但學會如何製造槍枝，更對技術做出改進。然而不知何故，到了十七世紀中期，日本人看來決定不再繼續往下發展。這是一個鼓舞人心、時至今日饒有意義的案例，顯示人們會自動放棄更致命的新武器嗎？可惜似乎不然。手握大權的武士階級以高品質的鋼製刀劍和追求完美精湛的武藝為傲，槍會使他們的技能無用武之地，所以他們並沒有太多使用槍枝的動機。不過，同樣重要的是，經過一段時期的內戰之後，政府已經建立秩序，不需要靠槍桿子來維繫和平。不幸的是，這對日本來說，意味著當美國海軍准將馬修・派瑞（Matthew Perry）在一八五三年要求日本開放並與美國進行貿易，粗暴地打破這個國家的孤立狀態時，該國並沒有多少反擊的希望。

西方運用它在技術上的短暫優勢，包括槍、盔甲與鋼鐵，使其得以在被征服的民族學會如何反擊之前，便掌控了世界大部分其他地方。以美洲為例，這件事情也有助於歐洲人帶來新的疾病。西班牙探險家科爾提斯和皮薩羅以區區少數人，便打倒在墨西哥和祕魯擁有百萬臣民及龐大軍隊的偉大帝國。這個可能性很奇妙，不過，西班牙人有一個優勢是他們身上帶著已經正在內陸傳播的細菌，先行一步摧毀了對天花或痲疹沒有免疫力的當地居民。此外，西班牙人騎馬對抗步兵，身穿鐵甲，帶著鋼鐵與槍炮來對戰以青銅和木頭為武器、以棉製襯墊為護甲的人。賈德・戴蒙（Jared Diamond）在他的書《槍炮、病菌與鋼鐵》（*Guns, Germs, and Steel*）裡匯集目擊者的說法，描述了在印加帝國，被稱為總督的皮薩羅和他的一六八名西班牙屬下讓皇帝及數千名隨從大吃一驚的場景：

> 接著總督給康地亞發了一個信號，他便開火了。同時間號角響起，包含騎兵與步兵在內身穿盔甲的西班牙部隊，猛然從藏身處衝出來，直搗擠滿廣場手無寸鐵的印第安群眾，一邊吶喊著西班牙戰鬥口號：「為聖地牙哥！」我們把響器裝在馬匹上，用來驚嚇印地安人。槍聲大作，號角齊鳴，加上馬

匹上砰砰作響的響器，使印地安人陷入驚惶失措的混亂當中。西班牙人突襲他們，並且將他們碎屍萬段。而印地安人因為太害怕了，以至於攀爬在彼此身上，形成人肉堆，相互悶死對方。由於他們手無寸鐵，所以任何基督徒攻擊他們都不會有危險。騎兵踩踏他們，屠殺、傷害、追趕他們。步兵則對倖存下來的人發動攻擊，短短時間就讓大部分人命喪劍下。

西班牙人大獲全勝不只是靠著他們的馬匹和武器，而是因為他們抓住了皇帝，此舉不但違反印加社會的神聖法則，更使其階級嚴明的臣民頓失領導，無所依從。

中國也面對一個類似的技術與組織差距，一八三九至四二年的第一次鴉片戰爭便是這場悲劇的一部分。中國人派出幾百年來在設計與配備大炮上運用得很成功的中式帆船（又名戎克船；junk），對抗比較先進的英國帆船及武器，和一艘最早的武裝蒸汽船，被恰當的取名為「復仇女神號」（Nemesis）。這只是剛開始而已，一場轉型即將支撐起一個更包羅萬象也更糟糕的戰爭新形式。十九世紀的工業革命簡略地表達了廣泛的經濟、技術與科學變革，使得西方社會，還有像是日本在一八六八年的明治維新運動推翻舊秩序、準備向他們的榜樣國家學習，得以製造更多更好的武器，並發動更大規模的戰爭。

自此之後，改變的步調和武器殺傷力的增長持續加速。想想一九一四年第一次世界大戰開始時，那飛上天空的輕薄、單引擎、無武裝飛機，並且拿來跟一九一八年已經出現比較快、比較強，有能力發射機關槍並對敵軍投擲重型炸彈的飛機比一比。到第二次世界大戰結束時，飛機可以飛得更高、更快、更遠，載運更多貨物，而噴射引擎也開始取代螺旋槳。美國在一九四五年八月把炸彈投擲到廣島與長崎，開創了駭人的核子新世代。今天，從戰鬥機到航空母艦，新武器往往到了服役之時便已經過時。這個世界的武器儲備量如此廣大無邊：據估計世界上光是小型武器就超過十億個，而另一個極端是有能力摧毀全人類好幾次的核子武器。嚴肅的軍備裁減措施較以往更加遙遙無期，然而，我們有許多人，也包括我們的領導人在內，卻仍然以為戰爭是合理且應付得來的手段。

〔第四章〕

現代戰爭的發展與變革

「就從此地，就從今日起，世界歷史展開了一個新紀元，而你們全都可以說，你們在此見證它的誕生。」

——歌德

戰爭的產物

一七九二年，法國革命的第三年，法國跟歐洲的兩大主要保守強權，奧地利和普魯士在打仗。法國看起來根本沒有勝算：許多來自舊軍隊的軍官已經逃到國外，而剩下來的武裝部隊混亂程度不輸給法國政治。沒錯，革命分子正在補足兵源，可是不同於向他們揮軍而來的老派軍隊，這些人缺乏經驗、訓練與紀律。那年夏末，普魯士軍隊挺進法國東北部，攻占數座要塞，沒有遭遇太多抵抗。當普魯士人向著巴黎前進時，法國革命分子的矛頭轉向彼此：革命政府和它在街頭的支持者驚慌之餘，開始搜捕自家的叛國者。原本發明用來人道處決的斷頭臺，如今發揮所長，成為鎮壓的工具。政府也採取比較理智的作法，呼籲志願者挺身捍衛法國及革命運動。

九月二十日那天，就在凡爾登（Verdun）西邊靠近瓦爾米鎮（Valmy）附近，裝備不良、組織鬆散的法軍正面遭遇敵軍。普魯士人還是非常強大可怕，不過他們因為痢疾已經損失幾千名弟兄。冷雨徹夜地下，就跟第一次世界大戰再次出現的情況一樣，戰場上既潮溼又泥濘。破曉之際，兩邊開始持續密集地相互炮攻駁火；普魯士對法軍防線進行兩次突襲，但法軍堅守住陣地；當薄暮降臨時，普魯士人決定撤退，而且走得井然有序。他們大約有三萬四千名士兵，傷亡人數在一百八十人左右，而法軍的三萬兩千人當中死傷了三百人。這談不上是輝煌的勝利，但也不算失敗。

那麼，何以當時與普魯士人同在現場的詩人歌德，會明白的說「就從此地，就從今日起，世界歷史展開了一個新紀元，而你們全都可以說，你們在此見證它的誕生」？瓦爾米之役有部分意義，在於法軍出於無奈而開始發現驚擾敵軍，使之惶惶不安的新戰術。法國士兵的行事作風跟其他軍隊不一樣；他們在戰鬥時唱著革命歌曲，甘冒不必要的險，而且被痛宰的時候似乎渾然不覺（隔年，在法國革命軍與更強大的反法聯軍的一場戰役中，有一名觀察家抱怨法國的戰鬥風格：「五萬名野蠻粗暴之人，像食人族一般口吐白沫，以極快的速度猛攻過來。」）瓦爾米之役有著重要的象徵意義：十八世紀的老派職業軍隊，兵敗於新型態的公民部隊，後者鬥志高昂，不是因為懼怕長官，而是出於對理想的熱情。

人民作為民族國家一部分的身分認同——民族主義，已經在歷史上遍地開花。在十九世紀的進程中，出現兩個更巨大的變化與民族主義聯手，使戰爭變得更暴力、更致命，也更具毀滅性。工業革命使生產工具、科學、技術和社會的經濟潛能產生劇變，在拿破崙戰爭後的那個世紀，即將先是改造歐洲，接著改造世界上大部分其他地區。然後，既仰賴也影響了其他兩項變化的是更廣泛的社會、政治與思想變革，從都市化到關於人類本質的新觀念，不一而足。民族主義是被理念所餵養出來的，這些理念來自知識分子、小說家、民族誌學家與歷史學家的作品，可是，拜公民識字能力、便宜的書籍與快速通信之賜，它的影響力向下擴展至社會，並遍及全歐洲與世界其他地方。工業革命帶來創新與大量生產，也刺激了社會變革。中產階級與勞動階級的規模成長，終於導致權力的增長，而舊地主菁英則眼看著他們的財富來源與影響力式微。社會大眾與國家的外交及軍事政策之間，因為選舉權放寬和走向立憲政府，進入一種不同的關係。戰爭與和平一度是少數人的事，如今，這些是許多人要面對的問題了。民族主義燃起戰爭所需的熱情，工業革命給了它工具，而社會變革則提供可以戰鬥的軀體，加上平民百姓對戰事的支援。

新的紀元展開

現代戰爭將持續得更久，花費更大，也對社會有更多需索。在第一次世界大戰，雙方有將近七千萬人被動員加入軍隊，光是法國與德國便占了男性人口的四成。想想這對他們的社會來說意味著什麼；幾乎每個人都會認識已經入伍從軍的人，並哀悼沒能從戰場上回來的人。隨著貨架上的消費品消失，食物與燃料短缺，日常生活的許多大小事都改變了。稅賦增加，工廠日以繼夜地趕工，製造出一顚又一顚的食品、幾百萬雙靴子、綿延數哩的布匹、堆積如山的炮彈，或如湖海一般多的石油。據史丹佛歷史學家沃爾特・謝德爾所說，在第二次世界大戰時，「主要交戰國製造了二十八萬六千輛坦克，五十五萬七千架戰機、一萬一千艘大型海軍軍艦，以及超過四千萬支步槍和許多其他軍備武器。」為了二十世紀的兩大全球戰爭，不得不創造出一個新名詞——全面戰爭。

一八一二年當拿破崙入侵俄羅斯時，他領導的軍隊約有六十萬人；一八七〇年，德意志邦聯與法國進入交戰狀態，它的軍力是前例的兩倍；一九一四年，德國動員了超過三百萬人來攻打敵人；而一九四四年，史達林把六百五十萬人送上東線戰場（Eastern Front）對抗軸心國（Axis powers）。現代戰爭是工業化的戰爭，大規模生產陸軍、海軍，最後還有空軍。雖然在這兩次世界大戰當中，地面部隊還在用馬和騾來運輸，但能做到這等規模的運輸和觸及範圍，靠的是火車、蒸汽船和內燃機。儘管有些武器，例如刺刀和軍刀，可追溯至更早的年代，然而，經過大幅改善的槍枝或全新的飛機、潛水艇、鐵甲船及核子武器，代表的是戰爭的另一個紀元到來，好比金屬武器、馬匹或火藥的引進對它們那個時代也曾發揮影響力。

就跟過去一樣，技術與戰術的進步，刺激了人們尋求反制之道。僅僅在十九世紀，標準步槍的射程就提高了十倍，而且可以更頻繁快速地射擊。一八〇〇年的野戰炮在戰場上的有效射程是一哩半，到了第一次世界大戰時，射程範圍已經至少八倍有餘。德國建造一座巨炮，可以從六十八哩外炮擊巴黎。因此，全世界的軍隊回敬以開發出更好的防禦工事、懸掛有刺鐵絲網的戰場和越來越精巧的戰壕，剪線鉗和鏟子成為步兵的標準配備。美國內戰時，當薛曼將軍（General Sherman）的部隊行經喬治亞迫使對方投降時，他們扔掉了刺刀但是卻留下鏟子。制服也變了，十八世紀和十九世紀初期，槍枝所用的火藥會使戰場籠罩在一層厚厚煙霧中，為了識別敵我，穿著明亮制服與粗大標誌是有道理的。到十九世紀最後那二十年，大部分軍隊都已經使用無煙火藥，漂亮的紅色或藍色或綠色外套、亮晶晶的鈕扣和金黃色的穗帶，成為更精準也更長程的來福槍絕佳的目標。槍枝採後膛填充方式，表示士兵可以躺下來裝填及補充火藥，所以更難被偵測到。在一八九九至一九〇二年的波耳戰爭（Boer War；今天以南非戰爭更為知名）中，英國人穿著紅色外套橫越塵土飛揚的南非大草原，便學到了慘痛教訓。阿非利卡人[10]農夫往往是優秀的射擊手，他們穿著土灰色的工作服躺在地上，一一把英國人撂倒。一八九九年的科倫索戰役（Battle of Colenso）後，英國軍隊在「黑色週」（black week）吃了三次大敗仗，其中一名將軍抱怨說：「我整天都沒有看到一個波耳人，直到戰鬥結束，結果犧牲的都是我們自己人。」英國當局終於讓部隊穿上卡其色衣服。一九一四年，法國步兵團穿著誇張的鮮紅色褲子出發到前線去。「**紅褲子代表法蘭西！**」（Le pantalon rouge, c'est la France!）一名戰爭大臣和大部分的陸軍如此吶喊著，然而傷亡名單卻一而再、再而三的增加。

十九世紀泰半和二十世紀初期，改良後的火力拉寬了進攻士兵所必須穿越的殺戮地帶，科技使防守方占盡優勢。跟第一次世界大戰發生的情況一樣，想像一下你帶著重裝備，從戰壕中爬出來，努力衝過總是黏膩的汙泥，穿越被翻攪開來的地形，上頭縱橫交錯著彈坑與糾結帶刺的鐵絲網，一路上你始終知道，看不見的敵人離千碼之遙或在更遠的地方，就能把你撂倒。一八六一到六五年的美國內戰、一八七〇至七一年的普法戰爭、一八七七年至七八年的俄土戰爭（Russo-Turkish War）、一九〇四年至〇五年的日俄戰爭（Russo-Japanese War）、一九一二年和一三年的巴爾幹戰爭，全都證明處於嚴密守勢的士兵能擋住比自己更龐大的軍力，使對方蒙受令人驚怖的損失，警告我們戰爭正在轉向。普法戰爭乍始之時，四萬八千德方堅守長達二十二哩防線，抵擋住十三萬一千名法軍的攻擊。俄土戰爭期間，在一八七七年的普列文戰役（the Battle of Plevna）裡，俄國士兵數量以三比一壓過土耳其人，但是卻未能擊潰敵軍（等到土耳其人彈盡糧絕，俄國人才終於贏得勝利，顯示後勤補給將變得多麼重要）。如果還需要更多證據的話，看看第一次世界大戰損失的幾百萬條人命吧！

然而，戰爭的風水輪流轉，隨著敵對雙方想出創新的突破方法，毒氣、火焰噴射器、野戰破擊炮、坦克和飛機，第一次世界大戰結束前，防守的力道便在衰退當中。到第二次世界大戰時，優勢已經擺盪到進攻方。德國發動閃電戰，以俯衝轟炸機和戰鬥機來支援配備坦克、裝甲車和軍用摩托車的地面部隊，席捲、包圍或掃平了防守陣地。其他軍隊很快便汲取教訓，以新武器和新方法來發展自己的反制措施，例如高射

---

10 Afrikaner，又稱波耳人，亦即南非白人，主要為南非的荷蘭移民後裔。

炮、反坦克炮或地雷和水雷。戰爭也進入新的領域，既上升到頭頂上的天空，也潛入海平面之下。與過去不同的地方，在於改變的速度加快。

大後方的平民

戰爭的範疇也擴大了，因為作戰必須動用社會能量。作戰剛開始時，軍人和文人領導人一度以為手上的補給足夠撐到戰爭有個結果，但現代戰爭就跟很多神祇一樣，需要不斷地供養肉體，也需要投入物力。一九一四年，在第一次世界大戰的第一階段戰鬥當中，兩邊的軍隊既驚訝也沮喪的發現，原本應該支撐到戰鬥有個結果的關鍵物資即將告罄。法國不到一個月就用掉彈藥庫存量的一半。德國的炮兵在戰爭開始的六個禮拜內，便把所有的炮彈都發射完了。

如果交戰國無法駕馭經濟，使之為戰事所用，戰爭就打不下去。因此，戰爭中的合法目標與不合法目標的界線變得模糊，直至幾乎被一把抹去。轟炸或炮擊鐵路線、燃料庫、兵工廠和水壩這類地方，畢竟是為了破壞敵人在戰場上的戰鬥能量，漸漸地，基於同樣的理由，也會去試圖摧毀平民的士氣，夷平他們的房屋、教堂、醫院和學校，任意殺害百姓。這個世界在二十世紀更加擅長此道，但這件事情其實在十九世紀就已經發生了。在普法戰爭中，德方部隊故意炮擊巴黎的平民區，逼迫法國投降。一如普魯士王儲在他的日記裡所寫的：「所有有問題的是這批邪惡的人民，他們是戰爭的罪魁禍首。」到第一次世界大戰時，我們的語言裡出現了另一個新名詞：大後方防線（the home front）。無論這是否出於平民百姓自己的選擇，但他們現在是戰地的一分子了。

正是社會在組織化、產業、科學或資源上的優勢，把它們變成如此有效的殺人機器，這是現代戰爭的最大悲劇。國家可以經得起更久的戰鬥，不是幾天，而是經年累月，也能殺害數量更為龐大的敵人。死亡、受傷、失蹤或被俘，想要得出精確的傷亡數字是出了名的困難，正如平克這類作家所警告的，我們總是應該要顧及傷亡人數占總人口的比重。比方說，如果蒙古人是在二十世紀而非十三世紀成就大業，那麼當時死亡的四千萬人，會是現在的二億七千八百萬人。然而，不管我們如何努力去了解戰爭付出的人員代價，從拿破崙戰爭的十九世紀初，到一九四五年第二次世界大戰終了的這段期間，傷亡人數還有急劇增加的幅度，令人不寒而慄。拿破崙戰爭中最大的一場戰役是一八一三年在萊比錫，正逢武器研發有長足進展的前夕，雙方的交戰士兵達五十萬人，傷亡人數是十五萬人。萊比錫之役打了四天；一九一六年的索姆河會戰（Battle of the Somme）則持續四個半月，傷亡人數超過一百萬。一九〇四年至〇五年的日俄戰爭，雙方死亡的戰鬥人員在十三萬人到十七萬人之間，為即將到來的發展預示了警訊。在第一次世界大戰，參戰者的最終死亡人數是大約九百萬人，而在第二次世界大戰，這個數字至少翻倍。由於交戰國有更大的能耐以毀滅性武器攻擊彼此的大後方，因此平民的傷亡人數更是持續攀升中。在第二次世界大戰，有高達五千萬平民可能死於大規模屠殺、轟炸、或戰爭引起的饑荒與疾病。一顆丟在廣島的原子彈，便立刻殺死了六萬到八萬人，之後更有無數人死於放射性中毒。無怪乎有人發明了「血潮」（hemoclysm）這個字眼來形容過去這個世紀。然而，科技及其反制措施之間的競賽，同時間也帶來更好的民防和更好的醫療照護。在十九世紀以前的戰爭中，戰士會死在戰場上，但遠遠有更多人是死於疾病和所受的傷。而如今，受傷的軍人可以活下來，往往還能再次戰鬥。

民族主義

在拿破崙戰爭期間，夏多布里昂子爵（Vicomte de Chateaubriand）哀嘆這巨大無比、無所不包的新型態戰爭。老派的文明戰爭，他說，「留人民在原地，讓一小群士兵去盡他們的責任。」新型態戰爭藉著民族主義的新興力量，對人民發起大規模動員。國家是貫穿時間而存在的有機體，可以要求成員對其效忠，雖然這個觀念的引進經常被歸功於法國大革命，但是其根源可以在哲學家的思想中找到，例如盧梭有社會契約和人民有權自由地相互建立聯繫的言論，盧梭如此寫道：「成為戰士應該是每一個公民的義務，而非只是一種職業。」也可以在政治事件中找到，例如一七七五年的美國革命，美國獨立宣言宣稱人人被賦予「不可剝奪的權利」，保護這些權利，是「經由被治理者的同意而取得正當權力」的政府存在的目的。當政府不能滿足被治理者的願望與需要，後者便有權撤除他們。換句話說，人民開始被視為對自己國家有發言權的公民，而非某個未經選舉的統治者的屬民。不過，這也隱含著公民，通常假定是男性，有相對應的義務要保衛他們的國家，這件事情也在幾年後的法國大革命的進程中，被明白的表示出來。

一七九二年，當屬於保守派的敵人集結起來反對法國時，法國新成立的立法議會（Legislative Assembly）呼籲所有法國男性站出來保衛國家。隔年，政府頒布《全民動員法》（levée en masse），這是上一個世紀從未見過的一種群眾動員。這一次，女性也成為訴求的對象：

從此刻起，永久徵用所有法國人民以為戰爭服務，直到敵人被趕出共和國的土地為止。年輕人將上戰場，已婚男子將鍛造武器並搬運補給品，婦女將製作帳篷和衣物，兒童將撕開麻布做成繃帶，老人將被帶到廣場上，去激發士兵的勇氣，去宣揚對國王的憎恨與共和國的統一。

從那時開始和後來被統稱為拿破崙戰爭的戰事，都是跟保衛法國民族與法國革命有關，不過，它們的意義更超越於此。帶著傳教士熱情的法國人足跡遍布全歐洲，認為他們的神聖使命是打倒不公不義與威權政體，解放歐洲同胞們。至少對法國人來說，這樣的目標不但合理化了戰爭，更給了他們應該如何發動戰爭的免費通行證，也意味著打仗可以沒有底線。既然法國的敵人阻礙了通往更好世界的道路，就應該起而攻之，如羅伯斯比爾（Robespierre）說：「不是當成普通敵人，而是視為刺客與造反的匪類。」一七九三年，共和國在旺代省（Vendée）打敗了保皇黨和天主教叛軍，無差別地屠殺男人、女人和小孩，正是這層意義的象徵。

革命軍的熱情使他們變得殘忍，但也帶給他們一場又一場的勝利，當軍事天才拿破崙掌權後，法國曾有段時間無堅不摧，萬夫莫敵。法國士兵也許不像敵人那般整齊劃一地行軍，但他們可不是被逼著上戰場。他們的先鋒一定會身先士卒，趕在主要攻擊發動前先衝向敵營。法國軍隊屢次比預計時間還更早抵達，讓敵軍大感驚訝，是因為他們可以在晚上行軍。舊式軍隊則必須紮營設哨，防範士兵脫逃。雅克・吉伯特伯爵（Comte Jacques de Guibert）在一七七二年便曾寫下一段有先見之明的話：

> 但假設歐洲有這麼一個精神、資源與政府都朝氣蓬勃的民族興起；一個擁有樸素美德的民族，為了既定的擴張大計而加入國民義勇軍；一個不會遺忘初衷的民族，知道如何更實惠地打仗，靠著勝利而存在，而且不會因為財政需要而落入棄械投降的處境。我們將會看到這樣的民族如秋風掃落葉般征服鄰國，推翻它們那虛弱無力的憲法。

法國最後會被打敗，有部分因為他們喚醒了別人心中那種曾經帶給法國人力量的情感。被法國入侵的西班牙人、普魯士人和俄羅斯人，可不感激法國人用劍指著鼻子所帶來的自由，因此，法國人發現自己面對正在覺醒中的、不一樣的民族主義和民族抵抗戰爭。

拿破崙戰爭告終後的那一個世紀，新舊民族主義把人民緊密結合起來，這些人原本從來不習慣認為自己是某個「民族國家」一分子，共享諸如文化、語言、宗教、風俗等特徵，加上種族理論蓬勃發展所賴以的優勢——生物學特徵。教育和通訊進步有助於國家語言的廣為流通使用；十八世紀時，法國境內大多數人民說不列塔尼語（Breton）、歐克語（Languedoc）或本地方言，到了十九世紀末，大部分人說的都是法語了。所有歐洲學校都會教導的民族史，創造出伴隨著光榮時刻或羞辱過往的民族故事與神話。民族主義也用宗教語言和圖像來包裝自己。波蘭或塞爾維亞民族將再次崛起，就和被釘在十字架受難的耶穌一樣，今日的犧牲，未來將使天堂國度降臨於世間。而組織化的宗教，例如波蘭的天主教聖統制（Catholic hierarchy）組織或塞爾維亞正教會（Orthodox Church），也以熱烈支持民族國家作為回報。從基督教到伊斯蘭教，各教各派都涉入第一次世界大戰，拜請他們的神祇前來助一臂之力。「殺死德國人，」一九一四年倫敦主教的訊息是：「不是為了殺戮而殺死他們，而是為了拯救世界，不論好人壞人，不論老人年輕人，都殺了他們……」一八四八年，也是民族主義分子在歐洲遍地起義的那一年，法蘭克福國民議會（Frankfurt Parliament）的一位議員說：「僅僅只是存在，不足以使一個民族有權獲得政治獨立性：唯有武力能維護其國家地位。」德國歷史學家特來區克（Heinrich von Treitschke）的公開演講與著述在第一次世界大戰前很受歡迎，他認為戰爭不只創造出國家，也藉由一個共同追求把人民緊密焊接起來，創造出民族國家（儘管人民寧願不要像一片片廢鐵那樣被焊接在一起）。威權政府經常把戰爭當成一種手段，藉以團結人民對抗某個共同外侮。他們也發現戰爭是一種好用的藉口，可以用來壓制異己並打擊在他們眼中很危險的革命分子。包括德皇威廉二世（Kaiser Wilhelm II）自己在內的保守派，一九一四年以前便已經渴望著能解散帝國議會（Reichstag），因他們警覺到社會主義政黨（Socialist Party）正在穩定取得議會席次，此外，他們也想一舉擺脫憲法。一九一四年，隨著德國加入戰局，德國總理必須出手干預，阻止威廉和他的支持者禁止社會主義分子。這是個明智的決定：

不僅構成單一最大政黨的社會主義黨議員投票支持戰爭，而且勞動階級也紛紛挺身支持戰備工作，使參戰的德國團結起來。

如此多的民族主義分子戰爭，既促成了民族國家，也給了它生命與活力。墨索里尼（Mussolini）表示，「戰爭使全人類的能量發揮最大張力，也為有勇氣面對戰爭的人民蓋上高貴的戳印。」所以甚至有人以為，沒有為自己的存在做好戰鬥準備的民族，就不配生存下去。第一次世界大戰前，一份頂尖的英國軍事期刊裡有一篇文章這麼問：「戰爭不是大自然的偉大籌劃嗎？在此籌劃下，靠著文明國家的一致行動，剷除墮落、軟弱或有害的國家，使之同化於強大、生氣勃勃且有益的國家影響下。」十九世紀太常看到用去勢或閹割這樣的語言來形容戰敗，時至今日仍然如此。法國革命分子以《全民動員法》做出公民對國家及民族負有義務的假設，這假設在一九四五年的德國被發揮到淋漓盡致，當時納粹最高領導階層拒絕採取任何可能拯救德國人生命的措施。當紅十字國際委員會（International Committee of the Red Cross）建議在柏林設置安全區，使平民百姓可聚集於此，免於即將到來的戰鬥時，德國陸軍參謀總長對此提議不屑一顧，輕蔑地拒絕。他只想去測試德國人民的抵抗意願。「協議是走向軟弱的第一步。」數十萬名德國軍人與百姓因此死去。希特勒在他的地下碉堡赴死之前，怒吼著德國民族辜負了他。反而，國家不再屬於公民了。

民族主義被用來鼓動戰爭，也可以像在旺代那樣，把敵人妖魔化，無論軍人或平民，都被看成是正義的生存威脅和擋在實踐民族國家道路上的大石頭。一八六四年，當薛曼將軍「向大海進軍」（march to the sea），所到之處盡數毀滅時，他說：「我們不是在跟敵對軍隊作戰，而是在跟一群敵對人民作戰，所以不論老幼貴賤，務使其感受到戰爭，還有有組織的軍隊的嚴酷。」在普法戰爭中，任何拿起武器對抗入侵的法國老百姓，都會遭到德方軍人的蹂躪。尤有甚者，整個社群都會被懲罰。普魯士參謀總長毛奇（von Moltke）將軍經常被稱為老毛奇，以便跟他那較不成材的姪子有所區別，他便曾下令說：「處理這種情況的最有效作法，是摧毀有關的場所屋宅，或者在反抗比較普遍的地方，就毀掉整個村莊。」一八七〇年至七一年的冬天，法國人的反抗持續進行，一名德國軍官便非常震驚於法國人與德國人之間的相互仇恨，和此事加諸在他自己部隊的作用力。「以殘暴報復殘暴的攻擊，讓人想起三十年戰爭。」曾經在美國內戰時徹底搗毀謝南多厄河谷（Shenandoah valley）的美國將軍菲利普・謝里登（Philip Sheridan），在老毛奇的本部提出建言，說擊敗敵軍後，有必要讓平民痛苦到無以復加，哀求政府議和的地步：「必須讓人民徒留對戰爭的悲嘆與淚水。」

平民的反應往往比軍人更激烈。偉大的普魯士宰相俾斯麥（Otto von Bismarck）的妻子本是個安靜沉穩的德國主婦，但她也疾呼說法國人應該「被射殺、刺殺至死，連小嬰兒都別放過。」幾年後，老毛奇將軍在一次最後的公開演說中，對他曾協助釋放的新品種戰爭提出警告。他說，「內閣」戰爭（cabinet war），也就是由統治者基於有限目標所決定的戰爭的時代已經結束：「我們現在有的是人民戰爭，任何謹慎的政府都將因其無法估量的後果，而對於發起此等性質的戰爭有所猶豫。」他接著說：「諸位，它可能是長達七年或三十年的戰爭，那讓歐洲陷入戰火的人，把第一把火丟向火藥庫的人，將有禍了！」列強將會發現，很難讓這種戰爭走向終點或承認失敗。

工業革命

民族主義提供引信給火藥庫，而工業革命則提供工具。拜生活條件轉好之賜，人口正在增長，表示有更多潛在兵員可用；從靴子到刺刀，新型工廠也能製造出數以百萬計的軍需品。在過去，武器向來由熟練的工匠以手工製造，所以產量有限。如今採用標準化、機器製的可替換零件和組裝線，槍枝得以大量生產，這就跟崛起的中產階級用來裝飾客廳的廉價鋼琴一樣。一位軍事史學家侯格．赫維格（Holger Herwig）曾經計算出來，在十九世紀上半葉，普魯士一家最大兵工廠的工匠需要花費三十年時間，才能生產出足夠的槍枝，給當時普魯士陸軍的三十二萬名士兵所用，但到了一八六〇年，一家法國兵工廠在短短四年內便能生產一百萬支槍。

一八六〇年，維多利亞女王在安靜寬敞的溫布敦公園（Wimbledon Common）拉動一根繩子，發射新的惠特沃思步槍（Whitworth rifle），並開創了全國步槍協會（National Rifle Association）。她擊中遠在四百碼以外的目標靶心。刻有膛線的槍管炮筒使得小型槍枝和大炮更為精準，而冶金術的進步意味著它們可以承裝更多威力強大的炸藥，有辦法以更大的勁道、在更遠的距離外發射致命的子彈與炮彈。來福槍和野戰炮以彈夾、子彈和炮彈取代使用了幾個世紀個別分開的彈丸、火藥和填充物，可讓只需更少訓練的士兵更快地裝填，並且更頻繁地發射。到了一八六〇年代末期，法國軍隊配備的是夏塞波步槍（chassepot）（不是什麼古老的狩獵術語，而是發明者的名字），可以從遠至一千六百碼以外瞄準目標，而且裝填一次子彈，就能在一分鐘內射擊六發。預先裝好子彈的彈匣，使射速提得更高了。在美國內戰時，一個相當有效率的士兵用來福槍和彈匣，一分鐘便可發射十六發子彈。到十九世紀結束之時，一分鐘可發射幾百發子彈的機關槍問世。據說第一次世界大戰時，一位法國將軍在持久冗長的凡爾登戰役後，曾說：「三個人加上一架機關槍就可以阻止一大票英雄人物。」今天，知名的卡拉希尼科夫（Kalashnikov）步槍能在足足半哩外的距離，一分鐘擊發六百發子彈。

十九世紀戰爭的另外一個重大變化，是過去靠著行軍的部隊，現在有了機械化交通工具（等他們抵達鐵路終點從車上下來，又沒有卡車的話，仍然必須行軍）。在工業革命以前，軍隊好比蝗蟲：一但把視線所及的所有東西吃光之後，便必須繼續前進。就跟亞歷山大大帝或腓特烈大王的軍隊一樣，拿破崙軍隊的規模受限於他們所能攜帶或搜羅到的補給品，從食物到軍火，無一不是如此。士兵在俄羅斯因飢餓或寒冷至死，使拿破崙大軍折損大半。如今有了火車或蒸汽船，軍隊可以更快地進行遠距離移動，隨著新鮮補給品持續供應進來，也能在戰場上停留更久時間。

海上戰爭也起了同樣巨大的變化。雖然英國海軍為了以防萬一而仍讓它的第一代蒸汽船繼續航行，但新的蒸汽渦輪機使船隻變得更可靠、易操作、也更快速。煤和遍布全世界的儲煤站，還有後來的石油，如今成為重要的戰略資產與目標。新科技使船隻得以安裝鐵甲，也能攜帶更重的槍炮。三百六十度旋轉的炮塔被發明出來，表示船隻再也不必只能從舷側射擊，暴露在反擊火力下，而也能越過船首和船尾發射炮彈。雖然有些海軍軍官相信整艘都是鐵打的船會下沉，但到了十九世紀結束之際，全世界的海軍都在建造鋼船。一九〇六年，英王愛德華七世（Edward VII）在聚集於樸茨茅斯造船廠（Portsmouth dockyard）的五萬名群眾面前，主持了海上最大戰艦無畏號（HMS Dreadnought）的啟用。《每日郵報》（*Daily Mail*）的特派員說：「這一大塊金屬徐徐滑入海中，悄無聲息，而且速度如此平穩，使人想起某些進入怡然自得狀態的優雅鳥兒。」無畏號比任何其他海軍的其他船艦都來得更重也更快，包括德國在內，而這一點很重要（歐洲經濟的整合性之高，使之得以用德國企業克魯伯（Krupp）所生產最好的鋼鐵來造船）。它能載運五千噸裝甲和十門十二吋大炮（此處衡量的是炮口大小，表示它們發射出來的炮彈實在非常大），加上大批的小型槍枝，馬上就讓其他海軍的戰艦相形過時，其他列強只好不情願地被迫有樣學樣，打造自己版本的無畏號。艦炮的射程愈來愈遠，從第一次世界大戰的大約十英里增加到第二次世界大戰的十八英里，意味著海軍不用看到對方，就可以開始交戰。海軍無可避免地爭相尋找反制對策，從快速的驅逐艦到用來搜尋比自己更重、更慢的船艦的魚雷艇。海戰也跟陸戰一樣進入新的領域。有了潛艇，越來越多海戰是在海底下打的，而且衝著運輸而來的程度不亞於針對敵艦。到第一次世界大戰末了時，理論家們擁抱的是飛機，認為這是尋找到並擊沉船艦的一種方法，第一艘航空母艦建造於一九二〇年代。

工業革命所帶來的改變並非一夕之間，而且在軍方和社會懂得隨心所欲地運用並籌劃新資源的過程中，也發生了多起災難。一八五九年，偉人拿破崙的姪子拿破崙三世派了一大批部隊坐火車去義大利跟奧地利打仗。人是抵達了，卻沒有毯子、食物或軍火。他承認：「這跟我們該做的事情背道而馳。」俄國人在一九〇四年至〇五年與日本的戰爭中也經歷同樣的困難，拙劣的規劃使西伯利亞大鐵路陷入混亂，關鍵物資被任意棄置在鐵道側線，就這麼浪費掉。

不過，一九一四年夏天，德國便能用兩萬車次的火車將兩百萬人、一百一十八萬九千匹馬和所有的設備送進比利時與法國北部的西方戰線，故障次數極少。在八月的前兩週，每十分鐘便有一列掛載五十四節車廂的德國火車行經科隆重要的霍亨索倫橋，跨越萊茵河前往法國邊境。一八七一年以後，從之前的普魯士政府和後來的德國政府依照軍方的願望，建造自己的鐵路網，以便將部隊與補給品迅速運往邊境。德國也是第一個意識到唯有妥善規劃，新鐵路才能發揮作用的國家，它率先設立參謀總部，這是讓龐然巨獸般的大規模部隊四處移動不可或缺的大腦。十九世紀曾有一個笑話說，在歐洲有五件完美的事物：天主教會教廷、英國國會、俄國芭蕾舞、法國歌劇，還有德國參謀總部。它配置了聰明又有抱負的軍官，從普魯士忙亂應付拿破崙時的一個小型試驗，成長為一個專業又緊密團結的機構，到了一九〇五年人數已有八百之多，重要的鐵路部門員額是八十人。一九一四年時任參謀總長的格勒納將軍（General Groener）對鐵路線和支線分歧站投入非常多心血，連蜜月時都跟新婚妻子一起規劃火車時刻表。參謀總部的功能是蒐集敵方情報和制定求勝的計畫，參謀人員什麼都拿來研究，從了解碉堡要塞的優缺點，到知曉美國馬戲團遠距離移動大量人員、動物與設備的作法，產出的計畫會年復一年的測試、修正與再測試。

現代戰爭迫使整個社會變得更組織化，也更懂得動員社會資源，否則只能冒著戰敗的風險。說不定一九一七年推翻沙皇政體的關鍵因素就在於它沒有能力供應前線部隊並餵飽家園的人。十七世紀的山謬・皮普斯是近代官僚體系發展的先驅人物。即便在昇平時期，政府也不斷地擴張它對社會的控制，以為心目中的戰爭做準備。

社會控制與資源戰

越來越龐大的官僚機構蒐集統計數字並維持完善的紀錄，是因為政府需要知道去哪裡找他們所需的金錢、資源與人力，和需要獲取的工具手段。十九世紀時大部分國家所採用的人口普查，能提供各種有用的人口統計資訊，尤其是符合役齡的男性人數。今天，我們認為公民權與公民證是理所當然的事情，不過在十九世紀，政府往往不太清楚他們擁有多少公民，又都是哪些人，也就不知道誰有義務為國家打仗。因此，出現了新的法律與法規來定義誰算數，誰又不算數。一八四二年以後，屆兵役年齡的普魯士男子未獲許可不准移民。在法國的村子裡，村民認為徵兵拿走寶貴的勞動力，很不公平，故而年輕男子往往不會被列在正式報告上，致使官員必須去數人頭。如果應徵入伍者沒能報到（這種事也是會發生的），那麼就要有人來把這個失蹤的人找出來。大部分改善公共衛生、飲食、生活條件及教育的驅動力，是來自於希望招募到體格健壯的合適新兵。

一九六〇年代我在英國讀書的時候，從來搞不懂為什麼所有的酒吧下午都不開門做生意。政府當局在一九一五年規定那些時段，是要確保工廠工人不會飲酒過量或錯過下午的班，而英國人也一直依循這個規定，直到一九八〇年代末期售酒法終於修正為止。現代戰爭的到來，既加速也擴大了政府控制社會的程度。工廠被徵用，原物料被引導到最有需要的地方，重要產業例如採礦業的技術勞工未經許可，不能換工作或申請入伍。科學家向來對戰爭很重要——想想阿基米德或達文西的作品。然而，政府靠著設立專門研究中心、補貼產業或提供研究獎助金給大學，已經愈來愈懂得如何駕馭科學，使之為戰爭所用。德國在科學領域曾經領先全球，而希特勒所犯下的諸多錯誤之一就是低估科學的價值。納粹政權忽略基礎研究，允許它的一些最好的科學家參戰，不但浪費了他們的專業能力，往往也會讓他們在戰場上送掉性命。納粹還驅逐包括愛因斯坦在內的猶太科學家，結果讓這些流亡者為德國的對手效命，貢獻才華。若沒有逃難科學家的工作成果，同盟國不太可能這麼快就開發出原子彈；或從另一個令人不寒而慄的可能性來看，原子彈落在希特勒手上，恐怕只會拿來遂行他的種族政策。開發原子彈的曼哈頓計畫，是專門為戰爭目的服務的最大型科學計畫，而戰爭也刺激出包羅萬象的新武器與新技術研究。尤其是英國和美國，集結了數百名科學家，從事雷達到火箭的各種研發計畫。所謂的作業研究（operational research）初次問世，就是用來計算特定裝置或戰略的功效、成本與效益。

乍看之下，和強大的新武器比起來，英國糧食部（British Ministry of Food）發明雞蛋的噴霧乾燥裝置似乎顯得微不足道。第一次世界大戰時，被一名英國工程師大膽用去炸毀羅馬尼亞油井，使這些油井無法生產供應同盟國，也成了戰爭歷史上一個有趣的注腳。然而，這兩件事都指向現代戰爭的另一個重要環節：資源供應，既為了己方人民的生計或戰備所需，也透過破壞、直接攻擊或封鎖等手段，不使另一方獲得資源。德國將領艾爾溫．隆美爾（Erwin Rommel）說：「任何軍隊能撐得住戰爭的首要條件，是擁有足量的武器、石油和彈藥。事實上，戰役還沒開火之前，就由軍需官開打並且定出勝負了。」拿破崙打算斷絕英倫諸島與歐洲大陸的貿易，迫使英國偃旗息鼓；英國以愛用的策略回敬，對歐洲施以海上封鎖。第一次世界大戰時，英國對德國故技重施，少了維生所需的食物和製作肥料的重要材料天然磷酸鹽，德國的經濟愈來愈難以支撐戰事所需。德國的反應跟在二次世界大戰時做過的一樣，是針對英國和使用英國港口的中立船隻發動無限制潛艇戰。雖然德國靠著掠奪被占領的比利時，然後在一九一八年與俄羅斯議和，以便取得烏克蘭的小麥和礦物，彌補部分短缺，但在資源供應上，德國再也無法和同盟國匹敵。一九四一年太平洋戰爭爆發前，美國禁止出口鋼鐵與石油給大幅仰賴進口的日本。雖然日本選擇戰爭，而且有段時間勢如破竹，但因為美國的轟炸機、驅逐艦和潛水艇擊沉日艦的速度快到來不及遞補，長期下來，日本也耗盡資源。

糧食始終是爭鬥資源時的重要戰線。攻城軍隊向來仰賴飢餓之助迫使守城軍投降。就像拿破崙說的，軍隊吃飽肚子才能行軍，而斷絕糧食從來都是一種打仗手法。好比羅馬將軍費邊・馬克西穆斯靠著瓦解漢尼拔的補給線來削弱他的軍隊，俄國人也運用焦土政策摧毀自家的作物與牲畜，以反制從拿破崙到希特勒的這些入侵者。隨著戰爭變得更加全面，餵飽大後方成為持續作戰的重要關鍵。到第一次世界大戰結束前，很多德國人，尤其是城市裡較貧窮的階級處在挨餓狀態，絕望的主婦們敲著空鍋空盤上街遊行。這件事情後來成為德國最高指揮部刻劃「背後插刀」（stab in the back）理論的一部分材料，用來解釋何以德國軍隊不可能再戰鬥下去。食物短缺有部分是英國實施封鎖造成的，但也是德國政府規劃效率不彰和糧食配給無效的結果。在這兩次世界大戰當中，英國便能做到提高糧食生產並確保較為公平的分配，而且做得更加成功。第二次世界大戰期間，英國開墾牧地和公園，使可耕地的面積翻倍。他們犧牲畜牧業，專注於小麥和馬鈴薯這類作物，提高了英國人餐盤上自種糧食的比例。在政府的嚴格管控下，珍貴的貨運用來運輸的是高熱量的食物例如肉類與起司，而非糖、堅果或新鮮水果。我父親當時在加拿大海軍服役，他第一次停靠英國，準備拜見剛結為親家的岳父岳母時，帶了一大串香蕉當伴手禮，那是他搭乘的船行經巴拿馬運河途中他去帶過來的。他坐火車時，車上乘客帶著敬畏的眼光看著香蕉，問說是否可以聞一聞這水果。也許從戰爭開打到結束，英國人從來沒能看過一根香蕉或一顆柳橙，只有少量的糖或奶油，吃一些古怪的菜餚，但他們的食物是足以讓他們飽足且維持健康的。

戰爭，尤其是大規模持久戰會製造出很多需求，而且很討厭的是這些需求極其昂貴，讓人吃不消。其實第一次世界大戰在世界上多數地區爆發時，連歐洲的交戰國家都以為隨著金錢和資源耗盡，戰爭短時間內就會結束。相反的，國家很快便學會了如何管理及徵用社會的財富，規模之大超出他們的想像。沃爾特・謝德爾估計，在第一次世界大戰時，交戰列強如法國、德國或大英帝國的戰爭支出占GDP的比重增加了四到八倍。到第二次世界大戰中期，德國用於戰事的花費相當於其GNP的百分之七十三。當和平來臨時，政府並沒有放棄他們所有累積下來的權力槓桿，或忘了如何從社會榨取資源的教訓。稅賦當然沒有回到戰前的水準。事實上，以變成蘇聯的俄羅斯在一九一七年以後為例，列寧和他的繼承人史達林便組織並運作一種「統制」經濟（command economy），如戰時一般地分配資源並管理勞動力。

戰時軍事

即便在昇平時期，也因為產業、技術與更好的社會組織性而可能做到資源動員，歐洲國家發現，自己不得不建立更龐大的武裝部隊，否則就會落後於鄰國。到十九世紀末，所有大國都採行平時徵兵制，強制屆齡年輕男性服一段規定時間的兵役，接著保持後備軍人的身分幾年。這表示國家現成擁有一批大型軍隊，遇到危機時還能召集到更龐大的兵力。然而，保守派認為徵兵制有潛在危險。訓練較低階層的男性恐怕會把武器交到革命分子手上。而比起來自鄉下的強壯農夫，人們普遍認為城市裡的人身體一定比較弱、比較吃不了苦也守不住紀律。另外一個問題是兵力越龐大，就越需要軍官，這表示招募對象必須跳脫幾個世紀以來，主宰軍官階級的地主仕紳和貴族，向外發展。中產階級男性習慣了舒適的布爾喬亞式生活，或許具備藝術或知識品味，但當然沒有受過野外運動的訓練，所以有老派軍官會說，不能期待他們擁有相同的價值觀或願意為國王與國家服務，或要求戰死沙場。事實上，很多這類恐懼結果證明無憑無據。法國當局曾預期發出召集服役令時，約有兩成預備軍不會回來，但一九一四年那次僅有不到百分之一的人沒報到。中產階級男性不但沒有汙染軍官團，反倒顯露出貴族的價值觀，但若要說的話，兵役往往是讓普通士兵變得更有愛國心。一位德國將軍在第一次世界大戰前發表談話，促請他的軍官們務必將手下的兵士打造成忠心耿耿的臣民。他說，社會主義思想是一種疾病，只要打上一劑軍事訓練的藥就能治癒。如果他知道後來創建了布爾什維克（Bolshevik）紅軍的革命分子托洛斯基（Leon Trotsky）也認同軍事訓練的價值，恐怕不會覺得太開心。後者曾說，軍隊是「黨灌輸堅固的道德感、自我犧牲與紀律的學校」。

科層制組織要做出改變，從來都不是簡單的事，軍方向來對徵兵制這類創新抱持懷疑的態度。大部分歐陸軍隊認為允許年輕男性花錢買軍職是無效率的作法，他們早已棄置很久，英國軍方還緊抓著這種作法不放。這是一種方便的手段，可讓政府募到資金，並確保軍方找到「品種正確」的人（可想而知，皇家海軍從來沒能明白讓有錢、未經訓練的笨蛋指揮昂貴軍艦的問題出在哪）。無能的軍官導致災難發生，最顯眼的就是克里米亞戰爭（Crimean War）期間，那次無效又血腥的輕騎兵衝鋒（Charge of the Light Brigade），造成太大的公憤，以致於無法置之不理，花錢買軍職的作法才終於在一八七一年廢止。新武器也經常飽受同樣的猜疑眼光。就好比騎馬武士曾經試圖忽略那些讓他們過時的十字弓、長弓和槍枝；十九世紀時，很多軍官階級的人起初也輕視新武器與新戰術，拒絕反思對策。陸軍元帥迦納・吳士禮爵士（Sir Garnet Wolseley）是一位令人敬畏的盎格魯－愛爾蘭人，無役不與，遍及整個帝國，在一八九五年至一九〇一年間擔任英國陸軍總司令，但他反對在戰場上挖壕溝，他認為此舉會使部隊比較不願意爬出壕溝上前攻擊。一九〇三年，一位年輕上校費迪南・福煦（Ferdinand Foch）在法國軍事學院任教，提出簡潔的數學證明兩個攻擊營對上防禦方的一個營，可以射擊兩倍的子彈，那麼獲得勝利只需要準備兩倍於防禦方的攻擊兵力即可。他在第一次世界大戰時擔任盟軍最高統帥，但也曾經拒斥飛機說：「不過是一種玩物罷了。」（Tout ça c'est du sport.）

在那場戰爭之前（有時候是過了很久以後），很多軍方的人仍然認為騎兵是戰鬥主力。一九〇七年的英國騎兵手冊上說：「這是大家必須公認的原則：步槍儘管有戰鬥力，卻無法替代馬匹的速度、衝鋒的獨特吸引力和冷劍的恐怖所產生的效果。」在一八九〇年代，英國騎兵監察長的看法和悲觀主義者相左，認為無煙火藥給了衝鋒騎兵一種優勢。沒錯，新的火藥有助於隱匿敵方士兵的蹤跡，他們的武器不再發出一陣陣洩露行蹤的煙霧，當戰場上曾經遮掩他們的煙霧散去，馬背上英豪直逼而來的景象必定會挫敗防禦方的士氣。絕大多數來自地主上層階級的騎兵團軍官，也看不起那些他們認為只是技師的人。在奧地利的軍隊裡，騎兵團輕蔑地認為炮兵軍官都是「火藥猶太人」（powder Jews），甚至炮兵軍官自己也認為騎術的重要性勝過技術專業。在騎兵團放棄他們的馬匹以前，許多人員與馬匹就這麼死在遭到鄙視的新型坦克與裝甲車的輪下。

許多軍事圈的人都以反智主義為傲，但這無濟於事。十九世紀中期，英國不顧高階將領的反對成立陸軍參謀學院，成立之初那幾年，一年培養出來的軍官寥寥可數。一個在上流英國軍團的軍官想要申請入學，他的一位袍澤說：「給你一個建議，千萬別跟其他軍官同僚說，否則你會超級惹人厭。」赫拉斯・史密斯－多倫（Horace Smith-Dorrien）是第一次世界大戰期間表現不俗的英國將領之一，他回想自己在參謀學院的日子過得頗為愉快：「在學校那兩年，我每一分鐘都很享受。我不覺得學校有教我們什麼，不過那裡有很多運動，而且沒有太多工作。」他從來沒去過圖書館，但還是有辦法通過畢業考。

儘管怒氣沖沖，歐洲軍方仍不安地意識到戰事和周圍的世界正在發生變化。他們派員觀察歐洲與世界各地的主要戰役，就能了解到國防的新興力量。他們抗拒新技術，對發展中的心理學觀念倒是抱持更開放的態度，部分當成解方以因應軍備武器帶來的挑戰，也有部分原因出在他們現在收進來的是新型態的兵員，有一點教育程度，對待方式必須有別於不識字的鄙夫。當然，從有戰爭開始，就有如何激勵士兵的問題，不過相關研究在過去兩個世紀已經變得更系統化。軍方引進心理學家幫助他們找到最好的新兵，在訓練與戰鬥中測試他們，並試著去了解人類在壓力下的行為舉止。不幸的是，在第一次世界大戰以前，心理狀態與動機經常被視為面對戰場上火力升高的克服手段。誠如當時頂尖的法國軍事理論學家路易斯・迪・葛蘭梅森（Louis de Grandmaison）上校，在他的步兵訓練經典作品中所說的：「我們被確切告知，戰鬥中首重心理因素。但話沒有說完：嚴格的說，沒有其他因素了。所有其他的因素，武器、機動性，只能靠著激起道德反應來間接影響……人心是戰爭所有問題的起點。」士兵接受訓練，學習如何在戰鬥中使用刺刀，理由是這樣能使他們在面對敵人時有堅定的決心。在第一次世界大戰的殺戮場上對抗機關槍和毒氣，自發的決心與勇氣永遠不嫌少。

雖然現代軍隊寧願保持有別於人的社會階級，但也不得不考慮社會上更廣泛的政治與社會變化。戰爭或備戰已經製造出更為龐大的需求，迫使社會做出改變，不過，這從來都不是單向的過程。人類並非沒有生氣的黏土塊，等著強而有力的手來塑造他們；他們有思想和價值觀，這些也會形塑軍隊的發展和它與社會的關係。我們已經看到，在十九世紀和二十世紀，民族主義助長了戰爭，也迫使公民站出來幫助自己的國家，不過，於此同時，公民也開始對政策和政府的決定表現出更大的興趣，而且主張有權形成或改變這些政策。

公民權利

德國從一八七一年成為國家開始，男性便擁有普通選舉權。公民權的穩定擴張，先是及於男性，接著在第一次世界大戰後及於大部分女性，鼓舞了選民留意他們的政府在做些什麼。免費的公共教育、讀寫能力成長和有著龐大流通量的便宜報紙出現，使大眾有更多機會接觸到甚至遠超過國界以外的新聞。而到一九一四年，電報的出現就像今日的網際網路，把世界緊密結合在一起，意味著人在家中坐，幾乎就能在戰爭及國際危機發生當下便追蹤到這些事件。在一八五三年至五六年的克里米亞戰爭時，出現了一種新型態的記者——戰地特派員（war correspondent）。威廉・霍華德・羅素（William Howard Russell）為《泰晤士報》發的快電報導，尤其能同步讓英國大眾感到著迷與驚悚。這是第一次，英國人了解到自己的軍隊有多麼不適任，他們的士兵又是受到怎樣糟糕的對待。大眾繼而發出怒吼，促使軍隊做出改變，也為南丁格爾（Florence Nightingale）和同僚們的工作鋪路，改善軍醫院和士兵的總體健康。

報紙和出版社知道戰爭有助銷量。比方說在普法戰爭時，倫敦《每日新聞報》（*Daily News*）的發行量就增加了三倍。在世紀之交，野心勃勃、年方二十四的溫斯頓・邱吉爾（Winston Churchill）便因報導南非戰爭而聲名大噪，大賺一筆。海明威（Ernest Hemingway）、艾德華・蒙洛（Edward R. Murrow）、羅伯特・卡帕（Robert Capa）、麥可・赫爾（Michael Herr）、瑪麗・科爾文（Marie Colvin），這些戰地記者與攝影師成了現代英雄。目睹戰爭的恐怖會給大後方帶來巨大衝擊，電視、電影與如今的社交媒體則大大開拓了我們親眼所見的機會。越戰期間，由於電視晚間新聞和紙媒的報導，說服大部分社會大眾相信這是一場既無公義也不名譽的戰爭，美國政府因而失去輿論支持。出色的美國軍事思想家哈利・桑默斯（Harry Summers）上校在越戰結束後造訪河內，與一名北越上校對話時，說到：「你知道你們從來沒有在戰場上打敗過我們。」停了半晌後，這名北越將領回答說：「也許吧！不過這無關緊要。」民主國家的領導人總是在意下一次選舉，好比法國自己在中南半島的戰爭所發現的那樣，不受歡迎的戰爭特別難繼續下去；不過，即便是威權國家蘇聯，也會為了它在一九八〇年代既不成功也不受歡迎的阿富汗戰爭，付出高昂的政治代價。

輿論也會反其道而行，逼著政府採取他們不想要的立場，打不想打的戰爭。海軍與陸軍協會、退伍軍人協會和軍火產業在刺激公眾要求增加更多軍事支出方面，已經表現出絕佳的煽動技巧。艾森豪總統在一九六一年的告別演說中提出警告：「我們政府各部門必須防範軍事工業複合體，有意或無意取得的不當影響力。」身為將軍，他很清楚自己在說什麼。一八九〇年代，英國和德國發現自己因為輿論要求，而為了南太平洋的薩摩亞群島進入對峙狀態，即便外交人員與政治領導人其實有意達成協議。「就算我們絕大部分的小政客不知道薩摩亞是一條魚或一隻鳥或某個外國皇后，」一名德國外交官如此抱怨：「他們還是越發的大呼小叫，說不管怎樣，它都是德國的，而且必須永遠屬於德國。」一八八四年，馬赫迪（Mahdi）領導當地蘇丹人起義反抗埃及暴政，查爾斯・戈登（Charles Gordon）將軍被英國政府派到喀土木（Khartoum）解救被困的埃及軍隊。英國首相威廉・格萊斯頓（William Gladstone）根本不想出手干預，可是他的政府卻受到輿論壓力，後者把半瘋的怪人戈登捧為英雄。儘管戈登被嚴令完成任務便馬上離開，但他卻違背命令，選擇留了下來，妄圖打倒蘇丹人，結果他和他那薄弱的部隊被圍困在喀土木。戈登靠著他從喀土木發出的電報（至少在馬赫迪部隊切斷電報線以前），以他誇飾賣弄的虔誠、他的貌似單純、是被上帝派來解救蘇丹免於暴政或伊斯蘭統治或兩者皆有的信念，巧妙地影響民意倒向他那一邊。格萊斯頓對戈登感到極為憤怒，拖延耽擱遲遲不肯派遣耗費不貲的救援部隊，可是當全國牧師都為戈登祈禱，當媒體說這是英國的恥辱，並提出「要戈登還是要格萊斯頓？」連維多利亞女王也開口說話了：「戈登將軍身陷險境，你們一定要努力救人。」她這麼告訴負責戰事的大臣，格萊斯頓被迫讓步。他派出一支遠征軍，在戈登死後兩日才抵達。一八九六年，保守黨政府再派遣一支遠征軍為戈登復仇；數千蘇丹人死於後續衝突中，而英國最終取得蘇丹的掌控權。

政府與軍方也學會操控輿論的遊戲。在第一次與第二次世界大戰期間，各國莫不小心管控戰地記者，唯恐太寫實的戰鬥照片會削弱民眾的士氣。儘管美國軍方破例允許記者到越南採訪，但它得出的結論是一定再也不能重蹈覆轍允許媒體採訪。兩次伊拉克戰爭期間，媒體都受到嚴密的控制與管理。美國人可能是借鏡於英國在一九八二年福克蘭群島戰爭的經驗，當時國防部不遺餘力地防止南大西洋的新聞曝光，連最能舒緩緊張的消息也不放過。

過去這些年來，海軍閱兵、部隊分列行進、軍樂團演奏、眼花撩亂的戰鬥機特技飛行，全都是為了娛樂社會大眾，希望他們能對自家武裝部隊感到驕傲，願意提供資金給他們。即使大多數民主國家如今較少展現軍容，但俄羅斯、中國或伊朗等國家仍會炫耀他們的武力，以助長民眾的支持。當海軍元帥鐵必制（Admiral Tirpitz）在一九一四年以前著手打造德國的龐大艦隊時，他採取的首要步驟之一是設立一個新聞與國會事務專門辦公室。接下來幾十年間，這個辦公室遊說議會的成員，規劃數十次公開演講，發送幾千本文宣小冊，確保每一艘新戰艦的啟航都能大張旗鼓的宣揚。當英國因應德國海軍的挑戰而打造無畏號戰艦時，皇家海軍也發揮自己的角色，爭取公眾支持以取得必要資金。一九〇九年，在一場關於海軍與社會支出增加的危機中，皇家海軍讓戰艦沿著泰晤士河駛向倫敦，進行為期一週的表演，有煙火、模擬戰和給孩童的特殊節目，吸引四百萬人參觀。

今天，來自印度與巴基斯坦的士兵踩著高踏步，在兩國間橫越大幹道（Old Trunk Road）的邊界處，每晚以高踢、踏步與旋轉，賣弄著機械化的降旗與折旗儀式，這荒謬奇觀吸引愈來愈大批來自兩邊的群眾歡呼，也是YouTube上最受喜愛的影片。這當然只是個無害的娛樂。是這樣嗎？兩國都擁有核武，有著衝突與相互猜忌的長遠歷史。而軍國主義，無論指的是把軍人提升至社會最崇高優秀的地位，或是使軍人價值觀的紀律與遵從滲透進平民世界，都會為民主社會帶來麻煩。尤其在巴基斯坦，軍人被認為是國家的壁壘與保護者，大多不受平民的控制與監督。惡名昭彰的巴基斯坦三軍情報局（Inter-Services Intelligence Directorate）曾經扶持並資助印度、喀什米爾領土爭端地帶、阿富汗和中亞的恐怖分子團體，對這些國家或對巴基斯坦本身都不是好事；世人也廣泛認為有些巴基斯坦將領把核子技術賣給北韓。試圖約束軍方的文人領導人，很快就會被趕下臺，運氣好的話只是流放而已。印度與巴基斯坦的文人政治已經染上軍事色彩，有些政黨會資助準軍事組織，讓成員穿著制服，舉旗並編隊行進，帶著棍棒威嚇對手。或者以印度人民黨（Bharatiya Janata Party）的例子來看，它看起來更像是準軍事組織「國民志願服務團」（Rashtriya Swayamsevak Sangh; RSS）所扶植出來的。

軍事價值

第一次世界大戰對歐洲社會產生深刻的影響，特別是戰爭結束很久以後仍陰魂不散的戰時價值觀及組織。退役的士兵組成準軍事團體，例如在波羅的海的「德國自由軍團」（German Freikorps）或在愛爾蘭的「黑褐軍」（the Black and Tans），會到一九二〇年代中期仍困擾歐洲的小型戰爭中戰鬥。世人相信德國民族已經團結，並在共同理想下消除分歧，德國右派仍充斥著對「一九一四精神」的懷舊之情。退伍老兵穿著制服亮相行軍，新法西斯運動和新共產主義運動也有自己的制服與編隊，毫無異議地服從他們的領導人，踏上征途去痛宰敵人。一位義大利法西斯分子說：「對我們來說，戰爭永無止境，我們只是把外部敵人換成了內部敵人。」

戰爭使社會留下兩種意義下的軍國主義印記，而軍國主義也會導致戰爭。當軍人認為自己比社會其他人更優越，身負特殊甚至神聖的保家衛國使命，是最優秀、最勇敢的一分子時，當軍人價值觀凌駕於文人價值觀時，我們應以十九世紀的歐洲為戒，來看長期和平下的可能走向。一個大膽的騙子威廉・霍伊特（Wilhelm Voigt）無意中暴露軍國主義對德國社會的影響，使之成為眾人的笑柄。他穿著零星拼湊的雜亂軍服，對柏林的一群士兵發號施令，把他們帶到鄰近的城鎮克佩尼克（Köpenick），在那裡開心地逮補市府官員，還將一大筆金錢據為己有。雖然最後他被揭穿鋃鐺入獄，但克佩尼克上尉成為眾多反軍國主義的德國人及德國敵人的民族英雄，後來他靠著演講自己的經歷，還能過上不錯的生活。

然而，他的故事凸顯出德國軍方所享有的特殊地位，後者只聽命於德皇，而軍官們和德皇都討厭德國議會提出的任何質疑。雖然軍方的施里芬計畫讓德國陷入對抗法國與俄羅斯及入侵比利時（德國曾經承諾尊重其中立性）的兩線作戰，但總理霍爾韋格（Theobald von Bethmann Hollweg）直到一九一二年才知情，然後他唯一的反應是若軍方認為這是有必要的策略，他將盡全力提供外交上的協助。他對軍人是如此敬畏，連首次以總理身分到德國議會報告時，都還穿著他的上校軍服。不過話說回來，整個歐洲的王公貴族和子嗣們本來就常常穿著軍服亮相。德皇威廉熱衷於收藏，說來奇怪，他特別驕傲的是收藏了一套英國海軍上將的制服。多數國家的小男孩穿著軍裝風格的制服上學，在軍訓團裡學習齊步前進，而小女孩則經常穿著模仿水手制服的連身裙。等他們年紀較長，便可加入英國童軍團（British Boy Scouts）。這類組織，目標是培養男孩做好為君主及國家效命的準備，女孩的話則是參加讓她們成為好妻子、好母親與好護士的女童軍團（Girl Guides）。

軍方的領會是它有相當大的空間可以自行其事。英國陸軍比大多數國家更受制於公民的監督與管制，但仍然在與法國的一連串會談中，幾乎又或許真的做出承諾，會在法國與德國打仗時出手援助。在德雷福事件（Dreyfus Affair）中，參謀部唯一的猶太裔陸軍上尉被誤控出賣法國機密給德國，長達十年時間，法國軍方始終不肯重啟調查案。一九一三年，德國士兵在阿爾薩斯城鎮札貝恩（Zabern）違反法律並惡劣對待平民，擁有德皇充分支持的陸軍最高指揮部拒絕承認其中有何不當之處。到最後，總理霍爾韋格雖然知道事件真相，卻仍然站在德國議會面前為軍方辯護。儘管到十九世紀中葉，決鬥在英國已經過時，但在歐洲大陸，甚至在共和制的法國，軍方當局依舊捍衛這種作法，拒絕出面反對，所持的理由是此舉能鼓舞軍官維持高昂的鬥志。第一次世界大戰爆發前夕，普魯士總參謀長法肯漢（General von Falkenhayn）向總理抗議：「決鬥已經根深蒂固於我們的榮譽守則中。榮譽守則是珍貴的，對軍官團來說，是不可替代的珍寶。」

戰爭往往被看成是一種規模龐大的決鬥行為，而榮譽與恥辱的語言則被移轉到國家民族身上。戰鬥是榮譽的，投降是丟臉的，只能靠著另一次戰爭來洗刷屈辱。戰爭對社會來說不僅自然，更是不可或缺，是對人類及國家的試煉，這樣的觀念由來已久。例如羅馬人便認為擁有共同敵人對他們來說是好的，一如羅馬歷史學家薩盧斯特（Sallust）談到羅馬與迦太基的爭鬥時所說的：「不管是為了榮耀或是為了權力，公民之間都沒有傾軋不合，對敵人的恐懼保存了這個國家的良好品行。」在今日的羅馬，我們猶能看到這樣的態度。「戰爭很糟糕，」小布希總統在二〇〇六年的一次訪問中說：「可是它引出了……你知道，在某方面它碰觸到美國人為了保護靈魂而自願戰鬥的核心。」十九世紀也引進科學來解釋戰爭的好處，尤其是對達爾文演化論的改編。所謂的社會達爾文主義，主張人類社會就跟許多不同物種一樣會進化，在這個過程中，戰爭即便並非不可或缺，也是其中重要的一環。這是對達爾文的錯誤解釋，而且事實上並沒有科學根據，但某個叫做適者生存的東西主宰人類社會的命運，或每個社會都可能有一個天敵，這樣的觀念發揮了莫大影響力，持續影響人們，當然包括希特勒和他的納粹分子在內，也持續影響今天的激進外圍團體。

從印有偉大戰爭英雄圖像供人收藏的香菸卡，到給男孩看的雜誌，流行文化強化了戰爭與武裝部隊的特殊光環和地位，也鞏固了軍事價值對強健社會的重要性。一九一三年，新發行的英國雜誌《男孩日誌》（*Boy's Journal*）的編輯，驕傲地形容它「基本上是一份把陽剛小伙子打造成男人的刊物」。裡面的作家所寫的文章，他說：「自然而然地滿懷崇高的理想——對家庭與家鄉的愛；對帝國的強烈偉大感；愛國心與良好的同志情誼；身心的淨化；道德勇氣和身體勇氣；以及對任何不真實、心胸狹隘、卑劣或殘酷事物的不屑一顧。」團體遊戲則灌輸品種純正的男子氣概與團隊價值觀。童子軍創始人羅伯特・貝登堡（Robert Baden-Powell）相信，他們也是在提供領導與快速制定決策的能力（他可能會認同那位美國高中教練，他在越戰期間告訴一名學生必須認真上體育課：「你在這裡得到的訓練，會讓你在對付越南那些野人時占上風。」）確實，對維多利亞時期的人來說，戰爭經常被視為一種特別崇高的運動形式。有影響力的編輯暨愛德華時代的文學家亨利・紐波特爵士（Sir Henry Newbolt）所寫的詩作〈生命火炬〉（*Vitaï Lampada*），始於年輕打擊手在一場板球比賽中，被敦促盡全力為團隊贏得勝利，以這個男孩如今已是一名軍官，血濺蘇丹沙漠上，號召眾人「加油！加油！光明正大的玩球！」（Play up! play up! and play the game!）為終。

士兵曾一度跟狗和乞丐一樣禁止進入旅店，如今，至少多數時候他們會得到尊敬的對待。吉卜林（Rudyard Kipling）將普通英國士兵的心聲掌握的極好，他對於大不列顛的改變能有多深心存懷疑，這個國家可是從來不曾盛讚過它的陸軍：

我去到一家酒館想叫杯啤酒潤一潤喉，
老闆走過來說：「穿紅外套的我們這裡不伺候。」
櫃檯後的女孩咯咯地笑到差點回不了魂，
我又回到街上喃喃地對著自己說：
噢！都說湯米這個，湯米那個，湯米不要往這兒湊；

可改口就說：「感謝您，阿特金斯先生！」[11] 當軍樂隊開始演奏。

當軍樂隊開始演奏，哎，當軍樂隊開始演奏，

改口就說：「感謝您，阿特金斯先生！」當軍樂隊開始演奏。

在英國，受到敬畏的是國家的屏障——海軍。紐波特還有另一首知名詩篇是關於伊莉莎白時期的偉大船長法蘭西斯・德瑞克爵士（Sir Frances Drake），如最後一段詩文中的承諾所言，他將在緊急時刻再度出現拯救英國：

德瑞克躺在吊床上，直到偉大的無敵艦隊到來，

（船長，他們在下面睡覺嗎？）

懸盪在炮彈間，聆聽著鼓聲，

時時夢想著普利茅斯港。

在深海呼喚他，用鼓聲呼喚他，

當你航向前迎敵時呼喚他；

---

11 湯米・阿特金斯（Tommy Atkins）是用來泛指普通英國陸軍士兵的俚語。

昔日的貿易風吹起，舊時的旗幟飄揚，
他們會看到警戒而清醒的他，一如久遠之前所看到的他！

在愛國主義的慷慨激昂與訴求之中，始終夾雜著恐懼，害怕戰爭的試煉一來，社會恐怕沒有能力面對。十九世紀末期的已開發國家就跟今日某些國家一樣，擔心現代人在德性上與體能上都比祖先更弱。當英國徵求南非戰爭的志願軍時，當局與多數英國大眾莫不對其品質低下感到吃驚。不管是因為都市化、日子太舒適，或像樣的食物或新鮮空氣太少，還是教育方式錯了，現代國家有在培養保家衛國的戰士嗎？重要的德國戰術書作者威廉．巴爾克（William Balck）斷言說，顯然現代人的體能與精神力量都在喪失當中：「生活水準逐步改善，往往會提高自我保護的本能，削弱自我犧牲的精神。」一九〇五年，一位年輕的保守黨人艾略特．伊凡斯．彌爾斯（Elliott Evans Mills）出版了一本危言聳聽的小冊，書名為《大英帝國衰亡史》（*The Decline and Fall of the British Empire*），談到的主題有「城市生活比鄉村生活更盛行，對英國人民的信念與健康之災難性影響」、「過度課稅與市政鋪張浪費」、「英國人無力保衛自己及帝國」。他經常提到羅馬帝國的衰亡（日本人曾經買此書的限定版作為學校用書）。

陸軍元帥吳士禮對英國社會變化的討厭程度，不亞於對壕溝的厭惡；他認為如今芭蕾舞者與歌劇歌手受到高度重視，不是一個好兆頭。男人似乎變得愈來愈沒有男子氣概，女人也不那麼女性化了。在法國，人們普遍關注生育力下降的問題。一位重要的德國知識分子曾經很不得體的對一名法國記者說：「男人不想當戰士、女人拒絕生小孩的民族，是生命力如槁木死灰的民族，注定要被更年輕、更嶄新的種族所主宰。」一九一四年以前，軍方會策劃短期決定性戰爭的原因之一，便是因為他們和文官領導人害怕冗長的戰爭會使現代社會分崩離析。

事實上，這類恐懼大多放錯地方了。第一次世界大戰的主要謎團之一，就是將士與平民百姓何以能忍耐這麼久。列強中最弱的俄羅斯團結抗敵，支撐到一九一七年，其他國家則繼續堅持到一九一八年。是有叛變與個別的反抗行動沒錯，但歐洲的陸軍與海軍後來又再度團結起來。其中一個可能解釋是軍事價值緩慢地滲透到公民社會，已經讓許多歐洲人在心理上做好戰爭準備。另外，事後想來錯得可悲，大家希望戰爭能成為爭議的偉大裁決者，說不定能帶來更平靜的日子。暴風雨即將來臨，空氣凝結沉悶，瞬間閃電雷鳴、驚風急雨，隨之而來的將是天清氣朗。

〔第五章〕

打造戰士

「真正算得上勇敢的人，是那些最為知曉生命苦樂的意義，然後勇往直前，正面迎接將來之事的人。」

——伯里克里斯（Pericles）

兩場不同的戰役，相隔兩地，一個在歐洲，另一個在美洲，而且相距約莫四百年之久。第一場戰役若有用到任何尺寸的任何槍枝的話，也是屈指可數；第二場戰役裡的士兵則人人擁槍，而且還有野戰炮。兩場戰役裡的士兵都用刀劍，戰場上也都有騎馬戰士。兩者都是內戰的一部分，各自的戰爭結果都改變了歷史，而且創下血腥殺戮的空前紀錄。我們不免疑惑，雙方是怎麼走到公開衝突的地步，也想知道那些戰鬥（幾乎清一色是男性）怎麼能這樣打。他們如何能連續數小時站在那兒面對死亡，或把死亡帶給他人，有時是遠遠的用箭或槍，但更常是近身徒手格鬥。

一四六一年三月二十九日，棕櫚主日（Palm Sunday），約克老城西南方約十哩處的一個小鎮陶頓（Towton）外，兩軍在一場暴風雪中對峙。在名為玫瑰戰爭（Wars of the roses）的那場複雜的王朝與政治爭鬥中，這是一連串戰役的其中一場。玫瑰戰爭攸關約克家族或蘭開斯特家族其中一個王室，將統治英格蘭，不過戰爭的原因向來不止於此，還包括普通百姓的冤屈不滿和這個國家應該擁有何種政府的歧見在內。根據記錄所載，那天約有五萬名弓箭手、步兵和騎士戰到血流成河。最後，約克家族的增援部隊趕到，蘭開斯特軍被擊破逃竄。許多人在後來以血腥草原（Bloody Meadow）聞名的地方遭到得勝的約克軍砍殺；其他人則在驚慌中踩踏自己的戰友至死；還有更多人溺死在鄰近河流中。

莎士比亞在他的一齣歷史劇中，讓戰敗國王亨利六世將這場戰役比作自然界的命運無常：

> 這場戰鬥像是晨曦的掙扎，
> 逐漸消散的陰雲和愈益增長的光亮對抗，

牧童呵著手指辨不清那究竟是白晝還是夜晚。
時而倒向這一面，像是大海
受潮汐的激盪而向暴風鬥爭；
時而又倒向那一面，像是同一個大海
被狂風逼得後退：
有時候海水獲勝，又有時候獲勝的是風；
忽然這一個占優勢，忽然那一個最占先；
雙方迎面相逢，鬥勝逞強。
但是難分勝負：
這一場凶猛的戰爭也正是這樣的相持不下。[12]

亨利逃到法國，勝利的愛德華四世登基為王，直到戰爭的命運轉變，一四七〇年再度讓亨利短暫地班師回朝。即使今天大多數人對玫瑰戰爭的細節含糊不清，但陶頓之戰倒是英格蘭打過最血腥、最龐大的戰役而引人注目。據估計有高達兩萬八千人死於該處，還有更多人受傷或在戰後遭到處決。當時英格蘭人口大約兩百萬人，如今約有五千六百萬人，以相近的比例換算，死亡人數在今天約是七十八萬四千人。

四個世紀以後的一八六二年九月十七日，遠離陶頓鎮的一塊大陸上，另有五萬名士兵在一個溫暖秋日於馬里蘭州西部的安提坦溪（Antietam Creek）附近戰鬥。南方的邦聯軍（Confederate）從八月以來便已發動攻擊，挺進維吉尼亞州，贏得一連串勝仗。北方聯邦部隊（Union）採取守勢，他們的領導人顯然無力保護領土。李將軍一貫地發動一次大無畏行動，在九月初帶領邦聯部隊揮軍北上攻打馬里蘭州，如此一來，他才能向東南威脅華盛頓，往北震懾賓州。在有著連綿起伏的丘陵、森林與河流的馬里蘭州宜人鄉間，北軍緩慢移動，迎戰李將軍的部隊，李將軍在人數上不如對方，約有八萬七千或八千名士兵對上他的一萬兩千人，但在領導作戰上他肯定是技高一籌。部分拜對手的謹小慎微及犯錯之賜，他幾乎就要奪得勝仗。

廣闊的戰線從北綿延到南，戰鬥於日出時開打，與陶頓之役不同的是這一次我

---

12 本譯文取自《亨利六世（下）》譯本，遠東圖書公司印行，梁實秋譯。

們有目擊者的說詞。威斯康辛州第六志願步兵團（the 6th Wisconsin Volunteer Infantry Regiment）的一位少校描述在玉米田與南軍的第一次遭遇：「我們跳過籬笆往前衝，一邊前進一邊填彈、射擊、嘶吼。人人帶著歇斯底里般的強烈興奮、向前推進的渴望、和對人命、對任何事的輕率漠視，只求得勝。」他稱對方為叛軍，說他們四竄逃命。「他們有好多人在爬過公路邊的高欄和圍籬時被射殺。」在別處，有邦聯士兵在一條凹陷道路支撐了四個小時，期間北軍對著他們密集駁火。到最後，生還者說「血腥道路（Bloody Lane）」上覆滿屍體，血流成河。在伯恩賽德橋（Burnside Bridge）有一小群來自喬治亞州的狙擊手對抗數量更為龐大的北部聯邦部隊，直到彈盡援絕，遭到刺槍殺害。聯邦軍的將軍選擇謹慎行事而非大膽追擊，留置預備軍不發，結果使得李將軍和他的部隊在當日結束前得以秩序井然的撤退。

他離開時，手下的人死掉大約一千五百至兩千七百人，估計還有七千七百到九千名南軍士兵受傷，北軍的死亡人數約在兩千，並有將近一萬人受傷。聯邦將軍約瑟夫·胡克（Joseph Hooker）描述戰鬥停止後一處玉米田的景況：「在我撰寫此文之時，北邊和更大塊田地裡的每一株玉米幾乎像用刀砍一般被斬斷。」他接著說，死者「成排的躺在正好是他們幾分鐘前列隊站著的位置。我何其不幸，目睹如此血腥淒涼的戰場。」安提坦之役是美國內戰和美國打過的所有戰爭中，最血腥的一天。雖然它對北部聯邦來說不算明確獲勝，但卻止住南方取下馬里蘭和也許直搗華盛頓的企圖。此役之後，林肯總統發表《解放奴隸宣言》（*Emancipation Proclamation*），這一戰的結果可能也影響大英帝國不去承認南方邦聯。

然而，儘管陶頓一戰之後，整個南方的士氣低迷（邦聯總統傑佛遜．戴維斯（Jefferson Davis）就說「南方已經使出它的最大力氣，而敵人才剛要開始施展威力。」）然而，南方邦聯還是打了兩年半多的戰爭。更早發生在英格蘭的那場內戰，則又持續了二十四年之久。

為何當兵？

是什麼因素使男人和有時也有女人捲入一場衝突中，即便戰鬥看似會輸，理想會殞滅，他們仍然持續奮戰下去？又何以戰爭能引發人性中最高貴與最卑劣的一面？戰爭既讓我們感到著迷，也使我們心生厭惡，對那些打仗的戰士亦如是，我們同時崇敬他們也畏懼他們，思忖著是否能做到他們做到的事。我們絞盡腦汁地想，是什麼讓戰士變得如此勇敢。誠如第二次世界大戰時，一個在中國的日本士兵說的：「即便當我強迫自己盯著死掉的中國人，直到我覺得再也受不了為止，也沒有從中得到『開悟』。我還是不解，人心是從何處生起這實際的勇氣。」伯里克里斯在死於伯羅奔尼撒戰爭的雅典人葬禮上發表一場出色演說，他說人會出於無知而勇敢，「當他們停下來去思考的時候，他們就開始害怕了。不過，真正算得上勇敢的人，是那些最為知曉生命苦樂的意義，然後勇往直前，正面迎接將來之事的人。」戰爭的諸多諷刺之一，便是值得為之一活的事物，也可以值得為之一死。

無論勇敢與否，個人戰鬥的原因就跟國族在內的群體一樣，可以歸入相同的粗略類別：利益、自我防衛，或出於理念與情感。我們可以把這些類別拆得更細，這雖非一份詳盡的清單，但也是人們給出的一些戰鬥理由：因為別無選擇；為了保護所愛之人或他們的國家；出於榮譽感；對長官的畏懼；贏得尊敬的人的認可；為了炫耀；為了自我試煉；為了豪取強奪；為了光榮；為了一個理想；為了戰友；或為了出人頭地。在昇平時期，自願從軍的人可能壓根沒想到戰鬥，而只是想看一看世界或學一門有用的技術。英國軍方曾經因為招募海報上秀出熱帶海灘、滑雪場或教室，卻沒有提示那些報名登記的人可能會被要求冒著生命危險戰鬥，而遭到嚴厲批評。加拿大最近有一名美國逃兵申請難民身分，因為他說他不知道從軍是有可能要打仗的。

至少有部分靠著軍事力量成就出來的強大國家，往往就這麼假定臣民屬於它們，而任何逃避兵役的人便無異於叛國。腓特烈大王（Frederick the Great）的父親普魯士國王腓特烈．威廉一世，派出搜查大隊為他鍾愛的波茨坦巨人兵團（Potsdam Giants regiment）尋找高挑的士兵。很多社會逼迫奴隸或戰俘服役（只允許自由人從軍的斯巴達，從來不相信被征服的奴隸。在伯羅奔尼撒戰爭時，它曾經要求奴隸自願從軍以換取自由；所有這麼做的人立即被處死，以便剷除這類危險的積極精神）。十六世紀時，淪為奴隸的基督徒為鄂圖曼帝國的大型艦隊划槳，從基督教家庭裡抓來的男童，則被迫改信伊斯蘭教，並組成鄂圖曼菁英部隊「土耳其禁衛軍」（Ottoman Janissaries）。跟之前的古羅馬軍團一樣，對鄂圖曼的統治者來說是成也禁衛軍，敗也禁衛軍，蘇丹最後才在一八二六年藉由更現代化的新型部隊和槍炮之助，摧毀了禁衛軍。

現代戰爭把整個社會都扯了進來，也要求士兵需受過教育，在此之前，歐洲列強偏好用社會裡最無足輕重的成員來充實兵員。莎士比亞筆下的頭號惡棍法斯塔夫（Falstaff）剛被哈爾王子（Prince Hal）任命為上尉時，展示了他那烏合之眾組成的雜牌軍。哈爾王子驚駭的說：「我從未見過如此可悲的無賴。」法斯塔夫毫無悔意：「去，去；又在槍尖上，是夠好的了；充炮灰，充炮灰；和較好的人是一樣的填糞坑：算了吧，都是不免一死的人，不免一死的人。」[13] 在十八世紀，歐洲的罪犯，甚至包括謀殺犯在內，往往會得到一個一點都不實在的選擇：處決或從軍。貧苦無依的人則根本是以強制徵召的方式被集合起來加入陸軍或海軍。或有時候，如法科爾（Farquhar）的劇作《招募官》（*The Recruiting Officer*）所呈現的，年輕人會被灌酒直到他們報名從軍為止。有個甚至可能為真的傳說，說英國酒吧的酒杯底座之所以是玻璃做的，是因為如此一來喝酒的人就能確定沒人把一枚硬幣悄悄放進杯子裡。接受「國王的先令」實際上等同於簽下從軍的契約。

對統治者來說，好的農夫或身懷技術的工匠留在家裡會更有價值。腓特烈大王曾說他的普通兵是社會的渣滓，全是些「懶鬼、浪子、地痞流氓、不孝子之流⋯⋯」即便法國大革命之後以老法子招募的士兵，威靈頓公爵（The Duke of Wellington）也說他們是「地球上的浮渣」，只會埋骨於無名塚下，回歸塵土。和平降臨後，很多英國人得意洋洋地戴著「滑鐵盧之齒」製成的假牙，那些都是拾荒者從戰場上的死者身上拿下來的。一八二二年，一份英國報紙刊載了一篇新聞，談到拿破崙戰爭的戰場如何遭人搜刮骨骸，人類的或動物的皆一視同仁。高達幾百萬蒲式耳（bushel）[14]的骨頭被運送到赫爾（Hull），然後送去約克郡（Yorkshire）的碎骨廠，以強力的蒸汽動力機器把骨頭研磨成粉，「這樣就可賣給農人用來為土地施肥」。

然而，即便最糟糕的戰爭也可以是逃避之所。法國外籍兵團（French Foreign Legion）向來以不堅持使用真名而聞名，也不會去探詢申請入團者的過往。第二次世界大戰之後，它招募到一些操德國或義大利口音但使用法國姓名的人，而且這些人似

---

13 本譯文取自《亨利四世（上）》譯本，遠東圖書公司印行，梁實秋譯。
14 一種穀物單位。

乎對軍務知之甚詳。貧窮曾經是、也仍然是從軍的一項誘因。今天，美國軍方會在比較貧窮的鄉村及都會區招募大量新兵。而近代歐洲早期有這麼多傭兵來自最貧窮的地方，如蘇格蘭、瑞士或愛爾蘭，也絕非偶然。從軍多少給了他們固定的薪資和食物，部隊在行進時，他們也有了從金錢到女人不管任何事情皆能自助的機會。那些格外有決心又幸運的人，戰爭也提供他們提高社會地位的機會。十七世紀三十年戰爭中最臭名昭彰的人物就是恩斯特・馮・曼斯菲德（Ernst von Mansfeld），一名德意志伯爵的非婚生子。他最先為哈布斯堡家族及其統治的神聖羅馬帝國打仗而嶄露頭角，受到皇帝的獎賞，賜予他正統合法的地位。雖然他一直是天主教徒，卻轉而支持新教徒的理想，似乎有部分原因出在他覺得哈布斯堡家族並沒有善待他，也是因為這樣他比較有可能得到更多金錢與土地。一個世紀後，來自法夫（Fife）的薩謬爾・葛雷格（Samuel Greig）最早只是一名普通海員，最後因為在海戰中英勇成功的表現，而成為俄國凱薩琳大帝（Catherine the Great）最寵愛的海軍上將。他位於塔林市主教堂（Tallinn Cathedral）精緻的墓地是女皇特別授命打造的。

戰爭也提供另外一種形式的逃脫，藉以避開塵勞俗事與沒事幹。在文藝復興時期的歐洲，上流階級男子為了好玩而到處從軍，一名英國年輕人驕傲的說：「我一直都是自費在當僱傭兵……」他從來不受某個連的指揮或支領薪水，因為他想要隨心所欲的自由來去。班傑明・哈里斯（Benjamin Harris）在拿破崙戰爭時擔任步槍手，為英國人打仗，他是一名普通士兵，最後在倫敦開一家小店過日子。他在回憶錄中如此寫道：「對我本人來說，比起後來的日子，我更享受當兵時的生活；當我坐在蘇活區里奇蒙街上自己的店裡工作時，回顧半島戰場上的那段時間，那是我唯一值得懷念的時光。」

第一次世界大戰前，一位重要的英國自由派人士喬治・皮博迪・古奇（G. P. Gooch）寫道：「長期免除於戰爭現實之外，已經使我們的想像力變遲鈍。我們熱愛刺激的程度一點都不遜於拉丁人種；我們的生活沉悶無聊；勝利是最平庸之輩也能了解的事。」全歐洲有很多年輕人都感受到那種刺激的強大拉力。年輕的法國人恩斯特・皮夏里（Ernest Psichari）在法屬非洲殖民地的冒險，已經讓他成為一名英雄，他憎恨和平主義，覺得法國正在因此變弱。他的書《戰爭號令》（*Call to Arms*）出版於戰爭爆發前夕，當時歐洲的緊張氣氛正在升高當中，他在書中急切地盼望著他所形容的「軍事力量大豐收，一種難以言喻的恩典使我們猛地陷入於其中，陶醉於其中……」他在隔年八月遇害。年輕有為的英國詩人魯伯特．布魯克（Rupert Brooke）說他渴望著「某種動盪」。戰爭一爆發，他便衝去當兵。在一九一五年死去之前的最後一首詩中，他歡欣鼓舞地寫著：

如今，感謝上帝，使我們跟上祂時間的腳步，
接住了我們的青春，將我們從睡夢中喚醒，
以堅定的手，清澈的眼，和強烈的力量，
轉身，像泳者縱身躍入清澈的水，
欣喜於遠離衰老、冰冷又乏味的世界，
離開榮譽也絲毫動它不得的生病心靈，
離開半個男人[15]，和他們的骯髒歌曲與枯燥沉悶，
離開所有那愛的小小空虛！

入伍的誘因

在安全的世界裡，規則是明確的，至少對那些決策都掌握在別人手中的低階層的人來說，故即便在和平時期，軍隊也提供了誘人的前景。它好比巡迴馬戲團或戲曲班子，擁有自己的價值觀，而且令人開心的是，它往往與一般社會的價值觀是分歧的。偉大的文藝復興哲學家伊拉斯莫斯（Erasmus）曾譴責「軍人的邪惡生活」，在他所寫的《對話錄》（*Colloquies*）裡，構想一名僧侶與某個士兵的對話。前者告誡這個男人，反對他拋棄家庭成為一名軍人，殘害其他基督徒。僧侶問他，「還有，你為什麼這麼窮？」「你問我為什麼？」士兵回答說：「不管是我賺來的、打仗贏來的、搶來的、褻瀆來的、偷來的、劫來的，都拿來吃喝嫖賭，花在我自己身上了。」文藝復興時期的軍人會蓄鬍留髮，穿戴古怪的帽子和花俏的衣服，配上超大號的兜襠布，藉以

15 詩人以不完整的人來形容不想參戰的人。

凸顯他們與平民百姓的差異，而在今天也還可以想得到類似的對照人物，例如非洲內戰的軍人。馬基維利曾評論說，當一個男人成為一名軍人，他不只改變「他的衣著，連他的態度、舉手投足、言行舉止，都與他在平民生活時的樣子不相符合。」在美國獨立戰爭期間，紐約居民向英國當局抱怨付錢給他們的黑森（Hessian）傭兵後發生的事情：「他們整整三天喝得酩酊大醉，讓我們得經歷難受不堪的場面：鬥毆，敲鼓吹笛，跳整晚的舞，打牌賭骰子，還有種種令人厭惡的事，都在我們這屋簷下進行。」

不管是逃離貧窮或是逃離懲罰，有逃脫的需要就會逼使人們加入軍隊。其他的人打仗則是受到自己文化的鼓勵甚至支持，價值觀和包括宗教及民族主義在內的意識形態，對個人就跟對國族一樣具有鼓舞作用。宗教允諾戰死沙場的將士得永生或來世的獎賞；在一九八〇年代伊朗與伊拉克的長期戰爭中，成千上萬的伊朗志願軍橫越散布著地雷的戰場，相信他們死後將能直接上天堂，因為宗教領袖們是這麼告訴他們的。有些人還攜帶獲贈的鑰匙，預計可以讓他們更快進天堂。接受白俄羅斯傑出作家斯維拉娜·亞歷塞維奇採訪的蘇聯女性，全都說二戰期間因為家園遭到入侵的關係，她們別無選擇只能志願從軍。布道、書本、小冊、戲劇與繪畫，加上後來的廣播、電影和電視，對人民發揮強大的影響力，催促著他們加入戰局。革命中的法國充斥著展現戰爭英雄主義的圖像和慶典活動。在一七八九年到一七九九年之間，有超過三千首革命歌曲問世。一戰與二戰大量生產的海報——「國家需要你」、「我要你加入美國陸軍」——也是在慫恿男性報名入伍，並敦促平民百姓支持戰事。

對男性來說，戰爭提供了一個檢驗自己和同儕、也和前輩較量的機會。一九一四年以前，德國年輕人總聽老一輩人重複訴說著他們如何在追求統一的戰爭中受苦受難、建立國家的故事，他們渴望能有效法先賢的機會，也經常這麼說；而德國的敵人，英國和法國的年輕人則夢想著英勇保衛自己的家園，又以法國的例子來看，也是為一八七〇年至七一年的戰敗報一箭之仇。自願或是第一個被點名參戰的幾乎總是年輕男性，他們的體能比較健壯，韌性也比老一輩強，此外，他們也還沒發展出來牽制他們、不讓他們冒生命危險的家庭與社團。

女戰士

男性應當戰士的假設，似乎跨越了時間與文化成為一種普遍現象，儘管也有女性戰士的例子存在，但打仗的人當中還是以男性居壓倒性多數。隨著戰爭的規則在不同社會裡發展出來，女性連同老人、兒童，有時還有神職人員已經被歸類為非戰士一族。何以打鬥的主要是男性而非女性，原因就跟戰爭本身的起源一樣存有爭議，解釋的範圍也同樣從生物學到文化面皆有。平均來看性別差異、男性的力氣與體型較大，可能侵略性也比較強，不過也有很多又高又壯的女性可以媲美並勝過男性。男性的睪固酮比女性多，可能讓他們比較容易好鬥逞勇，這一點科學家尚未達成共識，因為也有很多天性溫和、不好打鬥的男性。如果絕大部分男性生來就是殺手，像斯巴達這樣的軍國主義社會或古往今來的軍隊，就不會花那麼多時間訓練士兵，灌輸「正確」的態度。出於選擇或被迫打仗的女性，也可以跟男性一樣凶猛。

在中國有孫子向吳王呈獻兵法的故事。吳王已經讀過孫子的著作，問他是否能把宮內的妾妃訓練成戰士。這位聖人說可，並且教這些女子操練的口令。然後他把她們分成兩隊，命她們拿著戟，並引導她們前進。當他命令這些宮女轉彎時，她們咯咯地笑了起來。孫子很有耐心地說如果是他的號令不清楚，那麼過失在於將軍。他又重申操練的號令數次，並再次讓宮女們行進。孫子命人擊鼓發出轉彎的信號，這些女子還是無法遵從軍令，而且又嘻嘻哈哈的笑了起來。最後，嘗試數次之後，孫子說將軍的中令已經說得很清楚，若士兵無法遵令，那就是隊長的過錯。他命人將帶隊的妃子砍頭，這兩人都是吳王的寵姬，所以吳王出言抗議。孫子不為所動：他已經承諾要訓練這支部隊，故而君命有所不受，無法饒了這兩人。兩人被斬，也重新任命新的隊長。女子們完美的執行操練，無人出聲。

也許存在於不同文化裡的女戰神——阿斯塔蒂（Astarte）、雅典娜（Athena）、迦梨（Kali）[16]和女武神瓦爾基麗（Valkyrie），或圍繞著戰爭女王帕米拉的贊諾比亞（Zenobia of Palmyra）的傳奇事蹟，是對女性潛能的一種肯定，也是一種將之局限於神賜的抑或是反常的方法。從經常被描繪成駕著雙輪戰車的英國女王布迪卡（Boudicca），到一八五七年在印度反英起義（Indian Mutiny）中領導軍隊對抗英國的詹西女王（Rani of Jhansi），許多文化都有個別女戰士的故事，有些是傳說，有

16 印度教的重要女神，迦梨一詞有「黝黑的」之意，也可解作時間，故也有中文翻譯為「時母」。

些基於史實。有些人以女性的身分戰鬥，但有很多人偽裝成男子，包括美國獨立戰爭裡的黛博拉・桑普森（Deborah Sampson）和美國內戰裡的麗茲・康普頓（Lizzie Compton）及法蘭西斯・胡克（Frances Hook），她們在身分暴露後仍繼續重新入伍。不過，好比電影《臥虎藏龍》、《神力女超人》及《追殺比爾》裡的女中豪傑，在屬於男性的戰爭宇宙裡，她們被認為是跳脫正常秩序的例外情況。

儘管古希臘人的記述裡說亞馬遜族位於小亞細亞的某個地方，但我們過去向來認為那是傳說。亞馬遜族為求有效拉弓而切掉自己的乳房，並打殘自己生的男孩，以此聞名於世，這種違反自然的女性故事令希臘人既著迷也驚駭。據說亞馬遜族在對抗男性的戰役中成功得勝，直到正確的秩序恢復，她們才終於被打敗。近期的考古學證據顯示，亞馬遜族並非僅僅是古希臘人相信的神話。由於考古學家現在有可能鑑定骨骸的性別，許多過去被認定為男性的戰士，已被重新歸類為女性。來自草原、被希臘人稱為斯基泰人（Scythians）的騎馬戰士遊牧民族中，女性似乎與男性處於平等地位，即便涉及戰鬥也是如此，她們至死身邊都還帶著武器。斯基泰人的土墓裡有說不定高達百分之三十七的骸骨屬於女性戰士。較後期的維京女戰士墳墓也已經被世人發現。

非洲西岸產生了一個現代版的亞馬遜族——達荷美（Dahomey）王國，這個國家的財富與權力來自奴隸貿易與高度軍事化的社會。維多利亞時期的旅行家理查・波頓（Richard Burton）曾於一八六三年造訪該國，形容它是「小小的斯巴達黑人族」，也被它由女性戰士組成的精銳軍團所打動。據說在十八世紀初期時，有一個統治者因為從軍的男子數量短缺，他為了欺敵而讓一群女人穿上軍服。結果他弄假成真，這群女性證明是效能很高的皇宮衛隊和戰鬥部隊，國王的武力恐怕有高達三分之一是由她們組成。這些女子身強體健，訓練有素，而且配有滑膛槍，後來配備來福槍。她們素以凶猛、不留情面而聞名，也是比男性更好的戰士。十九世紀下半葉，在達荷美的最後戰役中，這些女戰士力拼至死。一位法國海軍人士說，她們的「英勇與凶猛無以倫比」，「以極其驚人的勇氣」撲向法國人的刺刀。

我們會記得這些女戰士，是因為她們在歷史上如此少見。當女性積極的參與戰爭時，她們更常是以情人或妻子的身分陪伴他們的男人，或擔任護士、廚師或食物與性的供應商。十六世紀在尼德蘭的西班牙軍隊有四百個騎馬的娼妓隨行，另有四百個是步行。在美國內戰期間，陪伴聯邦將軍約瑟夫・胡克（Joseph Hooker）的波多馬克軍（Army of the Potomac）的女人，還生出了一個代表娼妓的新字眼。[17]部分因為社會壓力的關係，盎格魯撒克遜軍隊向來對官辦妓院反感，然而印度軍隊卻祕密的經營它們。法國軍隊則視之為理所當然之事。在一九五三年中南半島的奠邊府（Dien Bien Phu）圍城事件時，法國部隊遭到越南民族主義分子——越南獨立同盟會（Viet Minh）包圍，兩家由阿爾及利亞和摩洛哥的女人組成的行動戰地妓院也跟著防禦部隊一起被困，最後分擔了照護士兵的工作。往往，就跟日本人占領韓國與中國時被委婉稱為「慰安婦」的女子一樣，這些女性是被迫賣淫的。

在歐洲早期的現代戰爭裡，也會有男性在內的隨營人員以一條長長隊伍，跟在規模相對較小的部隊後面。一六二二年，一支西班牙部隊包圍尼德蘭城鎮卑爾根奧普佐姆（Bergen-op-Zoon），一個當地人說：「這麼小的一支軍隊，後面帶著這麼多貨車、馱行李的馬匹、小馬、小販、侍從、女人、小孩和一群人數遠遠超過軍隊本身的下等人。」當局常常會試著想要節制人數，但除非軍隊能自己提供補給品，否則不得不允許私人供貨商跟著。況且，幾乎不可能阻止絕望的女性跟著軍隊；如果他們的男人拋棄他們，他們和孩子恐怕難逃一死。如果男人戰死沙場或生病而死，這些女人便必須盡快另找丈夫或保護者。

儘管西班牙人胡安娜・史密斯（Juana Smith）出身的社會階級跟許多隨營人員不同，但她在西班牙威靈頓公爵的戰役中遇到丈夫哈利時，也和隨營人員一樣處於弱勢。她的家族是西班牙貴族，不過已經被法國入侵及其後的戰爭給摧毀了，她年方十四，身無分文，除了一個姊姊，世上已無親人。他則是一名在戰場上魯莽衝動的英國籍軍官，瘋狂地愛上了她。她經由嫁給哈利而得到保護，至少在他活著的時候是如此，當時的年輕軍官是不可能活太久的，但她仍然嫁給這名新教徒，斷絕同胞之情。這段最不可能的姻緣結果證明是一段又長久又無比幸福的婚姻。胡安娜跟著丈夫走遍西班牙，共享戰爭的艱辛，當威靈頓公爵把拿破崙的軍隊向北驅趕時，一等到槍聲停歇，她便去仔細搜查維多利亞和滑鐵盧的戰場，尋找她的丈夫。她跟著他去印度打仗，接著去了南非，當地的城市雷地史密斯（Ladysmith）便是以她來命名。

---

17 因為胡克將軍太好色，以至於現在娼妓業都以他的姓 Hooker 來作為妓女的代稱。

雖然在二十世紀時，女性已經進入其他原本屬於男性的領域，但武裝部隊遲遲不能平等待之，讓她們上場戰鬥。這種不情願，或更正確的說法是抗拒，所憑藉的觀點五花八門：女性生來就是養育者，不是戰士；她們出現在戰場上可能有損紀律，因為連上的弟兄會想要保護她們；她們在體能上與性格上不宜應付戰爭的嚴酷。又或許真正的重點在於男人擔心准許女性從軍，會毀了他們的舒適窩。某個女性軍官說，美國海軍陸戰隊的男生覺得有女生在，他們就再也不能「放屁、打嗝、說淫穢的笑話、光著身子走來走去、交換性經驗、摔角和做些年輕男人會一起打混的事。」美國特種部隊的一個隊員質問某位女性同袍說，妳們女人為什麼「想要毀掉我們（男人）僅存的最後一點好事？」這幾十年來，大多數西方軍隊已經逐漸接納女性進入正規軍，但舊習難改。一九九〇年代，俄羅斯海軍有一名軍官在迎接海軍學院第一位女性學員時，說的是：「單憑一個女孩子不會毀了整個海軍。」海軍陸戰隊恐怕是最艱苦的一種軍種，加入的美國女性已經遭到敵視、厭惡甚至性侵的對待。敵意往往普遍來自社會。穿軍裝的女性向來被認為不是性冷淡就是性慾過盛，甚是矛盾。第一次世界大戰時，英國人把女性軍服的胸前口袋拿掉，怕口袋下面的「好料」會引起人們注意。第二次世界大戰時，有人散播謠言，指控美國的陸軍婦女軍團（American Women's Army Corp; WACs）只比娼妓好一點。很多亞歷塞維奇採訪過的女戰士說，她們回家後，發現沒有參戰的女人會指責她們跑到前線去追男人。「我們都知道你在那裡幹的好事！」

性別刻板

女戰士也要辛苦對抗她們比男人軟弱的觀點。我在「芮斯講座」[18]（Reith Lectures）談戰爭時，有一位來自約克的年輕女軍官的說詞引起我的注意。她是兩個小孩的媽，但是她說，當她被派到阿富汗，她強迫自己不要去想孩子。她駐紮於阿富汗時，連上發生了炭疽病恐慌，他們全都要注射疫苗，伴隨的警語是可能會使女性不孕。同樣的，她說她就是不能想太多。聽眾席一片靜默。

18 英國廣播公司BBC的年度系列講座，是BBC為了紀念創辦人約翰・瑞思（John Reith）而設，自一九四八年起，每年邀請一位學者主講。

二十世紀的大規模戰爭所引發的需求，意味著必須允許女性從軍，不過她們通常被指派擔任非戰鬥的角色，例如護士、事務員、駕駛車輛或運輸機。英國人發現，女性新兵擅長解讀航空照片這種辛苦事，也許就像一位軍官說的，這是因為她們有做精細針線活兒的經驗。即便這麼強調「子女、廚房、教堂」（Kinder, Küche, Kirche）才是女人本分的納粹，在二戰期間也發現他們必須徵召女性入伍。到一九四五年，德國軍隊中有五十萬名女性擔任支援角色。蘇聯部隊裡的人數恐怕雙倍於此。蘇聯當局在和平時期總是夸夸其談男女平等（雖然現實情況不然），但也是因為德國入侵導致它的男性損失慘重，才會讓女人加入武裝部隊，其中許多人是自願從軍。蘇聯女性上前線擔任醫療人員，不過也會當戰鬥員、高射炮炮手、德國封鎖線後方的游擊隊、步兵、裝甲兵和飛行員。蘇聯空軍有三個全是女性組成的單位，其中最知名的是一個轟炸兵團，被德國人取了一個綽號叫「暗夜女巫」（night witches）。蘇聯男人一開始覺得她們的存在令人感到不安，一方面是因為有這麼多女子的年齡這麼輕，令一方面是因為她們會讓人想起家鄉。亞歷塞維奇採訪過一名醫療助手奧嘉，她回憶說：「有一天晚上，我坐在防空壕旁邊開始輕輕的唱起歌來。我以為大家都睡著了，沒有人會聽到我唱歌，可是隔天早上指揮官跟我說：『我們都沒睡。太渴望聽到女人的聲音了……』」某個防空團的男性指揮官一開始說女人不適合：「軍事『自古以來就被認為是男人的事』，更何況，炮彈太重了，女人拿不動；她們跟男人處在同一個防空洞會造成干擾；大家都知道一連幾個小時坐在鐵打的操控座上對女人不好；最後還有，她們要在哪裡洗頭髮、吹頭髮呢？」戰爭的需要迫使下部隊的男性和女性做出調整。「我們一起走過這條艱難的路。」一位女性這麼說。德國人往往對被俘虜的蘇聯女士兵特別殘忍，拖她們遊街示眾，讓人看看她們是怎樣的怪物，不然就是不假思索地射殺她們。女士兵手上會留兩顆子彈，第一顆是搶在德國人之前殺了自己，第二顆是為了防止第一顆失手。

還有大約兩萬七千名蘇聯女性當游擊隊員對抗德國人，據說第二次世界大戰期間，在義大利有三萬五千名女性加入游擊隊，有些在戰鬥中身亡。女性在南斯拉夫、希臘、波蘭及丹麥戰鬥和死亡。法國反抗軍傾向於把女性局限於支援性角色，部分因為戴高樂主義者「自由法國」組織（Free French）不允許女性持槍。或者，誠如反抗軍的一位男性成員對英國人說的：「如果一定要用到女人的話，最好用年紀大一點的……這樣比較不會對同僚造成誘惑……」令人生畏的馬基游擊隊（Maquis）起初在法國東南部的荒山野嶺戰鬥，一九四三年以來便完全排除女性參與。從一九四五年開始，女性一直有在游擊戰中打仗，對抗外國占領者或自己的政府，可是當戰鬥結束時，她們的貢獻往往遭到漠視或在歷史上被一筆勾銷。一九七九年，當桑定民族解放陣線（Sandinistas）在尼加拉瓜打贏後，大部分女性都被退役或移到只有女性的單位去。阿爾及利亞獨立戰爭後，參戰的女性並沒有拿到退伍金。

性別差異由來已久，如今才開始零星間歇地出現變化，生物學顯然不足以做出解釋。有鑒於戰爭與社會之間存在著深遠的相互影響，我們不能忽視戰爭如何塑造我們對於男性與女性本分的理解。我們知道，從社會所珍視且賴以保持沉穩的廣義價值觀和信念來看，文化對人類的塑造性不亞於或更勝於生物學。我們在年輕人面前抱持這樣的期望，也以我們的方式來教育他們。

在大部分的人類歷史上，戰爭與男子氣概有著長久親密的關係，而我們傾向於認定女性的工作以住所和家庭為中心。在《伊利亞德》裡，赫克特（Hector）不捨地與妻子安德洛瑪凱（Andromache）分離，前去對戰希臘人時，說：

那麼回家去吧！照顧好自己的任務，
紡紗織布，也讓女人們
努力工作。至於打仗這事，
就交給男人，所有生於特洛伊的男人，
而我自當身先士卒。

墨索里尼曾聲稱說：「戰爭之於男性，一如生育之於女性。」法西斯分子尤其醉心於傳統的性別角色。維琪法國（Vichy France）[19]將母親節訂為重要節日，並且頒發獎牌給優良母親。納粹宣傳部長戈培爾（Goebbels）曾主張「男人應該被訓練為一名戰士，女人則是戰士的娛樂品」，就娛樂品而言，他把這一條格言落實在自己生活中了。他還偽善的說：「若我們把女性摒除於公共生活的各個領域之外，我們這麼做不是為了羞辱她，而是為了恢復她的榮譽。」即便在今日比較開明自由的社會，這樣的

19 指第二次世界大戰期間納粹德國控制下遷都於維琪的法國政府。

態度也並未消失。

如果對於身為戰士的女性，男人的看法是矛盾的，那麼女人看待男人亦如是。一波又一波的女性主義浪潮向來對於女性戰鬥的討論感到不自在，寧願認為戰爭是男人的事。在眾多哲學家當中，探討性別角色與戰爭的珍・貝斯克・艾絲坦（Jean Bethke Elshtain），對《婦女研究國際論壇》（*Women's Studies International Forum*）的一份專刊留下深刻印象，顧名思義，這份雙月刊的存在是為了鼓勵女性主義研究。專刊主題是「女性與男人的戰爭」，鼓勵女性拒戰，她如此反思：「戰爭是男人的事：男性是組織化暴力的歷史性始作俑者。沒錯，女性已經被扯進來，而且被要求觀察、受苦、應付、哀悼、尊敬、崇拜、見證、工作。可是，刻劃與定義戰爭的事已經被男人做完了，女人是『被影響』的人；她們『大多處於被動反應』。」儘管坊間已經有相當多研究探討戰爭對女性的影響，但是對女性戰士的影響或關於性別與戰爭的廣泛課題卻相對較少。

古往今來有這麼多社會告訴男孩子要當個男人，其中一部分是展現出讓我們聯想到戰士的那些特質。當他們長大，他們必須經歷往往很痛苦的成年禮。還是小孩的時候，男孩子會拿到玩具武器、小小的軍服或戰爭遊戲。在十九世紀，歐洲的徵兵制經常被稱為「培養男子氣概的學校」。男性害怕被認為是膽小鬼，恐懼的程度遠勝於女性。若被指責舉止像個女人，言下之意就是在說你多愁善感而且軟弱無力。即便今天的現代社會裡，中士和軍官也會在軍事訓練時羞辱新兵，說他們是「娘炮」或「娘們」。因此，女人與男人並肩作戰，就會構成威脅，破壞他人對男人本色的看法。誠如美國海軍精英海豹部隊（座右銘：「唯一輕鬆的日子就是昨天。」〔The Only Easy Day Was Yesterday.〕）的一名士官說的：「這些傢伙從小到大都認為女孩子比較弱也比較次等，而且他們把自己的身分定位與男子氣概都寄託在自己的所作所為上。所以，當這些人看到女人上戰場，他們慌了，心裡想：『我的老天啊！那我算什麼？』」

女性在男性戰士的養成上也發揮了作用。二戰期間，一位美國女性說她確信自己愛上的是一個懦夫，因她收到男友寄來的信，信中承認他在一次激烈的戰鬥中掉眼淚。她說：「我再也沒有寫信給他。」好比古典希臘裡的斯巴達母親，或第一次世界大戰時對正值兵役年齡卻沒有穿上軍裝的男性遞上白羽毛的女性。女人會敦促男人上戰場，也會讓拒絕打仗的男人感到羞愧。在不同的文化裡，女性會用赤身裸體或暴露私處來模仿她們眼中男性懦弱的樣子，藉以奚落男人。在智利，薩爾瓦多．阿葉德（Salvador Allende）左翼政權統治期間，有些身為女性的保守派對手向軍隊丟擲玉米，因為他們是「膽小鬼」，不敢把阿葉德趕下臺。

戰爭裡的母親

女性反對戰爭，有時所持的理由是她們創造生命，不奪走生命，但她們也會當啦啦隊幫戰爭搖旗吶喊。「不要以為我哭泣是因為我的兩個兒子死了，」二十世紀初期一位保加利亞母親說：「我哭泣是因為這兩個年輕男孩子沒能來得及成年，幫忙趕走土耳其人。」在十九世紀，普魯士的愛國女性發起建造戰艦的募款活動。激進的女性參政權論者潘克斯特母女（Emmeline and Christabel Pankhurst）在一九一四年以後，從主張女性投票權的立場，迅速轉向全力支持戰事，包括男性徵兵制在內。第一次世界大戰時，一個形容自己是「卑微母親」的女性寫了一封「致和平主義者」的信，在一九一六年刊登於發行量很大的英國報紙《晨報》（*The Morning Post*），這封信被再版印製成小冊後，一個星期內賣出七萬本。這位英國女性，她說，是正在奮戰捍衛帝國榮譽與傳統的男人們的母親，不會容忍任何和平的呼籲。「大不列顛民族的女性只有一種溫度，那就是發光發熱。」她接著說，我們女人「把『獨生子』當炮彈」送出去填補空缺。女人「被溫柔地養育成人」而且「膽小怕羞」，從來不想要戰爭，可是她們已經奮起承擔責任。「我們已經把男孩子從學校接回來，脫掉他的制服帽……」她驕傲地斷言說，如果她們的兒子沒能回來，英國女性將擁有對這些男人們的輝煌記憶。

誠如維吉尼亞．伍爾夫（Virginia Woolf）《自己的房間》（*A Room of One's Own*）裡所寫的：

> 女性千百年來一直在當鏡子，當有法術、有美妙魔力的鏡子，可以把鏡子外的男人照成兩倍大。沒有這樣的法術，地球現在恐怕都還處在沼澤和叢林。史上戰爭的榮光，男人家絕對見識不到。大家也還在刮羊骨頭刻畫鹿的輪廓，拿打火石換人家的綿羊皮，或是人類原始的品味會喜歡的什麼其他簡陋飾品。「超人」和「命運的手指頭」絕對無從出現。那些皇帝不管沙皇或是德皇也絕對無從戴上冠冕，無從失去冠冕。不管鏡子在文明社會能有什麼

功用，鏡子對人類所有的暴戾恣睢、壯烈英勇，都是不可或缺的條件。也就是因為這緣故，拿破崙和墨索里尼才會那麼賣力在強調女性有多低下；女性要是不低下，男性就大不起來。女性之於男性為什麼老是必需品，由此也可解釋一二。[20]

西方偉大戰士的楷模阿基里斯（Achilles）從小就接受訓練，以成為上乘的殺人機器為要務，當他被侵略特洛伊的希臘指揮官阿伽門農（Agamemnon）羞辱時，在痛苦憤怒中求助於母親海洋女神忒提斯（Thetis）。她答應他復仇，給了他一副特殊的盔甲。真實生活中有許多和阿基里斯類似的人物。朱利安・格倫費爾（Julian Grenfell）來自一個古老的英國貴族家庭。一戰前，他和他的兄弟比利及格倫費爾家族的兩位堂兄弟成長於一座大宅邸，往來賓客雲集，有首相總理、優秀的作家、王公貴族和傑出的軍官。格倫費爾家族擅長格鬥和打獵，後者本身就是為了戰爭做準備，至少是為了老派戰爭。家族族譜裡有多名海軍司令、將軍和一名陸軍元帥。格倫費爾家族贏得英勇動章，也有不少人勇敢地死於英國在世界各地的戰爭中。當第一次世界大戰開打時，朱利安人在南非，急著想趕回歐洲參與戰鬥。「此時此刻遠遠地躲在這裡真是糟透了，」他寫信給母親德斯伯勒夫人（Lady Desborough）說：「現在身在英格蘭一定很棒！」當他抵達西部戰線的戰壕，寫了些格外坦誠的信給母親，談到從軍的經驗、變成懦夫的恐懼和戰鬥的刺激恐怖。她驕傲地在朋友圈傳閱這些信，還說服《泰晤士報》的編輯以匿名方式刊出。

戰爭中的英雄

對威靈頓公爵來說，最重要的事不是他的軍官們能讀地圖或懂得槍枝的運作，而是他們應該要勇敢。一九一四年以前，英國的公立學校、家族、朋友都會諄諄告誡像格倫費爾和他的堂兄弟這樣的中產和上流階級男孩，要他們學會堅毅沉穩，懂得控制好情緒。當死亡來臨時，他們一定要勇敢面對。在第一次和第二次世界大戰這樣的偉大戰役中，人人都投筆從戎，已屆役齡卻未穿上軍裝的人會遭到路人側目，沒有從軍幾乎是難以想像的事。一位英國男人說，在第一次世界大戰時帶他走上法國前線的

---

20 本譯文取自《自己的房間》譯本，漫遊者文化事業有限公司出版，宋偉航譯。

既非膽量，也不是他的積極進取：「相反的，我是跟著這件世界盛事載浮載沉，就這樣。原因出在軟弱，無力對抗時代的潮流。不對，不是軟弱，是年輕氣盛。」

文化需要英雄，而往往在我們的想像中最鮮明生動的人物就是戰士。赫克特、阿基里斯、成吉思汗、蘭斯洛、羅伯特・布魯斯（Robert the Bruce）、尤利烏斯・凱撒、巴布爾（Babur）、腓特烈大王、拿破崙、李希特霍芬（Baron von Richthofen）、傑羅尼莫（Geronimo）[21]、獅心理查一世、薩拉丁（Saladin）。舊約聖經裡滿是英雄好漢的故事——約書亞、基甸、大衛。我們都有自己的英雄榜，不過，英雄是跨越文化邊界的。亞歷山大大帝來到他認為是阿基里斯的墓前獻上花環，作為他侵略亞洲的起手式。拿破崙在入侵埃及時夢到亞歷山大大帝，而他的姪子，走霉運的拿破崙三世則想要仿效偉人舅舅，在普法戰爭中親自統帥部隊，故而帶著他們慘敗於色當（Sedan）一戰。十九世紀的歐洲重新發現了中世紀之所以吸引人，有部分在於身穿盔甲的高貴騎士，準備為自己和心愛女子的榮譽而戰且從容就義的形象。一八八九年的一本奧地利陸軍手冊上寫：「嚴格詮釋下的軍人榮譽使整個軍官團變得高貴，並擁有騎士的品格。」一九一四年，名喚杭特利・高登（Huntly Gordon）的年輕軍人倚在載他前往法國的船隻欄杆旁，同行之人引述了莎士比亞《亨利五世》（Henry V）裡的臺詞：「諸位，我們談談法國的事情！這件大事對於你們會是像對於我一般的光榮。」[22]一九一四年上戰場打仗的年輕人，不管是來自歐洲大城市，還是來自更遙遠的加拿大或澳洲，都是讀古典神話與史詩、偉大文學作品、《三劍客》（*The Three Musketeers*）之類的通俗小說、或似乎沒完沒了出續集的男孩冒險故事長大的。

從僱傭兵到忠誠部隊

戰爭提供冒險的機會，也可以當成一門生意，而且通常很有賺頭。僱傭兵，或曾以他們受僱所持的武器或槍枝為名的「自由持槍者」（free lancer）[23]，有著古老又屢

---

21 傑羅尼莫是阿帕契族的一名傑出領袖和巫醫，也是一名傳奇戰士。他曾率領阿帕契族人抵抗美國與墨西哥，被視為民族英雄（取自維基百科）。

22 本譯文取自《亨利五世》譯本，遠東圖書公司印行，梁實秋譯。

23 Lance 是指長矛或長槍，free lancer 為以槍為武器的傭兵，這個字後來泛指自由工作者。

屢不光彩的歷史。十三和十四世紀時，持有武器的男人成群結隊在義大利四處遊蕩，受僱於繁榮富裕的城邦國家，幫著它們跟鄰國打仗。有些是當地人，其他人則翻越阿爾卑斯山而來，他們或許是從十字軍戰爭或王朝戰爭退役的軍人，除了打仗沒有旁的技能。他們的領導者簽下一紙契約（義大利語為condotta），承諾提供一定數量的士兵。這些傭兵隊長（condottieri）自備武器和盔甲，通常只要有人付錢就會出戰。如果資金沒有到位，他們會在戰役中途，甚至在打鬥當中就停了下來，留置僱主索取贖金。戰役通常在乾燥的夏季月分進行，戰事結束後，傭兵隊往往會在鄉間遊蕩，予取予求。好比今日的幫派頭子身上誇炫的刺青，有個傭兵隊指揮官也把格言刻在他的護胸甲上：「上帝之敵，虔敬之敵，和平之敵。」馬基維利憎惡傭兵，認為是「政治體」（body politic）的寄生蟲，籲請義大利統治者創建公民組成的國民軍，灌輸正確的美德，真正的效忠於城市，同樣重要的是，它將會是紀律嚴明且訓練有素的軍隊。他發現，這是個長年不斷的挑戰，難在如何讓農夫、製鞋匠、事務員、學校老師等平民百姓形成一個團結的部隊，願意遵守命令、忍受艱苦，而且做好殺人並被殺的準備。

馬基維利就跟許多同時代的人一樣，向古典作家尋求建言。備受景仰的維吉提烏斯說：「在戰爭中獲勝，不能完全依賴人數或光憑著勇氣行事；唯有技能與紀律方可確保勝利。」他接著說，羅馬人征服世界是因為他們一直在不斷地訓練部隊，維持嚴格的紀律，並認真看待戰爭的藝術：

沒有這些，為數不多的羅馬軍隊有什麼機會打贏數量龐大的高盧人？又個頭較小的他們對抗身材高大的日耳曼人能有什麼勝算？西班牙人不只在數量上優於我們，在體能上更勝一籌。比起非洲人，我們在財富上總是低人一等，在欺騙與計謀上也技不如人。而無庸置疑的，希臘人的藝術造詣和各類知識遠比我們更為優秀。

像羅馬這類社會的主流文化，已經幫年輕男子成為軍人做好部分準備。不過，換做別的時空，新兵在被塑造成好軍人之前，必須堅決切斷公民社會對他們的支配，在象徵意義上與實質上皆然。脫下平民服飾換上軍服、留標準髮型、住在軍營裡，都是從一個世界遷移到另一個世界的標誌。對軍團、船艦或中隊的新的忠貞，取代了過去對家族、朋友或社群的忠誠。戰旗（例如羅馬軍團攜帶的金鷹或銀鷹旗）、旗幟、過往的勝敗事蹟，都是一種新的共享認同之一。當奧古斯都皇帝收復以前敗給安息帝國

（Parthians）而被搶去的兩面羅馬鷹旗時，他建造了一座神殿來安置鷹旗，還鑄幣向它們致敬。十六世紀時，令人聞風喪膽的德意志傭兵團「國土傭僕」（Landsknechte）會以精心準備的準宗教儀式來歡迎新成員。新兵入團時會通過一個由斧槍和矛構成的拱門，在名冊上簽名，並且收下第一筆薪資。接著，他們會聽人宣讀嚴苛的紀律守則，並宣示遵從。為了讓他們的銘刻在心，繪製的或實體的絞刑臺會各據一方以收宣示之效，而且也會拿來使用。

嚴明軍紀的系統

從關禁閉到處決，軍紀的維繫向來大半靠著對懲罰的恐懼。從古希臘人到易洛魁聯盟（Iroquois）[24]的軍隊使用夾道鞭笞（gauntlet）的刑罰，讓受害者從兩排毆打他的同伴中間跑過去。普魯士軍官會用劍身的平面部位毆打下屬，西班牙人用的則是滑膛槍的推彈桿。幾百年來，英國陸軍與海軍使用方便鞭打後背的九尾鞭（cat-o'-nine-tails）來處罰人。後來當上海軍上將的傑基・費雪（Jacky Fisher），當他還是個十三歲的軍校學生時，人生第一次目睹鞭刑後便昏倒了。儘管軍人被控犯下的罪行種類有所改變（如果褻瀆神明也算的話，那大部分西方軍營會安靜的不得了），但有些罪行會超越時空呈現驚人的一致性。不聽從號令、丟失武器和逃兵都會威脅到秩序與團結，在戰鬥時特別危險。腓特烈大王說：「士兵必須畏懼長官更勝於敵人。」在一個截然不同的時間，一個截然不同的人——俄國革命分子托洛斯基，也說了大約相同的話：「一名軍人必須在前進可能會死，跟退縮必然會死之間做出選擇。」托洛斯基的紅軍就跟之前及之後的許多其他人一樣，在戰場上執行草率處決（summary executions），第二次世界大戰時的蘇聯軍隊也是如此。

一九四一年，跟其他數百萬人一起應徵入伍的美國年輕人威廉・麥克尼爾（William McNeill）遇到另一個同樣古老的方法，可讓軍隊把普通人變成軍人。在乾燥且塵土飛揚的德州平原上，他必須聽從一個「目不識丁的士官」大聲喝令，進行無

---

24 使用易洛魁語系的北美原住民部族所形成的聯盟。

止無盡的訓練。「很難想像還有什麼更沒用處的操練了。」多年之後，如今的麥克尼爾已是一名傑出的歷史學家，發現自己帶著某種情感回憶起這項操練：「那種操練需要整齊劃一的長期間運動，所喚起的情感難以言喻。」他記得自己感受到一種和同袍共同參與集體儀式的幸福感與愉悅感。行軍本身成為一種目的：「迅速移動和跟上時間便足以讓我們自我感覺良好，因一起動作獲得滿足，並隱約地對整個世界感到開心。」在這個奉行個人主義的當代社會裡，我們會嘲笑也痛惜人被變成機械人，就如平壤的大型團體操或閱兵時的士兵踢正步，不過我們也欽佩划過水面的八人賽艇或臺上的舞群所表現出來的團隊合作。麥克尼爾最後還寫了一本書，談論他名之為「肌肉結合」（muscular bonding）的重要性。操練與紀律共同創造出戰士，即便在最困難的環境裡，也會像訓練有素的運動員和舞者一樣服從命令並攜手執行任務。威靈頓公爵談到他的「地球上的浮渣」時說：「我們應該有辦法把他們訓練好，這真是美事一樁。」

把人變成一臺大機器的小零件，使他們的肌肉自動運作，我們或許會強烈反對這種訓練概念，不過若想讓他們在戰場上起作用，此事便有必要。像水手在船上那樣擁有明確任務能防止恐慌，訓練與紀律也能使軍人在冒著生命危險或奪取他人性命時，行違反自然之事。若紀律與訓練失效，部隊喪失凝聚力，不但不足以對敵人構成威脅，自己也會變得不堪一擊。在安提坦之戰時，不過一個月前才成軍的康乃狄克州第十六步兵團實際上沒有經過訓練就被送上戰場。它的士兵幾乎不知道怎麼發射武器，其實他們前一天才學會如何裝填。十六團的人不知道如何全體一致的前進或轉換方向，即使在最好的狀況下，都不容易達成，到了戰場上便顯得越發困難，而他們的軍官也還沒有指揮下屬的權威與知識。當強悍且經驗豐富的邦聯南軍穿越高聳的玉米桿向他們的兩側攻擊時，情況陷入混亂。第十六團的軍官跟士兵一樣毫無經驗，不知道該怎麼辦。其中一人絕望地對上校說：「告訴我們，你想要我們怎麼做，我們會努力遵照命令。」那人卻驚慌失措地逃走了。有個邦聯士兵描述說一群嚇壞了的北軍在某個山丘底下「亂糟糟地蹲成一排」，無法動彈。「我們向他們掃射，」他說：「一波又一波，毫無疑慮地執行可怕的槍決。」那一天，十六團損失了四分之一戰力。

軍隊階級制度、凝聚力與高昂的士氣也會帶來危險。一九四三年十月，一名軍官對著一群下屬說：「你們多數人將會知道，一百具、五百具或一千具屍體併躺在那兒會是什麼樣子。看透這件事情，並且保持體面，使我們變得剛硬，也是一頁從不提起也不被人提起的光榮篇章。」說此話的人是海因里希・希姆萊（Heinrich Himmler），希特勒的忠心副手，也是負責執行惡劣暴行的納粹黨自有軍隊「黨衛隊」（Schutzstaffel，又名SS）的頭子。他的聽眾是在德國占領地波蘭的黨衛隊軍官，而他提到的光榮篇章，指的是對歐洲猶太人的滅絕行為。有些軍人很享受這種折磨與殺害無助者的施虐快感，其他人則只是當成一項工作去完成它。

強烈的同志情誼與追隨他人的意願，能使人並肩戰鬥共度艱辛，但也會導致系統性、組織化的殘忍與邪惡。歷史學家克里斯多福・布朗寧（Christopher Browning）把他對於在波蘭屠殺猶太人的德國警察大隊所做的研究，題為《普通人》（*Ordinary Men*）。其中有些人是反猶太分子，但多數人似乎只是聽命行事。大隊裡的人如果覺得這項任務太冷酷，可以選擇轉調；五百人當中，只有不到十來人離開。一九四四年，一群黨衛隊來到法國小鎮奧拉杜爾（Oradour-sur-Glane），殺掉他們找得到的每一個男女老少，之後還拿出一個藉口說這個城鎮積極參與法國抵抗運動。約六百四十二人死亡，而黨衛隊甚至沒有發現任何抵抗活動的跡象。後來一名黨衛隊殺手對一位德國退伍老兵說：「穆勒先生，就像一位老黨衛隊員對別人說的那樣，這不算什麼，在俄羅斯，我們每天都幹這種事。」被毀的村莊自此之後仍維持空蕩的廢墟，以紀念那段黑暗時刻。不過，我們不能因為警察大隊的「普通人」或黨衛隊的那些人是納粹分子，就因此感到寬心釋然。即便是擁有堅強自由價值的良好民主政體的軍隊，也有能力犯下暴行。就算是譴責這類肆意暴力的社會，如何把軍人變成殺手但又可受控制，也是他們要面對的恆常挑戰。訓練新兵克服對殺戮的顧忌，和約束他們不要殺紅了眼，兩者之間必須保持微妙的平衡，否則他們在戰鬥時就起不了作用。

軍隊的暴行

戰爭自有律法，其中最歷久不衰的一條法則應該是盡可能放過投降者和平民百姓。然而，我們全都聽過這樣的故事或看過這樣的照片：城市被洗劫、戰俘被處決、擠滿難民的教堂被炮轟，或農舍被故意放火燒掉，我們也都記得奧拉杜爾、傷膝河（Wounded Knee）或南京等地名。對任何經歷過越戰的人來說，發生在美萊村的事件，當時有一群典型的普通美國士兵肆虐一座村莊，可作為那場戰爭泰半時候野蠻行徑的代表（越南軍隊自己也有犯下暴行，不過越南接受這些事情的速度一直很慢）。一九六八年，越南的美國記者開始聽聞約有五百名村民，不分老少，被一隊美國巡邏兵冷血謀殺的故事。一個勇敢的直升機駕駛人當時在現場，竭盡所能的救出越南人，後來還向他的長官們舉報，但他們什麼都沒做。在越南及之後在華盛頓的資深將官們竭盡所能地掩蓋這起事件。一九六九年，美國最受敬重的記者邁克・華萊士（Mike Wallace）訪問其中一名負責的士兵保羅・米德洛（Paul Meadlo），他坦承對著無助的平民近距離掃射。「你殺了多少人？」華萊士問。很難說，米德洛回答說，因為用的是自動步槍，你就是把子彈掃射出去。「可能十到十五人。」他又說。「男人，女人，跟小孩？」「沒錯。」米德洛說。「還有嬰兒？」華萊士問。「還有嬰兒。」米德洛的母親接受第一個揭發此事的西莫・赫許（Seymour Hersh）採訪時，談到她的兒子：「我給了他們一個好孩子，他們送回來給我一個殺人凶手。」

［第六章］

戰鬥的滋味

「沒有人有能力捕捉戰鬥的真實感受。世人寫下許多本書，拍了幾百部電影，說過無數的話，所有這些手段都無法如實的描繪出恐怖的景象、難受的聲響、氣味，和讓人站起來，把鬱積在你體內的驚恐吶喊出來的恐懼。然而，在這種種背後，戰鬥真的有其美麗之處。」

——第二次世界大戰期間一個在太平洋的美國大兵的日記

戰爭對戰鬥的人和旁觀的我們來說都是一個謎，而且是個令人憂擾不安的謎。它應該是令人憎惡的，可常常也是魅惑人心的，有著誘人上鉤的價值。它允諾榮耀，也帶來苦難與死亡。我們這些非戰鬥人員可能畏懼戰士，卻也欽佩，甚至愛戴他們。而且我們無法假裝我們不是一家人，具有同樣的戰鬥潛能。說不定，寫出以第一次世界大戰為主題的偉大小說《財富的中段》（*The Middle Parts of Fortune*）的澳洲作家弗雷德里克・曼寧（Frederic Manning）說得對：「發動戰爭的是人，不是野獸，也不是上帝。它是一種特有的人類活動。說它是危害人類的罪行，會錯失至少一半的重要性；它也是對罪行的懲罰。」

從最早有洞穴壁畫那時開始，我們便一直努力在藝術、日記、信件、自傳、詩歌、歷史、小說與電影中刻劃戰爭，掌握它的複雜本質。然而，這其中有多少是靠得住的？記憶不可靠，越是複雜緊張的事件，就越難憶起實際發生的狀況。此外，每個世代都有自己應該如何描繪戰爭的強大傳統，而且各自會把注意力放更多在某些事情上。還要看講述的人是誰：將軍或海軍司令看的是整體戰役，普通士兵或水兵則只看自己的部分。而到了空中、水上或水下也跟在地面上截然不同。此外，大部分歷史都是由能讀會寫的少數人來記錄與保存。我們知道馬背上的騎士或艦尾甲板上的船長的想法與感覺，但卻對卑微的步兵或水兵一無所知。第一次世界大戰的大多數戰鬥人員具備讀寫能力，這跟許多其他面向一樣，都是有別於以往的突破。因此，我們所知有關戰鬥的經驗，泰半來自那四年的衝突。即便如此，在那場戰爭中，大部分有發表作品的作家，都是出身受過教育的中上階級；重現底層士兵的聲音向來有難度，雖然這可以、也已經用間接的方式做到，比方說，檢視軍官在審查底下人的信件時所做的報告。

我們也要小心翼翼，莫讓少數記述取代了戰爭形形色色、包羅萬象的體驗。第一次世界大戰之後，西方戰線中的汙泥、蝨子、老鼠、死亡、徒勞的攻擊、麻木不仁的無能將領等形象，主宰了西歐人的記憶。戰鬥過的人發表的小說、回憶錄與詩作數以百計，不過，其中寥寥可數的作品便已經對這場戰爭形成一套獨特有力的觀點，例如羅伯特．格雷夫斯（Robert Graves）與西格夫里．薩松（Siegfried Sassoon）的回憶錄，或威爾弗雷德．歐文（Wilfred Owen）與薩松在英國出版的詩集，還有在法國的亨利．巴比塞（Henri Barbusse）或德國的埃里希．瑪利亞．雷馬克（Erich Maria Remarque），後者寫出了全球暢銷書《西線無戰事》（*All Quiet on the Western Front*）。不過，第一次世界大戰中有很多士兵根本沒有見過戰鬥，或所在之處是沒有什麼戰事的平靜前線。連綿的東部戰線，在巴爾幹半島、中東、非洲或亞洲、在海上，這場戰爭裡有著許多不同型態的戰場，也有各種不同的體驗和許許多多的描述方式。因此，不管我在這裡說了什麼，都只是取樣自既存的、可被訴說的戰爭經驗。

我的例子主要來自陸上戰鬥。海戰與空戰對參戰者來說激烈程度不遑多讓，只是身為旁觀者的我們很難站在飛行員或海員的角度感同身受。我們無法巡視空中的戰場，也沒辦法造訪大型海戰的現場，或死在海上那些人的埋骨之所。確實槳帆船和早期帆船的船員會彼此格鬥，不過隨著更好的操舵技術與蒸汽動力問世，海戰的重點來到船隻相互擊沉對方。到了二十世紀，海員往往從來沒看過敵艦，因為它們遠在視線之外。第一次世界大戰時的王牌飛行員在戰鬥中經常能看到對方的臉孔，甚至知道彼此的名字。他們能被下方大規模戰爭中正在對抗的部隊看見，往往也能互相看見，好似現代版的騎馬武士，使戰爭有了人味。不過，空戰的進展已經快速到正在使飛行員面臨淘汰的命運，未來的空戰將是機器之間的對戰。大多數時候，我們的英雄和我們所知道的故事大多來自陸戰。史密森尼學會（Smithsonian）二〇一八年出版的暢銷書《改變世界的重大戰役》（*Battles That Changed History*），列出十七世紀肇始到一九四一年珍珠港事變之間的四十二場戰役，其中只有五場是海戰。

戰爭的五感

我們是否有可能理解或感受與他人對抗作戰時，是何種滋味？打鬥的氣味、聲響與感覺？恐懼與死亡的現前？控制了進攻士兵的瘋狂暴怒？戰敗的恐慌？即使這是個難以實現的目標，但我們不放棄，因為身為人類，還有在我們的歷史與發展中，戰爭所占據的分量是如此之重。又或許，從這麼多不同時空下的眾聲喧嘩中，我們能揀選到某些東西來描繪戰鬥的特徵。就從如影隨形的死亡可能性開始說起吧，雖說在不同的文化下，戰士面對死亡的方式也各有千秋。古希臘人深知戰爭的恐怖，不過他們的作家會不帶感情的描述戰爭，淡定的品頭論足所施加的和所受到的創傷，甚少哀悼生命的浪費。死亡是戰士會遇到的事情，在《伊利亞德》裡，有矛與箭刺入臟器、雙眼、胸膛或鼠蹊部而使人在極度痛苦中死去的描述。荷馬說到其中一人：「躺在地上扭動著嚥下最後一口氣／好似死掉的蚯蚓拉長身子，鮮血汩汩而出／浸溼泥土成暗紅色……」而且，並沒有天堂在等著他們，以聊表安慰；他們就這麼遁入黑暗中。相較之下，基督教和伊斯蘭信仰則會給予永生的承諾，以彌補他們在人世間遭受的苦難與犧牲。

只要有戰爭存在，混亂與困惑也就會跟著來。戰爭既是最具有組織性的人類活動，也最有可能會出亂子。十九世紀普魯士的勝利之父老毛奇將軍曾說：「一旦作戰，便很難按計畫進行。」在《戰爭與和平》裡，書中的角色皮埃爾．別祖霍夫（Pierre Bezukhov）不知所措地遊蕩在波羅第諾（Borodino）戰場上。他不太清楚現在是什麼狀況，普魯士或法國是正在打贏還是正在打輸，他遇到的軍官和士兵也一無所知，又如托爾斯泰所指出的，兩邊的將軍也一樣。將軍們在事過境遷後所寫的回憶錄，也許說的是一個宏大的戰略計劃被適時展開的故事，但現實情況更為混亂。不管是想要找個山丘或高塔讓他可以看到戰場的拿破崙，還是在地面上使用電眼的第一次波灣戰爭將軍諾曼．史瓦茲柯夫（Norman Schwarzkopf），就算是偉大的指揮官也只能窺視這混亂的狀態，試著判斷交戰的走向。在戰鬥當中，命令會遲到、不可能執行或根本不曾送達，而接收的人會誤解或違背命令。英國的輕騎兵衝向俄國的炮火，那次輕騎兵衝鋒之所以慘敗，正是只求自身光榮的卡迪根伯爵（the Earl of Cardigan）命令模糊與魯莽指揮的下場。在一三四六年的克雷西戰役中，英格蘭的兵力雖遠不及法方，但法國國王卻無法約束他那些衝過法國弓箭手也彼此衝撞的騎士。如一位編年史家所記述的：「那些在後面的人一直到趕上最前排才肯罷休，而領軍者看到其他人衝上來了，也繼續往前衝。傲慢與虛榮主宰了整個場面，個個都想要勝過同伴。」

對近代早期到十九世紀下半葉的軍人來說，打仗如墮五里濃霧，在字面意義上如此，譬喻意義上亦是如此，而且至今仍是。朱利安．格倫費爾在一九一四年初次抵達法國時，戰爭尚未進入壕溝戰，他寫信給母親說，他的部隊正在行軍與反向行軍，遠方炮聲隆隆，似乎沒人知道正在發生什麼事情。又如美國籍的提姆．歐布萊恩（Tim O'Brien）在他的傑出小說《負重》（*The Things They Carried*）當中關於越戰的描寫：「至少對普通士兵來說，戰爭給人落入一場鬼魅大霧的感覺，一種精神上的質感，濃厚且久久不散。」

戰鬥的焦慮與恐懼

後來成為傑出戰爭歷史學家的麥可．霍華（Michael Howard），還是個年輕軍官時，在一九四三年秋天來到薩萊諾（Salerno），此處位於靴形義大利往北的半途中，那不勒斯以南。他第一次與德國敵軍相遇，是在夜間被派去攻下一座山丘。他和他的小型部隊在黑暗中迷了路，有點慌亂地比預計時間更晚抵達出發點，原本意在支援他們的彈幕已經在密集發射中。他和手下以一座石牆作為掩蔽，德國方射來的子彈從頭頂上颼颼飛過。他回想當時，覺得自己好像在一部二級片裡扮演英勇的排長：「我那時想，好吧！既然我的角色是大衛・尼文（David Niven）[25]，那我最好表現得像他；所以我用嘶嘶的氣音說：『右邊，跟著我來！』」英軍摸黑跌跌撞撞地走下一個斜坡，穿越樹林，翻過擋土牆。「以後的情況變得好混亂，以至於很難做出連貫的描述。」他這麼寫，不過他記得自己像個瘋子般喊叫，也記得德國手榴彈與槍炮的閃光和砰砰巨響。行動很成功，德國人撤退了。隔天早上，英軍掩埋德國死者，「他們像縮成一團的可憐娃娃。」

許多戰鬥人員也努力描述他們感受到的壓力和經驗的強度，其中混雜著死亡的恐懼、持續聽命行事的需要、和戰鬥中所升起奇怪病態的興高采烈。一個來自紐約的士兵大衛・湯普森（David Thompson）嘗試勾勒他在安提坦一役的反應。「當子彈重重地劈砍樹幹，而人的頭顱像蛋殼般被實彈打爆，普通人胸中會湧起一股想要逃開的激烈情緒。」然而，命令一來，他便站起身來迎向前去。「霎時間，空中充滿了子彈的嘶嘶聲和葡萄彈（Grapeshot）的碰撞聲。精神緊張到我想我在那一刻看到前人提過的效應，歌德的生命中也出現過類似情況，那就是整個場景瞬間變成淡紅色。」曼寧以自身在索姆河的經驗寫成的小說，談到「一個鮮明結實的作用點」。「當然，最可怕的是第一次戰鬥。」斯維拉娜・亞歷塞維奇採訪過的一位蘇聯女戰士說：「因為你什麼都還不知道……天空震動，大地震動，你的心臟好像要爆開來，你感到皮膚就要裂開。我沒想過大地也會劈啪作響，萬事萬物都發出劈哩啪拉、轟轟隆隆的聲音。」

有時候，戰鬥到一半時，一種奇異的平靜會降臨在參戰者身上。義大利籍的埃米利奧・盧蘇（Emilio Lussu）在他出色的第一次世界大戰回憶錄《一個南線的士兵》（*A Soldier on the Southern Front*）中，回憶起在攻打奧地利防線的諸多無效攻擊中，他所參與的其中一場。義大利兵正要走下一個被奧地利機關槍沿線重炮瞄準的開闊山丘。他寫道：

---

25 英國演員與作家，曾獲得奧斯卡最佳男主角獎。

有那麼一下子，我被一種心智上的麻痺給占據了，整個身體感覺又沉又慢。我想，說不定我受傷了。然而，我可以感覺到我並沒有受傷。機關槍子彈呼嘯而過，部隊緊跟著不斷向前衝去，把我給叫醒了。我馬上意識到我的處境。沒有憤怒，沒有仇恨，如在鬥毆當中，只有完全的平靜，十足是一種極度的疲倦籠罩著我如今清醒的心。然後，即便是那疲倦感也消退了，我又再一次快速奔跑起來。

在許多打仗的人的述說裡，都會提到一件事情，那就是恐懼——害怕受傷或被殺是當然的，不過也會害怕無法通過戰爭的試煉，害怕自己陷入恐慌或舉止惡劣。打過越戰的提姆・歐布萊恩寫到：「人們殺人，然後死去，因為他們逼於窘迫不這麼做不可。這就是他們參戰的起心動念，沒有積極正向的一面，沒有光宗耀祖的夢想，只是避免丟臉到無法見人罷了。」即便朱利安・格倫費爾也感到恐懼，他參加在法國的第一次行動之後，便如此向母親承認。他想要宣稱他樂在其中，「可是戰爭是嗜血殘忍的。我對自己假裝說我喜歡它，但它不是好事，只會讓人變得冷漠、不警醒、而且自私自利。然而，當一個人對自己承認戰爭很血腥的時候，又會變得沒事了，並且冷漠起來。」在和平的狀況下，很難預測誰勇敢、誰不勇敢，不過靠著訓練與紀律，有時再加上領導統御，能幫助戰士完成最危險的戰鬥。在蓋茨堡戰役（Battle of Gettysburg）中，一座關鍵性的山丘小圓頂（Little round Top）就要落入南軍手中。一個大學教授所帶領人數不及對方的小型武力，幫助北軍轉危為安。北軍拿著刺槍衝上前拚殺，在看似毫無勝算之下擊潰南軍。

就像霍華所回憶的那樣，有時候，扮演士兵的角色起了支配作用，打動他人的程度不亞於打動戰士自己。在另一次攻擊中，這次是白天，霍華跟一個年輕軍官同袍躲在一處壕溝裡。「好像在演一部美國爛片，」霍華說。「沒錯，」他的同伴回答說：「可是沒那麼有趣。」在越南，歐布萊恩的士兵們會發下豪語：「他們用強硬的措辭來遏制糟糕的軟弱，會說些吃銃子、掛點、炸翻、邊尿邊中彈之類的話，這不是言語冷酷，只是一種舞臺表演。」而為了應付死亡，士兵們往往也會開它的玩笑，比方說在兩次世界大戰時，用手上的香煙撐著敵人的屍體。在英國與阿根廷的福克蘭群島戰爭期間，英國驅逐艦安特里姆號（Antrim）被阿根廷的飛機擊中，而且因為漏油有失火的危險。情勢十萬火急，警笛與警鈴聲大作，船員們正在匆忙奔走之際，一個鍋爐工突然現身。「停！」他咆哮著。從軍官到普通海員，每個人都定住不動。他指著一條通道，說：「祖魯人！有好幾千個！」[26]接著便消失了（那部關於十九世紀南非祖魯戰爭的電影顯然是英軍的最愛，雖然其實祖魯族表現得不差）。年輕的克里斯・派瑞（Chris Parry），也是未來的海軍少將，想起了當時這緩和緊張的一刻。

在許多不同的文化裡，宗教和儀式久已成為作戰的一環。千百年來，戰士們以舞蹈、儀式和禱告來為戰鬥做準備，並且佩戴護身符或遵守能保他們平安的迷信現象。在十九世紀末，起兵反叛滿清且攻擊外國人的義和團，相信武術可保他們刀槍不入。儀式也可以在戰鬥結束後發揮淨化的作用。當埃涅阿斯（Aeneas）勸服他的父親逃離特洛伊城時，他要老人戴上他們最神聖的東西：「父親，帶上我國保護神的神聖徽章吧！至於我，凶殘的戰鬥與不久前的殺戮，將成為我要面對的罪，直到我在潺潺流水中洗淨自己……」

酒與藥物能發揮類似效果，幫助戰士做好戰鬥準備與事過境遷後的應對。英軍就跟許多歐陸軍隊一樣，以往會讓他們的部隊喝幾口濃烈的白蘭地或蘭姆酒；在越南，美國士兵靠著吸毒麻痺恐懼。盧蘇在他的第一次世界大戰回憶錄裡，描述義大利軍曾經在攻擊時，幾乎被奧地利人傳來一陣陣白蘭地氣味給淹沒。他的軍官同袍也會刻意飲酒，其實只是為了忍受瘋狂。他曾看過一個義大利軍官試圖把手槍抵在自己頭上，隔著頭盔開槍。「我用喝酒來自我防衛，」有個人對他說：「不然我已經進了瘋人院。」雙方都看不到對方，但他們還是努力的開殺戒。「真是恐怖！這是我們一天到頭都醉醺醺的原因，兩邊都這樣。」今天，現代軍隊對於如何緩解壓力已經有更好的認識，但壓力在戰鬥中卻避免不掉。

死與生

儘管有些軍人只求一死，好像一四五三年最後一位拜占庭皇帝徒勞地在破裂的城

26 引用自一九六四年首映的電影《戰血染征袍》（*Zulu*）中一個中尉所說的臺詞，該電影以十九世紀末的祖魯戰爭為背景，描述一八七九年英軍與祖魯人之間的羅克渡口戰役，在這場戰役中守衛的英軍只有一百五十人，但來攻的祖魯人有三至四千人（以上資訊部分取自維基百科）。這句臺詞後來被引申為形容遭遇到勢不可擋的徒勞處境。

牆上徘徊，希望來自鄂圖曼的征服者能殺了他，但大多數人仍會努力主動避死，或至少希望死的是別人不是自己。陣亡經常來得既突然又隨機。盧蘇那時候人在介於義大利和今日的斯洛維尼亞（Slovenia，當時屬於奧匈帝國）之間的高原上。裝備不良且指揮不力的義大利軍被迫屢次對奧地利防線發動代價高昂的攻擊。他記得他和一位大學朋友坐在一起，等著發動新一波攻擊的命令下來。他們共抽一根香菸，同享一罐扁瓶裝白蘭地，聊著荷馬，猜想如果偉大的特洛伊戰士赫克特有白蘭地可以喝，也許就有辦法應付他的希臘勁敵阿基里斯。「關於第一次世界大戰，有很多事情我都忘了，」盧蘇寫道：「但我永遠忘不了那一刻。我看著我的朋友在吞雲吐霧間微笑。敵人的壕溝發出一記槍響。他的頭低了下來，香菸猶在唇間，額間卻出現一個新的紅點，一條細細的血跡從中流淌下來。他的身子彎折，人就倒在我的腳邊。我把他扶起來，死了。」

戰鬥的人儘管哀悼逝者，卻沒有沉溺於失去的本錢。雷德里克・曼寧寫道：「身為人，對他人有著無可剝奪的感同身受，使得他能替人受苦。」他接著說，人們很快就忘了，也為自己還活著而鬆了口氣。「你移開目光，內心也避而不見。在第一次絕望哭喊著：『是我！』之後，內心自我寬慰……不，這不是我。我不會那樣。」

認識死亡，才知生之可貴。戰爭回憶錄經典之作《鋼鐵風暴》（*Storm of Steel*）的作者恩斯特・榮格（Ernst Jünger）在一九一七年西線戰場的一場戰役中活了下來，他的部隊蒙受傷亡，他說，倖存者駐紮的村莊迴盪著重逢的喜悅之聲。「成功的挺過交戰之後，像這樣喝杯酒是一個老兵所能擁有最美好的回憶。就算十二人當中有十人倒下了，剩下的兩人在第一個休息的夜晚一定會相聚共飲，默默舉杯敬他們的戰友，玩鬧地聊著共同的體驗。」第二次世界大戰在緬甸的喬治・麥當勞・弗萊澤，在一場戰鬥之後很驚訝、甚至有點震撼的發現，他們有個人死了，隊上其他人卻沒有對這件事或死去的人多說什麼。「他們沒有表現出悲傷，或憤怒，或明顯的鬆了口氣，事實上什麼情緒都沒有；他們並未暴露出震驚或不安的跡象，既不緊張，也不會脾氣暴躁。如果那個晚上他們比平常更安靜些，哎，那是因為他們累得像狗似的。」然而，臨睡前，當他們把一塊地墊攤開來，將逝者的隨身物都放在上面，每人取走一樣時，他再次受到衝擊。弗萊澤方才明白，那是一種懷念他與致敬他的方式。

戰中的生活樣貌

當然，身處戰爭之中，不是只有恐懼、死亡或戰鬥；還有空等、無聊，對食物、蝨子、老鼠、天氣或長官的抱怨等。羅馬士兵從前線寫回家的信滿是怨言，又如果他們很不走運，人在英格蘭北邊的哈德良長城打仗，還會要人寄保暖衣物來。兩千年以後，在中國的日本士兵乞求家人寄給他們的是襪子和內褲。在埃及發現的莎草紙斷片上，有羅馬士兵寫的另外一種經年不斷的抱怨：「可你從來沒寫信給我，跟我講講你是否健康，過得怎麼樣。我很擔心你，因為雖然你常常收到我寫給你的信，但你從來不回信，讓我知道你是否……」第一次世界大戰在壕溝裡的士兵，靠著寫下發生在身上的事來尋求逃避，或至少這是一種應付現實的方法（又在這場戰爭裡，絕大多數人都能讀寫，當然這裡指的是在西方戰線的官兵們）。加入法軍的羅伯特・多格萊斯（Robert Dorgelès）未入伍前是一名錫匠，說離開平民生活去從軍讓他嚇呆了，不知所措。「在世界天翻地覆之際，我相信我正踏上未知的旅途，在我離開家那一天，我就已經變成一個戰爭作家了。」製造商推銷特製的筆和小筆記本，供人記錄前線的生活，而由軍人發行或為了軍人發行的報紙，成了他們作品的發表管道。在美國參戰的短短期間，該國的《星條旗報》（*Stars and Stripes*）便刊登了十萬行美國士兵所寫的詩。

對正在戰鬥的人來說，家是遙遠的，這不只是從地理上來看。戰爭甚至比昇平時期的軍旅生活，更能使生活的普通期望和時空概念錯置顛倒。對一八一二年的拿破崙或第一次世界大戰的德軍來說，冬天是敵人，但在保衛家園的俄羅斯人眼中，它卻是朋友。戰役開始前，時間拖延到令人難以忍受的地步，好似度日如年，但進入戰鬥後便飛逝如梭。弗萊澤第一次和日本兵正面對戰是在一座小廟附近，他覺得打鬥持續了大約一分鐘，但他這輩子都能生動地想起當初的場景和他的感受：「一種持續的緊張興奮，穿插著偶爾一閃的暴怒、恐怖、得意、寬慰和驚奇。」一位第一次世界大戰時在蒙斯（Mons）打仗的英國士兵說：「進行中的戰鬥是精彩刺激的⋯⋯」敵對方的一位德國士兵在挺進時，體驗到：「一陣陣的歡欣鼓舞之聲，一種狂野、離俗的歌聲從我內在湧上來，鼓舞著我，啟發著我，充滿我所有的感官。我克服了恐懼；我征服了凡俗肉身的我。」

戰爭反轉了我們所認為的自然秩序與社會道德觀。炸毀建築物、橋梁、鐵路、社會賴以存續的基礎建設，並且謀殺傷害他人，在戰時是對的，而且確實有必要。和平時期認為荒誕不羈或驚世駭俗的事物——死人或曝屍的氣味、汙泥、老鼠、蝨子、髒水、或腐臭的食物——不過是戰爭紋理的一部分。平時充斥在我們身邊的財產，如時髦的服飾或運動器材失去了價值，我們從來不會去想的物件，像是鐵線剪或爽足粉，卻變得無比重要。提姆・歐布萊恩在他的書《負重》裡，臚列了這類物品清單，士兵之間因人而異，但一定會有鋼盔、壓迫繃帶、防蚊液、口糧和水。一九一九年夏天，加拿大藝術家大衛・米爾恩（David Milne）奉派前往加拿大人曾經奮戰的西方戰線，記錄已經一片寂靜的戰場。在寫給友人的一封信中，他列出某個彈坑裡的東西：罐頭食品、子彈、手榴彈、水瓶、子彈斜背帶、防毒面具、頭盔、衣物。不過一年以前，米爾恩口中「堆積如山的垃圾」曾經是士兵們不可或缺的配備。

戰爭改變了也破壞了日常生活型態。在第一次世界大戰的西方戰線，夜晚是安全的，而白天是危險的。在敵方的監視下，陽光會使士兵們暴露行蹤。白天用來休息，晚上才是做事的時候，不管是運送補給品、修理建造新的戰壕、挖地道或突襲無人地帶。滿月是敵人，不需要讚嘆。空中的煙火是死亡與毀滅的引路燈，不值得歡慶。景觀地貌的意義也改變了：河流與運河不再是為了運輸灌溉之用，而是攻擊的防禦或障礙。高山、森林、丘陵與低谷是作戰計劃的一部分，是必須奪下或堅守住的戰略目標。法國北部的維米嶺高地（Vimy Ridge）不過比底下的平原高出大約兩百呎，加拿大軍隊卻付出傷亡一萬人的代價，才在一九一七年從德國人手中奪下此地。開闊的田野沒有孕育新的生命，收割的只是死亡和軍械，時至今日，冬霜仍持續使得西線戰場沿線的未爆彈從地面隆起，傷人性命。

在昇平時期也許不能接受的行為，例如咒罵或褻瀆上帝，在戰時變成正常情況。侵占或和平時叫做竊盜的舉動也是如此。弗萊澤的分隊有一次被派去協助空投補給品的卸貨作業，指揮的軍官帶著深深的猜疑招呼他們，還警告他們不要拿走任何東西，讓他為隊上的弟兄發出義憤填膺之氣。令他驚訝的是，弟兄們欣然接受，而且在漫長炎熱的一整天工作中，都表現的精力充沛且毫無怨言。最後，指揮官褒獎他們表現得勤勉誠實，還給了幾包香菸作為獎賞。回到營地後，弟兄們攤開一張地墊，從水瓶中掏出成堆的糖，衣服和帽子底下則掏出散裝茶葉、香菸、菸草和罐頭食品，看得弗萊澤目瞪口呆，讚嘆不已。「等他們把東西都掏出來以後，那張地墊看起來好似哈洛德百貨的食物架。」

戰時的性規範也變樣了。我們會馬上想到強暴，一種宰制與摧毀的舉動，然而在戰爭時，性也可以是一種生命的再確認。知道死亡可能近在咫尺，使和平時的禁忌與限制變得毫無意義。「以大多數人的標準來看，我們是墮落敗俗的，」一位第二次世界大戰美國大兵這麼說：「可是我們還年輕，而且可能明天就死了。」與其他人類的情感接觸很重要，即便是通過買春亦無妨。第一次世界大戰時紐奧良市內滿滿都是美國軍人，當地一家妓院的老闆說：「我以前就注意到了，戰爭和快要死掉的念頭，會使一個男人變得好色。」此事與求歡無太大關係，她提到：「而是一種精神崩潰，只能靠著女孩和打一場架來治療。」曼寧書中的角色伯恩，不可思議地被一個為他送上晚餐的年輕法國農家女感動而且動了心，因為她讓他意識到自己的必然一死和孤獨寂寞：「在來自死亡的顫慄驚恐中，一個人會出於本能地尋求愛，這似乎是一種重申存在完整性的舉動。」他提到，在前線的時候，他並不會想到女人。誠如幾位專家所指出的，男人和女人越是接近戰場，性就變得越不重要，也許是因為他們全都集中精神於求得生存，而且太忙、太害怕，或者只是太累了。

另一個世界，另一種感受

打破各種禁忌和身處於戰爭帶來的徹底破壞中，會有一種耐人尋味的激動與興奮。一九一七年七月，一個在西線戰場的蘇格蘭炮兵團年輕軍官杭特利・高登寫信給母親，談到他在夜間造訪被毀的城市伊普爾，這座城市才又剛被德國人猛烈轟炸過。他說，他在只剩幾棟房子沒倒的荒涼街道上，發現「一種奇特的美感」。其中一棟房子好像放大版的娃娃屋，正面被扯掉裸露出房間，裡面還放著他們的家具和一兩幅歪斜掛著的畫。他朝著門寧門（Menin Gate）走去，穿越大廣場，廣場上有著宏偉的哥德式傑作布料會館（Cloth Hall）的殘跡。「我曾聽說月光下的泰姬瑪哈陵，但對我來說，它永遠不可能像這座廢墟如此這般令我驚豔。石頭與磚材微微地閃著雪白光芒，巨塔矗立在那兒，好似某種龐大的冰山，向著黝黑的天空揚起它尖聳的塔樓。」他在匆匆走過時，剛好得空注意到一個士兵被壓在路燈下的蜷縮身體。

第二次世界大戰出現的長程轟炸機，表示平民百姓越來越發現，自己也身處在戰場之中，也要經歷破壞毀滅的顫慄感受。年輕的義大利外交官查爾斯・里奇（Charles Ritchie）在一九四〇年十月的一次猛烈轟炸後，從倫敦市中心的一座劇院走出來。他在日記中這麼寫：「看起來好像，整個皮卡迪利廣場（Piccadilly）都著火了。火舌舔舐著倫敦展覽館（London Pavilion）上方的列柱。我們開車穿越炸彈與彈片，來到多切斯特（Dorchester），那兒似乎到處都是火。」他和同伴像孩子般興奮與歡欣鼓舞。「在這樣的大肆破壞與危險當中，有著一種興高采烈，但放蕩墮落後的隔天一早，我被鏟玻璃的聲音給喚醒了。」一九四五年八月六日，一個日本講師小倉豐文（Ogura Toyofumi）正在前往廣島市的路上，突然之間出現一個大閃光。他被那升起又展開的巨大卷雲驚得呆站著。他回想當時，說沒有適切的言語能形容此情此景：「古人樸素的觀念和虛構的種種幻想皆無用武之地，不能拿來形容在這蒼穹之中由雲和光所上演的駭人盛會。」他後來形容這是一場「人類所能經歷過最為龐大」的毀滅，他被體驗的衝動給牽引著，繼續朝都市走去。

解釋身處戰爭之中是什麼樣子，從來不是一件易事。很難找到可以形容的言語或圖像，當那些在大後方的人並不想聽到戰鬥的真實生活時，更是難上加難。那位年輕的蘇格蘭軍官高登在回憶錄中抱怨說，他休假回到愛丁堡的家，川流不息的訪客老是問前線打仗到底是什麼感覺的「愚蠢」問題。「很好，謝謝，都很好。」他一律這麼回答。「不然還能說什麼？他們怎麼能明白？我們現在就是處在不同的世界裡。」現代戰爭使得這兩個不同世界的對比變得尤為鮮明。今天，戰鬥人員可以從戰場上抽身並迅速在世界各地移動，但就算是在第一次世界大戰時，前線士兵也有可能今天人還在戰壕，明天就回到家鄉。

大後方有很多人在戰爭中牟利的印象，會讓正在打仗的人感到沮喪。曼寧的小說或弗萊澤的回憶錄裡，一再地抱怨採礦業或戰爭工業的勞工得到的高工資、製造廠商賺到的利潤、或單純的抱怨平民是如何的享受生活。另一個蘇格蘭年輕軍官約翰・芮斯（John Reith，後來成為芮斯爵士，並長期領導英國廣播公司）在第一次世界大戰時的第一次休假，花了一些時間待在倫敦。他和兄弟共進晚餐，卻無心享受豐盛的食物與豪華的用餐環境。他注意到有很多男人並未穿著軍服。「總之，這些都讓人不開心；我跟這種生活已經脫勾了，而且對它感到憎惡。」

一九三〇年代末期日本侵略中國期間，一個日本士兵寫道：「我懷疑家鄉的人欣喜若狂於日軍的戰無不勝，是否能明瞭伴隨著勝利而來的無止盡痛苦。」雷馬克的《西線無戰事》雖是一本小說，但卻是取自他自己身為德國士兵的經驗，而他的主人翁保羅．鮑默（Paul Bäumer）努力描述戰爭到底是什麼模樣的場景，也可以在第一次世界大戰不計其數的回憶錄與信件中得到呼應。當鮑默休假回到家中，他發現自己無法跟舊識或家人溝通任何有關戰爭現實的事情。他不想讓垂死的母親或他的父親難過，而其他人想要聽的那種故事，關於光榮的事蹟或即將到來的勝利，卻是他說不出口的。他傷心的反思，覺得自己根本不該回家。

戰爭與大後方防線之間另一個裂開的鴻溝，是平民百姓往往比打仗的人更仇恨敵人。在第二次世界大戰時，一份英國研究顯示居住在鄉村而未受倫敦大轟炸（The Blitz）波及的人，比實際住在曾遭受重創的都市裡的人，更有可能希望轟炸德國城市以作為報復。一份對同場戰爭的美國軍人所做的研究，顯示從未離開美國本土的軍人，遠比已經在太平洋打仗的人更有可能同意應該「全數」殲滅日本人。像恩斯特．榮格那樣，承認自己因「克制不住狂暴的盛怒」而參戰並渴望殺人的人，數量遠不及第二次世界大戰如此形容敵人的英國軍官，他們說：「其實我們敬重他們是英勇的軍人，不過我們的職責是打敗他們，贏得戰爭。」在《伊利亞德》裡，當阿基里斯稱呼他即將殺死的一名特洛伊人為「朋友」時，他是在承認他們都是正在克盡職責的戰士。「不能怪他們，」高登寫到第一次世界大戰裡的德國人：「保衛自己而炮擊我們。」他發現他沒辦法恨他們；事實上，他還有點可憐他們，因為他們的處境可能比英國人還慘。沿著西方前線自發性展開、直到軍方當局出面制止的聖誕節休戰行為（Christmas truce），和非正式的「自己活，也讓別人活」（live-and-let-live）約定（雙方皆可不受打擾的取回屍體），反映出跨越戰線兩端一種共享艱辛與人性光輝的感受。法蘭克・理查茲（Frank Richards）的《老兵永遠不死》（*Old Soldiers Never Die*）是少數由普通士兵所寫的第一次世界大戰紀實，他在一九一四年便參與了這樣的休戰行為。下面的人先站出來，然後軍官也跟進。「我們整天一起幹活，」他說。德國人送了一桶啤酒過來英國的壕溝這邊，而英國人也回敬聖誕布丁。「他們有一個人會說英文，」理查茲回想：「說他曾經在布萊頓做過幾年事，他對這場該死的戰爭厭煩透頂，這一切都結束時，他會很高興。我們告訴他，他不是唯一對這場戰爭感到厭惡的人。」

那種同病相憐在其他時空下的其他戰爭亦是如此。一九三〇年代末期在中國，當指揮官下令審訊完受傷的中國士兵後便殺掉時，一個日本士兵為此感到傷心：「就算他們是我們的敵人，但他們也是人，跟這個世界上的其他生命一樣有靈魂。拿這些無力反抗的人來測試一個人的劍鋒，真的很殘忍。」一個第二次世界大戰時曾經在騎兵團擔任醫療助理的蘇聯女子，回憶起她槍殺兩名德國士兵時所感到的悔恨：「其中一個是這麼帥的德國年輕人。真遺憾啊，就算他是法西斯，全都一樣……那種感覺久久不曾散去。你知道我不想殺人。我的靈魂裡有著這般仇恨：為什麼他們要來到我們的家園？可是等到你自己動手殺人，那非常嚇人……」一個被多方引用、針對第二次世界大戰美國軍人的研究，斷定只有百分之十五到二十五的人是準備好要瞄準與射殺敵人的，其他人若不是根本沒開槍，不然就是大範圍的瞄準。對第二次世界大戰德軍與日軍的類似研究，也呈現大致相同的結論。果不其然，這樣的發現一直以來便遭到質疑，越來越激起世人興趣，想著如何將心理學的洞見與方法融入軍事訓練中，把新兵變成有效率的殺手，讓他們不會在戰場上退縮。

無形的精神力

領導人也能影響男男女女在戰鬥時的表現，但並非總能如此。亞歷山大大帝、尤利烏斯・凱撒、海軍上將何瑞修・納爾遜（Horatio Nelson）、巴頓將軍和拿破崙似乎全都擁有神奇的能力，能激勵手下的人勇敢上陣殺敵，面對死亡。這些人個個有意識地扮演領導者的角色，鼓動以他們為中心的傳奇事蹟，並且操弄符號和預兆。當祭司檢查動物的肝臟尋找徵兆時，亞歷山大會耍一些小手段增加「勝利」的跡象。在乾燥的沙漠裡，若有人遞給他一個裝滿水的頭盔，他會大動作地把水倒掉，顯示他寧願與手下的人共苦。中國一位著名將領[27]命人把獻上的一壺美酒倒入河中，如此一來，他才能與將士們一同迎流共飲這混合的水酒。拿破崙的宣傳大肆強調他策馬奔騰翻越阿爾卑斯山，但事實上他坐的是一隻慢吞吞的驢子，他還宣稱當他在大聖伯納德山口（St Bernard Pass）的一座修道院休息時，發現了一本李維（Livy）[28]的著作，並且閱讀了

27 此處指的是越王勾踐回到越國經過十年休養生息後，出兵征討吳國那一天父老鄉親獻酒送別的故事。

28 古羅馬著名的歷史學家蒂托・李維（Titus Livius），是巨著《羅馬史》的作者。

漢尼拔的旅程那一段文字，後者在他之前也走過一樣的路。

偉大的指揮官也擁有那種莫名的領袖魅力、超乎常人的氣勢和看透人心的能力。久經沙場的旺達姆（Dominique-René Vandamme）將軍這麼形容拿破崙：「我這個既不怕上帝也不怕魔鬼的人，接近他的時候也會像個孩子般顫抖。」拿破崙的勁敵威靈頓公爵曾經說這個皇帝出現在戰場上，抵得過四萬大軍。拿破崙終於戰敗，當他登上要載他前往流放地聖赫勒納島（St Helena）的船隻時，馬上又讓全體將士為之傾倒。下級軍官在戰場上也能發揮類似影響。身體勇氣固然重要，但還有其他更重要的因素。在曼寧的小說裡，馬利特上校展現出巨大的存在感：「他留在人們腦海裡的印象不是壯碩，而是力量與速度。是他的表情、他的態度、他移動和說話的方式，使人覺得唯有一股巨大的能量，才能讓他駕馭發自內在如脫韁野馬般的毀滅性精力。也許在戰鬥時，它會爆發開來，滿足它那無法克制的胃口。」當他沿著戰壕的上方行走，或是回到無人地帶取回他留在那兒的白臘木棍時，弟兄們景仰他的泰然自若與大無畏的精神。有些領導人如巴頓將軍或戰地指揮官蒙哥馬利（Montgomery）則很浮誇，會在觀眾面前作戲。其他領導人像是喬治·麥當勞·弗萊澤在緬甸遇到的史林姆（Slim）

將軍，則以不同的作風給人留下印象。弗萊澤說，他是他曾見過唯一一個「身上會散發出一股氣勢，一種性格的力量，向來使我感到迷惑不解的人，沒有什麼明顯理由……」不是因為外表，在弗萊澤眼中，史林姆將軍看起來更像個被升任為常務董事的工廠領班，或像個農夫；也不是因為他的用詞遣字，只因為他跟弟兄們坐在一起，單純樸素地聊著關於對抗日本人的戰役。然而，弗萊澤卻有一種感覺，覺得史林姆了解普通兵的心情。「我想那是一種跟我們很靠近的感受，他表現得好似不經意地在跟一個能理解他的姪子說話（他像阿伯不是沒有原因的），這是他的過人天賦。」

在大多數情況下，一般士兵和水兵似乎會容忍他們的長官，不會鄙視長官們不可能實現的命令、缺乏對現場情況的了解，特別是那些高軍階者，他們與實際的戰鬥有隔閡。埃米利奧·盧蘇曾經留下一份生動的描述，談到第一次世界大戰時一名不管部隊付出什麼代價也要一心追求榮耀的將軍。「你們熱愛戰爭嗎？」這位將軍問，眼神像賽車的輪子一般瘋狂旋轉。當盧蘇說並沒有特別愛的時候，將軍輕蔑的爆氣了：「所以你們是為了和平而來的，是嗎？為了和平！像個沒有骨氣的婆婆媽媽……」儘管義大利人還沒有任何大炮，但將軍明知結果可料，仍執意攻擊奧地利人。有一天，當他的騾子抖抖晃晃地靠近一座懸崖邊緣，想要把他甩出去時，沒有一個義大利兵有動作。最後有個士兵衝上前去救了他，後來卻被同袍痛揍，譴責他讓自己的單位蒙羞。

獨特的同袍情誼

抽象的理想雖然可能很強大，但在戰鬥時，連偉大的領導人都不是、也從來不曾是支撐理想最重要的力量。行列裡的希臘重裝步兵、方陣裡的瑞士兵、不管是槳帆船還是航空母艦上的海員、裝甲營的駕駛，全都倚靠彼此也為了彼此而戰。誠如蒲魯塔克（Plutarch）所說的：「男人戴頭盔、穿護甲是為了自己的需要，帶盾牌卻是為了同一排人的需要。」一名十四世紀的騎士說：「你是如此愛你的戰友，到了願意與他同生共死的地步。」士兵們也許會相互粗暴對待，但他們也可以表現得異常溫柔。用「友情」來形容似乎顯得蒼白無力，而「愛」這個字又太浪漫了，雖然兩者都是千百年來的戰鬥者想要努力表達的情感。表現最好的英文字是「袍澤之誼」（comradeship），曼寧說它是「一種友情永遠也企及不上的強烈情感」。在戰爭中，人們往往被隨意地湊成堆，然而，他們仍能發展出如此強大的羈絆，願意為了彼此放棄生命。西格夫里・薩松痛恨戰爭，斥之為對他這個世代耍的「卑鄙手段」，但他還是為了同袍回到部隊。當《西線無戰事》裡的鮑默休假後重新回到朋友們身邊，他只簡單的說：「這是我的歸屬。」榮格記得自己傷癒後回到前線時：「好像回到了家人的懷抱。」

法國人企圖在中南半島打敗越南人卻不幸敗北，當他們在奠邊府遭到包圍時，堡壘的前哨站一個一個被攻破，駐軍也被抓住送到戰俘營。戰俘當中有來自法國外籍兵團（Foreign Legion）的德國人，決定採取行動自保，所以他們告訴越南獨立同盟會的營地指揮官，說他們已經醒悟，不再支持法國人了。結果，他們的待遇和配給獲得大幅改善。每天早上，他們都會待命聆聽指揮官的訓示，談談越南獨立同盟會前一天的勝績。德國兵團成員則會歡呼齊唱「國際歌」（The Internationale），這是國際共產主義運動的頌歌。有一天，指揮官宣布說，經過激烈的戰鬥，外籍兵團駐守的山丘已經被攻下。德國俘虜一片靜默。「來，唱吧！」營地指揮官這麼說：「你們還在等什麼？」德國人面面相覷，然後迸出一首遠溯至拿破崙戰爭時期的歌：「Ich hatt' einen Kameraden／Einen bessern findst du nicht......」（「我曾有個戰友，你再也找不到比他更好的人......」）。他們所有的特權都被剝奪掉。

戰鬥過的人也許想要或試著忘掉戰爭的恐怖，但有許多老兵也會回顧懷念那種袍澤之情與比較簡單、替代方案或選擇也比較少的生活方式。而且有些人會想念戰爭的刺激興奮。「他大概再也不會朝下方看著戰線，」一位英國飛行員在第一次世界大戰之後寫道：「......再也不會在天空尋找德國人，不會對著活生生的目標開槍，不會聽到背後傳來的惡魔斷奏，不會看到曳光彈從地面上升起；這些都結束了，過去了。再也沒有拂曉巡邏和水煮蛋；再也沒有縱情狂飲和舉世無雙的同袍情誼；沒有瘋狂的興奮與駭人的恐懼；凡此種種，皆劃下句點，而生活一片空虛。」凱薩琳・畢格羅（Kathryn Bigelow）的電影《危機倒數》（*The Hurt Locker*）有一個令人難忘的場景，一直在伊拉克出生入死的拆彈專家威廉・詹姆斯（William James）服役期滿後回到家，妻子請這位英雄到超市去幫她買一些早餐麥片。他一臉困惑地盯著一架又一架不同牌子的麥片。沒多久以後，他便再度申請入伍。

法蘭克・理查茲曾在第一次世界大戰過了幾年後，在酒吧和一位朋友見面聊聊故事。「我們通常會以一首老歌來結束那個夜晚，用一個很有名的歡樂曲調來唱：『老兵不死，只是凋零。』」當一九六〇年代初期強烈反戰的音樂劇《噢！美好的戰爭》（*Oh, What a Lovely War!*）在倫敦開演時，很多在第一次世界大戰打過仗的人都還活著。有天晚上，我有個朋友也去看劇，當時觀眾席上有好幾車的退伍老兵。他們用老調跟著唱和，擠滿酒吧開心地回憶，有人會覺得，這可不是演員班底和左翼導演瓊・利特伍德（Joan Littlewood）所指望的反應。

暴力的狂喜

這種戰爭的樂趣會讓和平社會裡的平民百姓感到不舒服。我曾經為了一個教育廣播節目訪問一名加拿大籍將軍，在我關掉錄音機後，他才談到戰爭的興奮。他說，那很像在騎一臺速度非常快的摩托車。知道你隨時可能車毀人亡，更添了幾分快感。有些戰鬥人員實際上很享受掌控生殺大權，以殺戮和毀滅為樂，這層體會更是讓人感到不安。澳洲人伊安・利韋林・愛德里斯（Ion Llewellyn Idriess）在第一次世界大戰時是一名狙擊手，說他「在公平的交戰中奪走一個強者的生命，才能感受到炙熱的驕傲」。第二次世界大戰時，一名英國飛行員發現，他在擊落兩架德國戰機後夜不成眠：「那之後有好幾天，我沒有別的什麼可以說了……那之後有好幾個星期，我沒有別的什麼可以說了……那種感覺很愉快，而且非常陶醉。」榮格的回憶錄讓人震撼的其中一點，是他不帶任何歉意或解釋地攤開他的感覺。他後來修改過內容，讓它看起來沒有那麼的殘忍，不過在早期的版本裡，他談到射殺一個英國人：「他像收起刀刃一般啪地倒地，靜靜躺著不動。」在另外一個他確實有留下的段落裡，說到自己和同僚如何對著英國先發部隊掃射：「敵人們不知所措，開始像兔子般的到處跳來跳去，滾滾煙塵在他們之間捲起。」

朱利安·格倫費爾寫給母親的信也同樣坦白，信中滿滿的提到他能參戰是多麼幸運，還有他正在享受什麼樣的樂趣：「我熱愛戰爭。它好像一場大型野餐，卻沒有野餐的漫無目的。我從來沒有這麼好或這麼快樂過。沒有人因為一身髒兮兮發牢騷。」戰鬥的興奮「讓萬事萬物都鮮活了起來，每一個視線、言語和動作。」他承認，第一次射殺人時有一種奇怪的感覺，「不過它很快就像在射殺一隻鱷魚，只是更有趣，因為他會射回來。」跟榮格一樣，他在致人於死時，會帶著淡淡的好奇心觀看：「他只是咕噥一聲就垮了下來。」他這麼形容一個德國人。格倫費爾告訴母親，他希望這場戰爭可以繼續很長一段時間：「不過，經過這場戰爭之後，堪可忍受的消遣只剩下獵野豬了，否則我會窮極無聊到死。」他在一九一五年五月頭部中彈身亡。他的兄弟和兩個堂兄弟也在戰事開始的頭幾個月就死了。

英國廣播公司的芮斯爵士在一九六〇年代寫了一本回憶錄，記述他年輕時在第一次世界大戰期間擔任英國運輸官的時光，但他找不到出版社願意出版，因為他的回憶錄不符合當時的主流觀點，亦即認為每個極其不幸涉入戰爭的人都憎恨戰爭。他在法國從軍的歲月煞是愉快興奮。當他騎著馬在夜晚穿越阿曼提耶赫（Armentières）時，他的反應是：「這一切是多麼古怪，多麼令人激動啊！騎在馬背上真的是很興奮的事；就在這個時候，我騎著馬走在異國荒漠城鎮的黝黑街道上，而不是在格拉斯哥跟著母親出門去做晚禱。」儘管擔任運輸官，表示他其實是相對舒適地駐紮在戰線後方，但每次他和手下帶著馬匹與貨車穿越曠野時，都要面臨死亡的可能。他很開心的發現自己並不害怕，把這一切更多歸諸於運氣，而非他所擁有的任何優點。很有趣，他指出：「穿過一處蘿蔔園時，知道一個人隨時會為了那最具有決定性的因素而停下腳步。」他揣想著自己的基督教信仰說不定能幫上忙：「我覺得有種特殊的交通設施就在那兒，從我們站著的滿目瘡痍的戰場，通往青草地和更遠處的靜水畔。」[29]當他因臉部嚴重受傷而退役時，他寫信給雙親說：「我比我能形容的還更醜，我過得很好，很享受工作與生活。」

他也在回憶錄中提到戰爭所孕育的美感：夏日的陽光、無人地帶的野花、藍色的天空點綴著防空炮彈所噴發的白煙；夜間戰鬥更是壯觀不已。盧蘇曾描述奧地利軍的一次重炮攻擊：「那些在冷杉林上爆炸開來的炮火，看起來好似正在照亮一座宏偉大教堂的廊柱與廳堂。」與死亡靠近，使世界變得更可愛也更珍貴。你中了槍，坐在汙穢的田地裡，歐布萊恩寫道：「但有那麼幾秒鐘，萬事萬物一片沉寂，你抬起頭，看到太陽和幾朵蓬鬆的白雲，漫無邊際的靜謐閃過你的眼珠，整個世界重組，雖然你被一場戰爭困得動彈不得，但你從未感到如此平和。」書本與電影描述不出來，第二次世界大戰的一名俄國女性退伍軍人說：「不，不行，它說不出來。我開始自己來說，但也行不通。我說不出那樣的驚恐與那樣的美麗。你知道戰爭中的早晨有多麼美麗嗎？在戰鬥前……你看著，而且心知肚明：這可能是我的最後一個早晨。大地是如此美麗……還有空氣……還有這親愛的太陽公公……」

如同戰爭一樣，戰後的和平在許多不同方面影響了打仗的人：懷舊、驕傲、憎恨戰爭、創傷後的壓力、憤怒、哀痛。一位美國越戰老兵談到那場戰爭，說：「它埋葬了他心裡的那個男孩，留下一個鍛造如鋼的男人。」看不出來他是否開心。第二次世界大戰時在某個蘇聯步兵連擔任醫療助理的席奈妲・瓦西里耶夫娜（Zinaida Vasilyevna）告訴亞歷塞維奇說：「在戰爭裡，你的靈魂會變老。」有些退伍老兵根本受不住談論他們的戰爭經驗。一個曾經在防空炮兵團擔任士官的女性這麼對亞歷塞維奇說：「我沒辦法告訴別人我受過傷，我有過腦震盪。說了的話，誰會雇用你，誰會娶你？我們三緘其口。」有時，退伍老兵可以對他們的孫輩訴說，或許是因為戰爭離

---

29 這句話借用自聖經詩篇二十三篇：「耶和華是我的牧人，我必不會缺乏。祂使我躺臥在青草地上，領我到安靜的水邊。（詩二三：1-2）。」

這些年輕人如此遙遠，又或許是孩子們並不真的能理解他們聽到的意思。

誠如亞歷塞維奇說的：「戰爭一如既往，仍然是人類最大的謎團。」或許，最後應該以偉大的邦聯南軍李將軍的話來收尾，一八六二年，他在弗雷德里克斯堡（Fredericksburg）看著北軍一次又一次地做著徒勞又代價慘痛的衝鋒時，說：「幸好戰爭是如此可怕，否則我們會打到樂此不疲。」

［第七章］

戰火下的平民百姓

「必須讓人民徒留對戰爭的悲嘆與淚水。」

——菲利普・謝里登（Philip Sheridan）將軍

柏林的四月天通常是美麗的：冬天的冷冽與霜雪已經消失，處處是嫩綠的樹葉與春日繁花。柏林人會走出戶外，到城市裡的多處公園和湖泊歡慶新的季節到來。一九四五年那年他們並沒有慶祝。蘇聯軍隊向西挺進，朝著柏林疾駛而來，納粹政權分崩離析，許多領導成員為了自救匆忙向西邊與南邊逃竄。令人痛心疾首的回憶錄《柏林的女人》（*A Woman in Berlin*）的匿名作者在她的日記中記載著，到了四月二十日，遠方的蘇聯槍炮聲已經變成一種經常性的轟鳴：「我們被大炮給包圍了，而且圈子正在時刻縮小中。」人們不安地在街頭竊竊私語；沒有人確實知道發生什麼事，不過大家都很害怕最糟糕的情況。謠言在城裡流竄，有些是假的，例如說美國人和英國人跟俄國人鬧翻了，而且會跟德國進行交易；有些則是真的，例如當局已經釋出他們囤積的食物存糧。即使當炮彈襲來，大家急忙躲入避難所時，那些有本事的人仍然衝到店裡去抓取帶得走的東西。「突然間，」作者寫道：「你想起現在是春天。一陣陣紫丁香花的香氣從無人照拂的花園傳來，飄蕩在燒焦的樓房廢墟之間。」那天晚上，蘇聯的炮彈持續落下，她和鄰居們躲在地下避難所裡擠成一團，心想著蘇聯軍隊何時抵達，他們會對女人們做出什麼樣的事來。

女性的處境

我們往往過度聚焦於戰士們和他們的戰鬥、勝利與損失，對於不管是否願意被捲入戰爭的平民百姓，並未給予足夠的關注。如我們所知，平民可以是戰爭的啦啦隊，敦促政府或團體參戰，例如法國革命分子在一七九〇年代所做的那樣，而在第一次世界大戰期間，還有那年春天在柏林等著蘇聯到來的許多人，也是如此。正如戰鬥人員屢次在他們的著作中所提到的，平民百姓經常比身在前線的人更仇恨敵人。戰爭並非總是對百姓不好；他們也能得到好處，無論是因為戰勝而分得一杯羹，還是從戰爭中找到更好的機會去賺錢、出人頭地或破除禁忌。平民也是戰爭的無辜受害者，因戰敗而遭到飢餓、謀殺、強暴、奴隸、強迫勞動或大規模驅逐的嚴厲懲罰。

好比一九四五年五月在柏林地下室裡的那場對話，關於蘇聯軍隊的可能作為，顯示女性平民在戰爭中所畏懼的一種特殊命運。在整個歷史上，不分時間地點，女性向來是戰士的獎賞，若不是被擄走成為家眷之一，不然就是當場被強暴。「你們可以強暴，」法國突擊隊隊長在阿爾及利亞獨立戰爭中這麼對他的手下說：「不過要謹慎為之。」蘇聯軍隊在他們從納粹手中解放的領土上做出種種強暴行為，史達林出言為其辯護，令久經沙場的南斯拉夫年輕共產黨員米洛萬．吉拉斯（Milovan Djilas）[30]大感震驚。這位蘇聯獨裁者說：「想想一個男人，從史達林格勒一路打到貝爾格勒，途經

30 吉拉斯曾聯同南斯拉夫其他最高領導人向蘇聯抗議紅軍的暴行，此事引起史達林親自過問，雙方雖消弭紛爭，但也成為兩國關係破裂的最初原因之一。吉拉斯後來成為對社會主義體制最堅定的批判者而聞名。

千里被毀的家園，跨過同袍與親人的屍體。這樣的男人怎麼可能有正常的反應？經歷過這番恐怖之後，他找一個女人尋歡又有什麼可怕的呢？」

在一九四五年，據估計僅僅德國在短短時間內就有高達兩百萬名女性被蘇聯軍隊強暴，有些還遭到多人強暴。柏林匿名女子的日記記載了她和鄰居們等著蘇聯士兵首次到來的憂慮不安。柏林人初次遇到的人看似友善，有著和藹可親的臉龐，讓他們鬆了一口氣——畢竟「只是男人」而已；但等到他們開始喝酒，這放心就變成了驚愕與恐怖。蘇聯當局起初並沒有花太多力氣控制他們的士兵，放任其大肆洗劫酒品存貨，而酒精又有利於士兵擺脫任何他們可能感受到的顧忌。日記的作者成功說服士兵們放過一個已經受傷的年輕女孩，可是那個晚上和之後幾天，她卻遭到反覆蹂躪，直到她找到一個保護者。她甚至在自己的處境中看到一種黑色幽默，注意到蘇聯士兵會先找比較胖的女子，在戰爭期間有本事吃得比較好的，像是當地釀酒商的妻子。

直到德國共產黨員抱怨他們的妻女遭到強暴的聲音出來，蘇聯的領導人們這才明白茶毒德國人民無法贏得民心，不利於社會主義的大業，而且會傷害蘇聯在其他國家支持者心目中的形象。一九四五年八月，一份由蘇聯占領區指揮官喬治・朱可夫

（Georgy Zhukov）元帥所發布的命令上說：「這等行為和未經核准的舉動，使我們在德國反法西斯主義者的眼中大失顏面，尤其是現在戰爭已經結束，而且也大大地助長了法西斯分子對抗紅軍與蘇聯政府的反對活動。」

柏林的匿名女子說得很清楚，蘇聯士兵強暴女性乃出於幾種動機：縱慾、女性的陪伴，和在象徵意義上展現他們凌駕於她及她的社會的力量。強暴是蘇聯人羞辱德國女性和德國民族的一種暴力舉動。戰爭的勝敗經常用性別化的語彙來表達——男性雄風的試煉或童貞的喪失或去勢。在古代，戰敗的男人會被閹割與強暴，今天有時仍會發生這種事。一九九〇年代在波士尼亞，約有兩萬名到五萬名女性（也有一些男性）遭到強暴，各方都有犯下這等罪行，只是大多數受害者都是波士尼亞的穆斯林。強姦婦女，使她們懷孕生子，帶有摧毀某個特定民族的附帶意義。塞爾維亞的強暴者喜歡告訴穆斯林女性，說她們會生下未來的塞爾維亞戰士。塞爾維亞的國軍把女人留置在「性侵集中營」或妓院裡，而塞爾維亞軍人會以公開強暴的方式來威嚇及獲取信息，並藉此鼓動非塞爾維亞人逃走。

在戰爭中遭到強暴的女性不僅終其一生身心受創，往往更要背負著被自己的社會厭棄的額外重擔。一九四五年被強暴的德國女性，能在談論她們的共同經驗時找到慰藉，但常常是生命中的男人給她們苦頭吃。柏林匿名女子的未婚夫認為她提起強暴之事根本是不知羞恥，並且拋棄了她。女性竭盡所能地面對發生在她們身上的殘酷與現實。其中有一人說她就是努力的壓抑，「某種程度上，是為了能活下去。」

由於女性經常被視為民族的起源，所以任何暗示她們可能甘願與敵人勾結的事，都會遭到社會野蠻的反撲。法國在解放之後，曾經與德國人有過男女關係的法國女性遭到剃頭公開羞辱。第二次世界大戰期間在德國，納粹極為看重女性身為妻子與母親的角色，故而與當地女性有性關係的波蘭奴工，前景也就特別堪憂，當時有成千上萬個波蘭人被帶到德國，主要在農場勞動。「當他們入侵我們人民的精髓，滲透德國女性的血液，腐蝕我們的年輕人時，」一種族淨化辦公室主管說：「我們不能也不會袖手旁觀。」蓋世太保確實沒有袖手旁觀，對全德國犯下「接觸禁令」的波蘭人執行公開絞刑。德國女性有時候也會一併受到處罰。在優美的小鎮艾森納赫（Eisenach），巴哈的出生地，便有一名女子被剃光頭，跟她的波蘭愛人被背對背捆綁起來，站在大廣場上，身上插著一塊板子，上面寫著：「我讓自己委身一個波蘭人」。一九四五年以後，往往只是出於生存需要而與同盟國軍人有染的女性，成為冷笑話的題材：「打敗德國士兵花了六年時間，贏得一位德國女性卻只要五分鐘。」

平民的處境

千百年來，想方設法保護無辜者不受戰爭蹂躪的嘗試不計其數。在許多時候、許多地方，平民百姓向來被認為有別於戰士，而且也已經有各自應該如何被對待的規則：比方說，平民不應被當成戰鬥人員，而且應該放過他們的性命、人身，還有財產。不過，戰爭的熱情一經燃起，規則很容易被打破或忽略，靠近戰場或被圍城的百姓最是受盡折磨。當一九四一年九月德國發起列寧格勒圍城戰（siege of Leningrad）時，這座城市有大約七百萬人口；到了一九四四年戰爭結束時，有一百七十五萬人成功逃離，一百萬人死亡。通常先死的都是弱者——小孩、老人、窮人。借用軍事策略家令人不寒而慄的措辭，有時候平民百姓是「附帶損害」，不過為了弱化敵人，他們經常被刻意當成目標。二十世紀的全面戰爭便以鉅額的代價來展現出這樣的人性。在第二次世界大戰，可能已經有五千萬到八千萬名平民死亡，而我們永遠無法得知確切的人數。這個數字的範圍會這麼廣，常常就跟過去情況一樣，有部分是因為沒有保存紀錄或是紀錄被毀，也是因為納入計算的內容有差距之故：看是要計算死於武器的人或是把死於飢餓和疾病的人也算進來。

修昔底德不加評論地指出，當米洛斯島（Melos）的人民在伯羅奔尼撒戰爭的第十六年無條件向雅典投降時，雅典人「處死抓到的所有屆兵役年齡的男子，將女子與小孩賣為奴隸」。一九三七年，日本人在洗劫南京時，可能殺死多達三十萬人，強暴了兩萬人，而且燒毀三分之一的城市建築。第二次世界大戰在歐洲，德國不僅將戰俘當成奴工來用，違反了自己簽下的公約，更強迫大約四百萬到五百萬名平民勞動，為它的戰事服務，這些人主要來自被占領的蘇聯，但也有來自波蘭、法國，最後還有義大利及歐洲其他地方的人。奴工長年在飢餓狀態中，並且遭到虐待，無法工作的人（「吃閒飯的」），則會被刻意殺害；女性則被絕育或強迫墮胎。史達林以通敵為由，驅逐各種非俄羅斯人的少數民族，從約有一百二十萬人口的伏爾加日耳曼人（Volga Germans），他們的祖先在好幾個世代以前就來到俄羅斯，到十八萬人口的克里米亞韃靼人（Crimean Tartars）。戰爭或戰爭的威脅也被拿來逼迫平民百姓逃離，一九四八年猶太復國主義者（Zionist）民兵在巴勒斯坦，或一九九〇年代塞爾維亞民兵在波士尼亞的作為，便可為例。

我曾在貝魯特（Beirut）發表過一場「芮斯講座」，那個地方使我再度反思戰爭對平民百姓的意義為何。這座城市顯然已經從一九七五年到一九九〇年間蹂躪黎巴嫩的內戰中復原過來，不過只要你仔細瞧瞧，在建築物上的斑斑彈痕裡或位於市中心的假日酒店廢墟裡，處處是勾起回憶的痕跡。在國家博物館，你會看到羅馬馬賽克被砸穿一個孔，以便狙擊手可以用槍瞄準外面那條區分不同陣營的「綠線」（Green Line）。[31]我結識曾經歷過內戰的人；他們告訴我，他們學會了分辨不同槍炮的聲音，在避難所抓緊時間睡覺，盡其所能的在他們鍾愛城市的斷垣殘壁中，過著日常生活。「Sihtak bil dinya」（你的健康勝過世上一切），每當有人的家或商店被炸了，他們會這麼安慰彼此。

31　黎巴嫩內戰時，基督徒與穆斯林各據首都貝魯特的東、西方，以一條從北部貝魯特港經中心商業區，沿著大馬士革路呈南北走向到東南郊的街道為無人區，將城市一分為二，因年久充滿綠色植被，人稱「綠線」。

作為地中海東側的一個重要海港，貝魯特在五千年歷史中已經多次見識過戰爭，居民們認為它曾經被摧毀與重建至少七次。西臺人（Hittites）、腓尼基人、古希臘和古羅馬人、拜占庭人、馬穆魯克人（Mameluks）[32]、鄂圖曼人、和近期的法國人與敘利亞人全都覬覦過這座城市。一一一〇年，第一次十字軍東征告終之際，這座城市和居民遭到木製攻城塔和劍的攻擊，雖不是火箭炮和卡拉希尼科夫步槍，但受害最深的還是平民百姓，古往今來經常如此。耶路撒冷鮑德溫國王（King Baldwin）領導的十字軍從陸上和海上包圍這座城市，來自友好船隊的支援無法送到大多為穆斯林的居民手上。一位編年史家在幾年後說，「有兩個月的時間，圍城軍隊連綿不絕的發動攻擊到日以繼夜的程度，以至於守城將士連一小時的喘息時間都沒有，如此這般輪流工作與輪番上陣，基督徒以不堪忍受的勞動來耗盡敵人的力氣。」當城市終於陷落，絕望的市民逃向海上，卻碰上從船上一躍而下的基督徒軍隊猛攻。這位編年史家說：「命運多舛的城市人，很不幸地被兩邊敵對陣營包夾，一下子被這方圍攻，一下子被另一方圍攻，命喪於雙方的劍下。」據說當時死了幾千人，直到鮑德溫厭倦了屠殺，下令收手為止。

洗劫城市和強暴並屠殺居民是一段不光彩的悠久歷史。有時候，指揮官會試著控制士兵，但他們更常是命令手下施以暴行，或根本鼓勵他們隨心所欲地對待人民。當日本軍隊在一九三七年拿下中國都市南京時，軍官們命令手下折磨、殺害、強暴中國人民。有個軍官說，新兵們目睹現況，起初感到非常震驚，「但很快的他們自己也會如法泡製。」圍城的時間越久，花費的代價愈高，投降後城裡的市民就越有可能蒙受可怕的厄運，因為攻擊的士兵認為抵抗延長了他們這些攻擊者所必須忍受的艱苦。當西班牙士兵在一五七九年從尼德蘭反叛軍手中拿下馬斯垂克（Maastricht），有三分之一居民遭到屠殺。在三十年戰爭中，馬格德堡（Magdeburg）的命運正是平民百姓遭到戰爭殘酷對待的例子，過了幾百年仍為後世所記得。哈布斯堡王朝帝國軍和天主教聯盟（Catholic League）在一六三一年三月開始圍城時，這座大多為新教徒的城鎮約

---

32 十三世紀中至十六世紀初統治埃及、巴勒斯坦和敘利亞地區的王朝，最早是由阿拔斯王朝的哈里發所組織的奴隸兵團，大多來自於高加索地區和黑海北部非穆斯林遊牧民族，後來逐漸擴大影響力、掌握實權，並建立自己的王朝。

有兩萬五千名居民。馬格德堡終於在五月被攻陷，帝國軍放火燒城，一千九百棟建築中，有一千七百棟被燒毀。士兵在城內橫衝直撞，強暴婦女與年輕女孩。死亡的百姓大約有兩萬名，隔年的一份人口調查顯示，只剩四百四十九人還住在城裡。

在莎士比亞的《亨利五世》裡不列顛國王敦促他的軍隊攻擊法國城鎮哈弗勒爾（Harfleur），這段演說已經成為英國文學的瑰寶：「再向那缺口進衝一次，好朋友們，再衝一次。否則就用我們英國的陣亡士兵去填補那城牆吧！」[33]一位備受敬重的尚武國王展現出的這種英雄情懷，英國的體育評論員、股市分析師與政治人物對此都很熟悉。不過，他們應該讀一讀過了兩個場景，在一段幽默短劇後的亨利獨白。他告訴哈弗勒爾的市長與市民，若他的士兵必須戰鬥才能拿下城市，那麼他們將不會手下留情。當哈弗勒爾的軍士們從城牆上往下看，他告訴他們，趁著為時不晚，投降吧！

否則，哼，一剎那間，你們就注意看罷。
放肆凶狠的士兵用汙穢的手
就要把你們的銳叫的女兒們的髮鬟弄髒；
你們的父老們的銀鬚就要被抓住，

他們的最尊貴的頭被撞在牆上，
你們的赤裸的嬰兒被戳在矛尖上，
瘋狂的母親們呼天搶地，
聲徹雲霄，有如猶太婦人們
之面對著希律王手下的搜殺嬰孩的屠夫。
你們意下如何？願投降，避免這一切？
還是執迷頑抗，就這樣的自趨於毀滅？[34]

戰爭來意不善，也沒有讓平民百姓選擇是不是想要涉入戰爭。將軍們在軍隊撤退時，會下令執行焦土政策。在歐洲，第二次世界大戰即將告終那段時間，德國最高指揮部太不在乎自己的百姓了，以至於下令保衛「每一棟公寓、每一間房子、每一排樹

---

33 本段譯文摘自《莎士比亞全集》，梁實秋譯，遠東圖書出版。
34 本譯文取自《亨利五世》譯本，遠東圖書公司印行，梁實秋譯。

籬、每一個坑洞，戰到最後一兵一卒為止」。這道命令發布於一九四五年三月，距離德國最後潰敗明顯不到幾個星期。《柏林的女人》作者看著德國軍隊行經她居住的街區。「發生什麼事？」她問：「你們要去哪裡？」其中一人喃喃自語地說他們要追隨元首，至死方休。「他們顯然不太關心我們。」她在日記裡這麼寫。

打仗時，每一個軍隊行經祥和的鄉間都會速速帶走可以拿到的食物，即使友軍也不例外。農舍毀於大火，牛群遭到驅散。海軍擊沉商船或封鎖港口。轟炸機對著目標拋擲炸彈，裡面有些可能是軍用設施，但往往也有住家、學校和醫院。平民必須盡力求生，但疾病與飢餓也會加入死神的行列。十六世紀的前四分之一時間，在義大利城市帕維亞（Pavia），孩童在兩旁是宏偉文藝復興建築的街上飢餓的哭喊。這座城市的人口從一五〇〇年的一萬六千人減少到一五二九年的不到七千人。一個世紀以後，在三十年戰爭裡，德意志地區各邦國的人口下降二十五到四十個百分比。有些死亡是蓄意造成的，但有很多是大批軍隊移動所傳播的疾病，襲擊因食物短缺而營養不良的人民所產生的副作用。就在第一次世界大戰結束之際重創全球的流感大流行，殺死了高達五千萬人，恐怕就是因為前線軍隊的大量移動導致流感在全世界迅速散播。

毀壞一切的焦土戰術

刻意以平民為目標向來是一種戰術，不管目的是為了壓榨資源、迫使敵人出面應戰、還是削弱對方繼續奮戰的意志力。幾百年來，歐洲的圍城軍隊會索討金銀財寶，以交換城鎮和僧院免於破壞、生靈免於塗炭。無政府狀態的戰爭也常常為私營企業剝削平民百姓大開方便之門。在十四世紀英法百年戰爭期間，自封「暴打族」和「鋼臂」等名號的私人幫派橫行法國燒殺擄掠，跟黎巴嫩內戰期間和今天在利比亞或剛果部分區域的武裝幫派的行徑不相上下。在一三五六年至一三六四年間，法國有超過四百五十個地方被迫上繳贖金。有時候，軍隊和私人幫派也會像黑手黨或「Cosa Nostra」[35]那樣定期索討保護費。在十六世紀，德意志地區和尼德蘭的住民可以拿到一紙證書（德語稱為 Brandschatzung，縱火稅）證明他們已經繳交保護費了。握有兵權者甚至會預先印好空白表格，供人填上金額與日期。若是無法準時繳交這種經常費

35 義大利裔美國黑手黨成員對自己的稱呼，意為「我們自己的事」。

用，就會遭到所謂的「處刑」，作法通常是燒毀村莊或甚至處決在地的人。即便入侵的部隊照著自己的規則行事，平民百姓也是被看成可資利用的對象，他們的日用品與積蓄可被拿來使用，他們的房舍適合作為軍營。軍隊有時候會嘗試支付費用，可是他們給的票據和簽單憑證往往是廢紙一張。

修昔底德在他的《伯羅奔尼撒戰爭史》中，描述戰爭的第一年，斯巴達人如何企圖藉由蹂躪阿提卡（Attica），來引誘雅典人從牆後現身應戰，保衛他們的農家。波蘭王國及盟友立陶宛大公國與條頓騎士團（Teutonic Knights）之間的領土糾紛，引發了一四一四年夏天的飢餓戰爭（Hunger War），當時雙方都運用焦土戰術，企圖以饑荒迫使對方屈服。在中世紀的歐州，騎士典則（chivalric code）向來十分受到敬重，這些騎士們會施以一種殘忍戰術「騎馬遠行」（chevauchée）——一個的單純的詞語。如名稱所示，他們真的有騎馬，只是「騎馬遠行」的目的是沿路奪取、焚燒或夷平一切——動物、莊稼、建築、人民。這是為什麼在部分法國地區，你還能看到供窮人避難的碉堡式農莊與教堂。它並非總是能拯救他們，因為建築物可以被攻破或放火焚燒。現實中的亨利五世說：「沒有烈火的戰爭，好比沒有芥末的香腸，一文不值。」百年戰爭期間，一三六〇年英軍攻破奧利（Orly）的教堂時，有一百個農人遭到屠殺。貴族武士以毀滅的方式，包括毀滅農人和他們認為低人一等的農奴，迫使對手離開防禦城堡，出來保衛自己的財產（而搶劫與掠奪也是讓普通士兵開心的方法）。百年戰爭接近開打之時，不列顛這方進行了一次赫赫有名的「騎馬遠行」，範圍達二十七英里寬，身後留下被毀壞殆盡的鄉村。戰爭開始二十五年後，一名義大利詩人回到該地，說他「必須強迫自己相信，這是他以前曾經見過的同一個鄉村」。

在《亨利五世》裡，相較於莎士比亞的角色們在劇中其他地方談到戰爭的光榮，法國統帥勃艮第公爵（Duke of Burgundy）的言談提供了一種生動的對立觀點。勃艮第促請法國與英格蘭國王終結戰爭：

> 我要在二位駕前詢問一聲，
> 有什麼故障，有什麼阻礙，
> 為什麼那赤貧的，可憐的，任人宰割的「和平」，
> 原是技藝繁榮與歡欣的保姆，
> 不能在這世界上最好的花園，

我們的富庶的法蘭西，拋頭露面呢？[36]

他試著告訴他們人命的代價：

> 我們的葡萄園，休耕地，草原，籬笆，
> 固然是因變質而荒蕪，
> 而我們的家人，我們自己，和孩子們，
> 也同樣的荒廢了，或是沒有功夫去學習，
> 那些使我們的國家增光的學識；
> 一個個變得像是野蠻人——軍人
> 任事不做只想殺人流血當然要變為野蠻人的……[37]

殘忍對待百姓，也是意在使他們順服，教會他們明白抵抗沒有好下場。泰隆之變（Tyrone's rebellion）開始於一五九〇年代，當時愛爾蘭人挺身反對英格蘭都鐸王朝的占領，英格蘭人做出嚴厲至極的反應。殘忍無情的卡里克弗格斯鎮（Carrickfergus）[38]首長亞瑟・奇切斯特（Sir Arthur Chichester）在寫給上級的一封信裡，誇耀他沿著內伊湖（Lough Neagh；今天已是一座祥和的湖泊，以鰻魚和賞鳥地點聞名）所做

的一次襲擊，地點就在貝爾法斯特（Belfast）以西：「我們沿著湖泊，在丹甘農鎮（Dungannon）四哩內燒殺劫掠。」他說，算了算，至少有一百人死亡，被他燒死的人數或更多。「不分男女好壞，我們一個都不放過，人民的心中已經滋生極大的恐怖……」人類從來不曾放棄這種手段。一九四二年，日本人在跟中國打仗時，採取了一個類似的政策叫做「三光作戰」：燒光、殺光、搶光。今天的敘利亞政府軍則會洗劫摧毀反叛的城鎮與村莊。

美國內戰時，薛曼將軍不但以大規模報復平民，來阻止對手攻擊河上的聯邦軍船隻，他更是跟後來美國人在越戰時一樣，相信勝利的關鍵有賴於切斷南方百姓可以提供給家鄉軍隊的支援補給——從情報到食物皆然。誠如他在給財政部長的一封信上所言：「所有的南方人都是所有北方人的敵人，美國政府現在有把握可以按這樣的規

---

36 本譯文取自《亨利五世》譯本，遠東圖書公司印行，梁實秋譯。
37 本譯文取自《亨利五世》譯本，遠東圖書公司印行，梁實秋譯。
38 北愛爾蘭安特里姆郡的一座城鎮。

則行事；他們不只是不友善而已，更是所有能取得武器的人現在都要把他們當成有組織的軍團或游擊隊。」薛曼將軍把每一個南方老百姓都看成敵人，不分男女老少。為了求勝，他單挑出重要的邦聯州如密西西比州、喬治亞州和南卡羅萊納州的百姓給予特殊處置，驅逐選中城鎮的居民，放火燒掉建築物，占用馬匹牛隻，並摧毀莊稼。一八六四年「向大海進軍」通過喬治亞州時，橫亙該州留下一條約六十哩寬的廢墟足跡，隔年，南卡羅萊納州也落入相同的命運。

歐洲人帶著相當程度的憐憫來看待美國內戰，認為這是歐洲文明已經明顯進步而美國人仍難望其項背的證據。在第一次世界大戰前的幾十年間，歐洲人愈來愈認為只有世界上比較不先進、比較不文明的地方才會有戰爭。一八七〇年至七一年的普法戰爭之後，歐洲唯一的衝突發生在巴爾幹半島，這可以用塞爾維亞、保加利亞、羅馬尼亞和希臘才剛剛擺脫鄂圖曼帝國的箝制並崛起，所以還有一段路要趕上，來當成辯解的理由。新成立的卡內基國際和平基金會（Carnegie Endowment for International Peace）對一九一二年和一九一三年的第一次與第二次巴爾幹戰爭出了一份報告，評論各方對平民百姓所犯下的暴行。報告中語帶安慰地提到歐洲其他地方：「在比較古老的文明裡，有一種體現在法律與制度中的道德力與社會力綜合體，賦予其穩定的特質，形成風土民情，並營造安全感。」這份報告在一九一四年夏天發布，就在歐洲即將發動戰爭，證明自己殘忍對待百姓的能耐有多強的前夕。

二十世紀走向全面戰爭，模糊了戰場前線與大後方的界線。畢竟照它的邏輯，在工廠製造子彈的婦女就跟發射子彈的士兵一樣參與了戰事。民族主義的茁壯和公民在自己社會裡的群眾參與，既助長也合理化了對敵人無所不包的仇恨，戰鬥人員與平民百姓一體適用；工業、科學與技術的長足進展，則給人更好的手段工具去採取行動對付百姓，只是老戰術如海上封鎖、強徵房舍供士兵住宿、搶奪資產、焦土政策依然持續運用。

第一次世界大戰之後有很長一段時間，大家以為德國在比利時的暴行事蹟是協約國巧妙宣傳下的產物。事實上，歷史學家近年來已經證明，其中有很多故事是真的。德國軍隊確實有大肆射殺無辜的比利時百姓，或把他們當作人肉盾牌，並故意焚毀建築物。德國人真的去搶奪比利時人的大部分財富，從黃金到牛隻都有。而在德國或德國占領的法國北部，約有十二萬名比利時人民被強迫勞動，通常是在極其惡劣的環境下，而且口糧配給短缺。德國人不是唯一犯下虐待平民罪行的人。英國人對德國進行的封鎖也包括食物在內，至今仍然造成爭議。一位年輕的英國歷史學家瑪麗・考克斯（Mary Cox）的近期研究顯示，由於戰時和戰後不久，英國人持續進行封鎖以逼迫德國同意他們的和平條件，德國父母買不起越來越貴的食物給孩子，所以德國的兒童營養不良，成長受到影響。一九一五年，面對德國的步步進逼，俄羅斯軍隊在撤退時不但使用焦土戰術，還強迫非俄羅斯人的少數族群離開。約有三十萬立陶宛人、三十五萬猶太人和七十五萬波蘭人被往東送到俄羅斯，整個戰爭期間，更挑出蘇聯控制領土內的猶太人，施行不利於他們的特殊關注與計畫。當奧地利於一九一四年入侵塞爾維亞，並且在一九一五年二度入侵獲得更大成功時，它的軍隊粗暴地對待當地人民。一位外國觀察員說，「在極其令人髮指的殘忍狀況下，有超過一千個被懷疑幫助塞爾維亞軍隊的百姓遭到殺害，其中包括婦女與孩童。」在鄂圖曼帝國，掌權的「團結進步委員會」（Committee of Unity and Progress），綽號又名「青年土耳其黨人」（Young Turks），以戰爭為藉口對亞美尼亞（Armenian）少數族群進行系統性的種族滅絕。因為被處決，或被迫從東北方的家園橫越沙漠前往敘利亞途中遭遇艱辛而死的人，在一百萬人到一百五十萬人之間。

沒有打仗的時候，技術的進步，例如更好且更致命的炮彈，更長程且威力更強的飛機、潛水艇、毒氣和原子彈，使戰爭得以從較遠的距離遂行更大規模的殺戮。第一次世界大戰結束後那段時期，面對龐大死亡人數所引起的種種反感，西方政府發現空襲是一個使頑民臣服受控的簡便作法，尤其是如果一如往常地認為他們比較不文明的話。一九二〇年代初期，英國人派轟炸機轟炸伊拉克和阿富汗，而義大利人在一九三五年入侵衣索比亞時也如出一轍（墨索里尼的女婿加萊亞佐・齊亞諾伯爵〔Count Galeazzo Ciano〕覺得爆開來的炸彈看起來像空中墜下的花朵）。空中轟炸平民的作法終於在一九三七年來到歐洲，在西班牙內戰期間，納粹與法西斯黨飛行員代替佛朗哥軍隊摧毀巴斯克地區（Basque）格爾尼卡城（Guernica），殺死了好幾百人。

第二次世界大戰開始時，至少在同盟國這邊對於何謂合法的攻擊目標仍有些疑慮（據說當一九三九年轟炸魯爾區〔Ruhr〕德國工業的可能性被提出時，一位英國內閣部長曾抗議說：「但那是私人財產。」）。雖然，還是在同盟國這邊，這類議題從來不曾完全消失，但戰爭全力以赴的本質把問題擱置了。所有的交戰國都會轟炸平民來擾亂敵人對戰爭的努力，削弱對方繼續戰鬥的意志。港口、工廠、鐵路調車場、油槽、水壩與橋梁全都成為目標，住宅與市中心也沒能倖免於難。一九四〇年夏天，赫曼・戈林（Hermann Goering）跟希特勒打包票，說他可以轟炸英國的機場與重要城市，尤其是倫敦，來逼使他們請求和談。英國轟炸機司令部主帥亞瑟・哈里斯爵士（Sir Arthur Harris）相信、也成功說服包括邱吉爾在內的長官們，認為靠轟炸可以打敗德國，贏得勝利，其戰略目標在於打擊德國的士氣。一九四三年十月，哈里斯在一份極機密的備忘錄中說，目的是：

> 摧毀德國城市，殺死德國工人，瓦解整個德國的文明社會生活……屋舍、公共設施、交通與生命的毀滅，史無前例的大規模難民問題，和對擴大密集轟炸的恐懼導致前線後方的士氣瓦解，都是我們的轟炸政策所公認與意欲達成的目標。它們並非企圖攻擊工廠的副產品。

一九四三年，德國城市漢堡死了四萬人，許多人是死於同盟國轟炸導致橫掃城市的火災風暴，而在一九四五年，恐怕又有三萬五千人死在德勒斯登（後者的數字跟目標的選擇一樣，仍然具有高度爭議性）。同一年，美國以燃燒彈轟炸東京都（刻意選擇的武器，因為城裡有非常多木造建築），摧毀十六平方英里，致使八到十萬人死亡，一百萬人無家可歸。負責此次襲擊的柯帝斯・李梅少將（Major-General Curtis LeMay）說日本人被「焚燒、煮沸、烤焦至死」。紐倫堡大審時，同盟國對納粹領導人的指控裡不包含密集轟炸，可不是疏忽的關係。

人民的反抗

戰鬥與非戰鬥人員應扮演何種適當的角色，過去幾個世紀以來所建立的區別已經被全面戰爭給模糊化了。制服、階層制度、紀律與規定，原本意在使軍隊有別於平民百姓；前者有權使用武力，後者無權。可是當平民拿起武器或反抗武裝入侵者的話，會怎麼樣呢？戰爭的規則是否適用於他們？好比薛曼將軍在美國南方所做的，這類平民百姓可以並應該加以懲罰嗎？為了控制與規範戰爭，這種種問題都是更龐大的持續嘗試之一部分，不過它們也指出平民百姓在戰爭中具有日漸增長的重要性。

在近代以前，統治者並不怎麼在乎平民百姓對戰爭的支持，不過隨著民族主義出現，加上戰爭的複雜性與需求日益增加，平民（他們的認可和他們的勞動力）對戰事來說變得愈來愈重要。平民志願者如拿破崙戰爭期間在普魯士的愛國婦女協會，或十九世紀中期創立的紅十字會，可以照顧軍隊或戰爭受害者，為士兵的家庭募款，為傷者提供醫院與醫護人員，或是購買債券以融通戰事資金。婦女老幼可以為前線戰士分擔工作，或志願幫助當局監控夜間熄燈或火災警示。相反地，當有夠多人數的民眾收回他們對戰爭的支持，例如一九一七年在俄羅斯、一九一八年在德國，和一九六〇與七〇年代美國在越戰期間，政府並非辦不到繼續戰鬥下去；即便戰爭繼續，百姓也能用各種方式妨礙或動搖國家的戰事。一個極端作法是直接抵抗，不管是躺在鐵軌上或堵住募兵中心的和平主義者，還是拿起槍桿子對抗自己政府或武裝占領的反抗者。另一個極端是不合作，比方說不買戰爭債券或拒絕超時工作。當蘇聯與德國在第二次世界大戰爆發前夕簽訂互不侵犯條約（又以兩國外長的名字稱為「莫洛托夫－里賓特洛甫條約」〔Molotov–Ribbentrop Pact〕），全世界的共產黨接到莫斯科的命令，要他們採取完全相反的立場，從敵視納粹德國改成攻擊民主國家（正是這起事件啟發了喬治．歐威爾寫出《一九八四》）。在法國，勢力強大的共產黨一夕之間變臉，從催促對德宣戰變成倡導和平。當政府頒布動員令時，共產黨人在火車站大聲疾呼：「不要去！要和平！要和平！」也有報導說共產黨籍的勞工破壞軍火生產，不過此事難以證實。

在第二次世界大戰，數百萬平民居住的廣袤土地遭到敵軍占領。在歐洲，有一百八十萬人受制於義大利、德國及較小盟邦所組成的軸心國，而在亞洲被日本人統治的人口超過四百六十萬人。中國民族主義者汪精衛同意幫日本人領導一個傀儡政權，部分因為他相信他的國家和日本合作，能驅逐西方帝國主義，建立一個新亞洲。比利時知識分子亨利・德曼（Henri de Man）則認為納粹是擺脫自由民主的一種「解放」。維琪法國（Vichy France）魁儡政權的統治菁英和支持者看到的是一個倒轉時光的契機，回到他們心目中法國不朽的天主教與保守價值。當德國要求交出法國猶太人並運送到滅絕營時，維琪政權欣然配合。

歐洲與亞洲的軸心國被自己的種族理論所蒙蔽，加上戰爭愈來愈需要他們竭盡所能地榨取資源，從而逼得占領區的人民主動造反。強迫勞動、懲罰性稅賦、無差別殺人和蓄意的種族滅絕，人民除了反抗別無選擇，否則恐怕難逃一死。從菲律賓到中國，當武裝抵抗運動在全亞洲風起雲湧，也遍及整個歐洲，軸心國採取更嚴厲的鎮壓行動，日本人在中國有三光政策，納粹則以連坐法對付任何有反抗運動的地方。德國部隊屠殺希臘的村民後，被占領的希臘有一位德國外交官說：「這種英勇行為的美妙結果是，嬰孩死了，但游擊隊繼續活下去。」曾經以鹽巴和麵包等傳統禮物來歡迎納粹軍隊，當他們是來救度自己脫離蘇聯統治的烏克蘭人，在納粹開始殺戮並把奴工大量驅逐到西方時，也開始組成黨派團體。

第二次世界大戰時的反抗運動中有人是拿起槍桿子或炸毀鐵路，也有人聽英國廣播公司深夜新聞快報，即使會被判處死刑，全歐洲仍有成千上萬人這麼做。印刷或散發有關占領與戰爭狀態的訊息，也是反抗運動。在比利時，有大約一萬兩千人參與三百種地下報紙的製作與派送。在被占領的法國，如果有英國士兵出現在新聞影片中，群眾會群起鼓掌，如果是德國人坐在旁邊，他們會挪動位置。在波蘭，有個德國軍官抱怨波蘭小孩總是對他很沒禮貌。在丹麥占領區，公民會在戶外群聚，唱著丹麥民謠。尼德蘭人在花壇上種滿代表民族色彩的花朵。在毀了捷克斯洛伐克（Czechoslovakia）的「慕尼黑協定」週年紀念日那天，布拉格的街上空蕩無人。這類姿態看似微不足道，卻能保住人們心頭上的希望。

個人會盡己所能的保存人民的記憶，並記錄眼前的恐怖。一個在塞拉耶佛的穆斯林圖書館員從國立波士尼亞與赫塞哥維納博物館（National Museum of Bosnia and Herzegovina）走私了一本稀有的十四世紀泥金裝飾猶太手抄本，免其落入納粹之手。在維爾納（Vilna），被納粹強迫造冊大量被查獲猶太文件的猶太學者，會盡量把文件偷出來藏在地板下或牆裡。攝影師們無視納粹的規定，拍下並保存猶太隔離區和集中營的照片。一九三三年當納粹在德國掌權，一個德勒斯登的羅曼語[39]（Romance languages）教授維多．克蘭普勒（Victor Klemperer）決定繼續寫日記。他經常提到他的健康狀況，一再的預測自己將不久於人世（他以七十九歲高齡逝於一九六〇年）。克蘭普勒說他自己並不英勇，可是把逐漸壯大的納粹控制德國社會，以及這個政權的諸多罪行，包括第二次世界大戰和猶太人大屠殺都記錄下來，他做的這件事卻是一個極為勇敢之舉。他在一九四二年如此記載：「我將寫下去，這是我的英雄主義。我將作為見證者，精準的見證！」納粹無視於他的家庭已經改信基督教，仍然當他是猶太

---

39 從拉丁語演化出來的各現代語言。

人，但因為他娶了一名雅利安女性，所以還是放過了他。雖然加諸在他身上的限制收緊，但她仍然獲准可以自由移動，並且勇敢的從他們被迫住在給異族通婚者的特殊居所，把一頁一頁的日記偷帶出來。一位女性醫師友人也同樣勇敢地藏起這些材料，直到戰爭結束。

同盟國也會在能力範圍內鼓勵並支持武裝反抗。一九四〇年成立的英國特勤處（British Special Operations Executive），宗旨就是鼓勵歐洲大陸的反抗者「點燃歐洲烽火」。一旦德國入侵蘇聯，歐洲的共產黨再次逆轉立場，加入反抗陣營。雖然納粹壓制共產主義，但大部分政黨活動已經轉入地下，而共產組織具備堅實的階級制度與獨立的基層小組，非常能適應反抗活動。不管是共產黨還是非共產黨，日益壯大的反抗網絡幫助同盟國飛行員與士兵逃脫；提供有價值的情報，包括德國人為了阻止同盟國空降而豎立起「大洋壁壘」（Atlantic Wall）的部分防線計畫，以及有關軸心國軍隊的優勢、組織與移動的詳細資訊；並在工廠、鐵路線與電報電話線的沿線進行破壞。那些被占領者抓到的人付出慘痛代價，無辜的局外人往往也會受到牽連。

平民百姓與公民社會進入陌生且駭人的戰爭世界，往往發現自己竟有這般非凡的韌性與適應力，這一點令我們這些生活在和平社會裡的人印象深刻。人們耐受著戰爭來臨前難以忍受的困苦，他們在廢墟中求生，根據何時外出安全來調整自己的作息，睡在擠滿陌生人的避難所裡。他們學會在沒水沒電的狀況下生活並享受食物，奇形怪狀的肉、油魚罐頭、難吃的馬鈴薯、橡子做的咖啡，這些都是他們在和平時期不屑一顧的東西。奈拉・萊絲特（Nella Last）整個第二次世界大戰期間都住在巴羅因弗內斯（Barrow-in-Furness），利物浦以北四十哩的一個造船區裡，那裡經常是德軍的空襲目標。她心愛的房屋被毀，儘管如此，她繼續前進，整天在婦女志願服務隊工作，用短短幾個小時處理家務。她養雞種菜，非常驕傲自己能盡量充實她的糧食配給。她不時在日記裡吐露心聲，說她很沮喪，可是為了家庭和身邊的人，必須保持愉快。她用尼德蘭小男孩以手指頭堵住堤防的洞來防止滲水的故事提醒自己：「我必須保持我的堤防夠堅固強大，不然我會垮下去。」

戰爭中的女力

女性成為偉大的即興創作者，像《亂世佳人》裡的郝思嘉那樣用窗簾來做洋裝。

第二次世界大戰時大不列顛婦女應付絲襪及尼龍短缺的作法，是在雙腿後面畫上縫線，讓自己看起來像是有穿的樣子。而且她們也發現自己做到一些從沒想過有能力做的事。《柏林的女人》作者相信，女性從專注於日常生活細節中獲得力量，例如排隊領食物。她談到她的鄰居們：「對這些女人來說，手頭上的任務是香腸，而香腸的念頭改變了她們對於某些也許更重要，但卻也更遙遠的事情的看法。」她自己則是等蘇聯人搬走後，以清洗床單為樂──誠如她語帶嘲諷的說：「一個那些穿靴子的訪客來過以後所急需的改變。」

里布莎・弗里茲－克羅考（Libussa Fritz-Krockow）來自德國東部的一個古老地主家族，她在一九四四年結了一個門當戶對的婚，嫁給一名陸軍軍官，此人離家去打仗，但她不清楚在哪裡，留下她、她的母親和即將有小寶寶降臨的小家庭給她的繼父照顧。像他們這樣的家庭擁有強大的傳統，所珍視的大多是陽剛的和軍事的價值。她世界裡的男人相信秩序、紀律與服從，打仗時很有用，可是隨著蘇聯軍隊進逼而德國防線崩潰，這些價值在他們即將被捲入的混亂中都派不上用場。弗里茲－克羅考在她的回憶錄《女力時刻》（*Hour of the Women*）裡，描述她和她的母親及女傭如何從繼父及另一個地方上出身貴族的男人手中接管大權。她和蘇聯人交涉，賄賂官員，為求生存而去覓食與偷竊，因為男人們做不到：「他們就是敗在這裡。講到要你低下頭，四肢著地的撿起你需要的菠菜，這樣才不會餓死，根本顧不上什麼榮譽與責任。他們把這種事留給我們去做。」她成功的把她那一小群女人和她的嬰孩安全地帶到西邊的同盟國占領區，然後回頭去找她的繼父，那時他被關在蘇聯區一個臨時戰俘營裡。她找到他，隔著帶刺鐵絲網跟他說她有剪線鉗和開往西邊的火車票。一開始他拒絕離開，理由是他身為一位紳士與軍官，已經承諾絕不逃走。直到她聲稱說她自己一個人不知道怎麼旅行，他才同意隨行。當他們安全的在西邊安頓下來，不意外的是，她發現自己無法回到依賴並順服家族男性的舊關係裡。柏林的匿名女子也有類似反應。如今，在她眼中的男性才是弱勢性別，可悲又無力：「我們女人的內心深處體會到一種集體失望。納粹的世界由男人統治，頌揚強壯的男人，正在開始粉碎，『男性』的迷思也是一樣。」她認為打敗仗就是代表雄性性別的失敗。

戰爭是一種顛倒傳統角色與期望的途徑。在文藝復興歐洲，遭圍城的城市女性會被要求一起守城。一五五二年至一五五三年間，義大利城市西恩納（Siena）遭到包圍的十八個月間，所有十二歲到五十歲的女性，不分貧富貴賤，都會配發簍子和鏟子或尖嘴鎬。當命令響徹街頭，女子們會離開家去城牆工作。戰爭愈是全面，對女性勞動力與技能的需求便愈大。第一次世界大戰告終之時，在包括英國、加拿大、丹麥、德國、波蘭與美國在內的許多國家裡，女性對戰事的貢獻成為賦予她們投票權的一個有力論證。

第一次世界大戰時，女性外出工作的比例在大多數參戰國家裡有顯著的提升。戰爭開始時，女性占英國工業與運輸勞動力的百分之二十三，到了一九一八年，這個數字是百分之三十四。一家英國軍工廠的蘇格蘭籍女性福利督導員說：「德皇給了英國女性一個她們的父母兄長曾經否決的機會。」大戰前，女性就已經在辦公室及工廠工作，不過現在也移往向來被認為屬於男性的工作上。各地的女性紛紛脫下長裙，換上長褲，剪去頭髮，因為這樣比較安全，也比較方便。

女性填補男性的空缺去做巴士售票員或農場工人（在英國，她們以「大地女孩」〔land girl〕為人所知）。「軍火婦」（munitionettes）替代男性在武器工廠裡從事危險的工作。許多英國人口中的「金絲雀女孩」（Canary Girls）因為接觸化學物質而皮膚變成鮮黃色，有時候也會生下有同樣膚色的嬰孩。一九一五年，軍需部（Ministry of Munitions）設立由女性自己擔任的福利督導員，來照顧女性勞工的健康與工作條件，不過，也許是免不了吧，這些女性發現她們要應付不配合的男性雇主與工會代表，這些人不認為女性應該跟男性同工同酬。

兩次世界大戰期間，特別是做傳統上屬於男性工作的職業婦女，在職場上會遇到刁難，尤其是男同事，他們擔心付給女性的薪水較少，會成為老闆降低或凍結自己薪資的藉口，也明白表示不歡迎女性。在一家伯明罕的工廠裡，前一班的男工人會故意鬆開車床螺帽，以便拖慢接手女工的速度。第二次世界大戰時，有一位英國女性放棄美髮業，成為一名鉚釘工。她跟一群男性新人第一天報到上工，便在分派工作時枯等一旁，她問領班她應該做什麼，他的反應是：「噢！對了！我們忘了這裡還有個陽光女孩！」他給她一支掃把：「來，拿著！」他說：「四處掃掃吧！」對於這類情況，還有更多公然的性騷擾，例如工作時禁止化妝等，管理階層態度的格外無用。波音公司以毛衣太貼身為由把五十三名女性遣回家，後來又企圖為自己辯護，宣稱說貼身毛衣是一種安全危害，因為可能會被機器夾住，故而引起強烈抗議。中產階級的職業往往更不歡迎女性。英國機械工程師協會（Institution of Mechanical Engineers）在一九四四年接受第一位女性正式會員時，其他會員提出抗議。其中一人寫說，女性太嬌弱了，難以承受她們不免會遇到的「混亂無序」和粗話。也許更重要的是，他又說：「職業工程師已經要面對太多競爭了，而且戰爭結束後，『誰也說不準會怎樣』。」

對很多女性來說，有薪職只是在她們身為母親與妻子的職責上再添一筆工作，而政府遲遲沒能意識到這一點。在倫敦，女性推著年幼的孩子上街遊行，手舉標語，上面寫著：「孩子去托兒所！媽媽去（為戰爭）工作！」她們慌忙的尋找托嬰服務、採買日用、做家事，這些重擔讓有些女性感到難以負荷。英國職業婦女的缺勤數是男性的兩倍，而雇主往往大多歸因於女性需要在商店關門或被搶購一空前去採買。一名食品部官員，懷疑是男性，提出沒有幫助的建議：「擔任戰事工人的已婚婦女應該有能力請託鄰居或朋友幫她們採買食物。」美國加入第二次世界大戰時，美國政府敦促婦女不要偷懶，承擔起戰事工作：「近幾年來，主要是在美國，才容許女性養成過度安逸的習慣。」

出身貴族且取得維也納大學博士學位的約瑟芬・馮・米克洛斯（Josephine von

Miklos），抱怨她在新英格蘭軍火工廠的工作既骯髒又無聊，但她提醒自己：「在巴丹[40]的男人們也不喜歡自己滿身汙垢與穢物。中國和俄國和澳洲的士兵打仗並不好玩，海上的弟兄們也是一樣。」其他女性則頗能享受第一次賺到不少錢的體驗。一名蘇格蘭女子於第二次世界大戰時在勞斯萊斯航空引擎工廠工作，地點位於格拉斯哥附近的希靈頓區（Hillington）（那裡的女性其實已經會罷工抗議低工資），她記得戰爭結束前，她每週掙的錢超過五英鎊：「我喜孜孜地把一張五英鎊的鈔票拿給屋裡的人看。我可從來沒看過五英鎊的鈔票。」並非所有為了女性所做的改變都將永久下去，當男人從世界大戰回來，他們就會回到以前的工作崗位上；確實有很多雇主也同意退役軍人的看法，認為女性只是暫時的替代品。也不是所有給職業婦女的幫助，例如日托中心和托兒所，都會延續到戰後。

在諸如美國和英國等國家，媒體會做出黯淡的預測，認為讓女性離開家門，有可

---

40 菲律賓呂宋島的一個省分。

能會導致風氣敗壞，又或許同樣糟糕的是使她們變得不女性化而且過度武斷。不過，對很多女性來說，能夠工作代表一種解放。她們享受自己有錢帶來的自由度和工作上的同伴情誼。「我非常享受下午四個小時的工作時光，」一名第二次世界大戰時在一家英國工廠兼差的女子說：「我迫不及待的要去上班。畢竟，對一個已經相夫教子十五年的家庭主婦來說，那是一種脫離牢籠，獲得自由的感覺。」她接著說：「相當多兼職者都覺得走出去，看看新臉孔，一切是那麼的不一樣，做出這種有別於打掃家裡的改變。」奈拉・萊絲特在日記中承認，離開沉悶的丈夫，並覺得自己正在做些有用的事情，是一種很大的解脫。當丈夫抱怨他的茶沒有備好，而她也沒有那麼「貼心」時，她反駁說：「反正，又有誰想要一個五十歲的女人表現貼心呢？更何況，這樣更適合我！」戰爭結束時，當局想要在英國的勝利遊行上，把女子地面軍（Women's Land army）放在童子軍之後，這群婦女起而抵制遊行。「軍方嚇到了，」其中一個人說：「他們不知道該拿這種不服從如何是好，不過我們心意已決。如果他們不另做安排，我們就要回家去。」軍方做出讓步，遊行時讓女子地面軍跟在陸軍本土防衛輔助隊（Auxiliary Territorial Service）的女生後面。

＊＊＊

戰爭如何影響平民百姓，端看他們所在的地點與身分而定，兩者的影響程度相當。有錢有勢的人可以利用他們的金錢與人脈來規避兵役，或取得包括食物與酒在內的稀有奢侈品。巴黎被占領時，可可・香奈兒（Coco Chanel）就有本事跟她的帥氣德國愛人同居於麗思飯店（Ritz），度過一段非常愉快的戰爭時光。列寧格勒的食物如此短缺，以致於傳出同類相食的情況，那裡的居民擁有的是一個迥然不同的戰爭，許多人沒能存活下來。美國軍人在前往柏林、羅馬與東京的路上戰鬥和死亡，但美國的家鄉卻是一片欣欣向榮。

美國和其他同盟國如加拿大的戰爭支出，做到凱因斯在經濟大蕭條之後一直提倡的事情。政府靠著大肆揮霍並放棄平衡預算的神聖法則，讓經濟再度活過來。戰爭對資源和軍需品貪得無厭的胃口，既創造新的生意，也活絡既有的行業。《衛報》（*The Guardian*）的華盛頓特派員阿利斯泰爾・庫克（Alistair Cooke），後來以知名的ＢＢＣ廣播節目《美國來信》（*Letter from America*）聞名國際，他在珍珠港事件不久後，說服他的編輯派他橫越美國做一趟公路旅行。他造訪有名的城市紐奧良，安德魯·希金斯（Andrew Higgins）在那裡蓋的新工廠和快速成長的勞動力正在製造數千艘登陸艇；他也去了印第安納州一座不起眼的小城鎮查爾斯敦（Charlestown）。戰前，城裡有九百三十九位居民、兩座教堂、幾間商店和一間牛排館。一九四〇年，聯邦政府決定在該地蓋一座火藥廠。庫克到訪時，已經有來自全國的一萬五千人加入原始居民的行列，盡其所能的住在出租屋或拖車裡，而查爾斯敦也有了新的道路、橋梁和警察局。在諸如英國、美國和加拿大這類國家，勞工有能力善用他們新得到的重要地位，索討更高的工資與更好的福利。而在蘇聯，即便昇平時期也以戰時體制來規劃經濟，勞工雖然同樣不可或缺，但力量卻遠遠不如前者。況且，有鑒於德國步步進逼，蘇聯的工業已經倉促搬遷到內陸更遠處，致使許多勞工必須住在帳篷裡，整個漫長寒冬都在沒有暖氣的工廠裡長時間工作。戰爭結束後，蘇聯得以緩慢重建受到嚴重損害的基礎設施，可是冷戰的新需求意味著蘇聯的生產仍然必須被導向為戰爭做準備。蘇聯不可能改善勞工權益，允許他們自由移動，或提供大量的消費品。

隨著和平到來，戰爭的痛苦記憶開始消退，平民百姓也許跟戰士一樣，對戰時的同仇敵愾與同志情誼，感受到一股懷舊之情。維拉・布里頓（Vera Brittain）是一位終身反戰者，曾寫下令人動容的作品談到她在第一次世界大戰時所經歷的損失。然而，她也會寫出這樣的文字：「今天，每當我想起戰爭，我想到的不是夏天，而總是冬天；總是寒冷、黑暗與不安，還有一種顫慄興奮下斷斷續續的溫暖，使我們在其中不理性的狂喜起來。於我而言，一根卡在瓶口的蠟燭是它永恆的符號，那微弱的火焰……」

〔第八章〕控制和規範戰爭

「制定戰爭規則在我看來很好笑。它又不是比賽。文明戰爭跟別種戰爭有什麼差別呢？」

——龐丘．維拉（Pancho Villa）

一八二七年，一名德意志年輕人移民到美國，拋下一段動盪的職業生涯，包括幫普魯士軍隊打仗對抗拿破崙，加上因為他的自由主義觀點帶有對普魯士王權堅決且直言不諱的敵意而入獄兩次。弗朗西斯．利伯（Francis Lieber）是一個理想主義者、博學家、詩人、哲學家和熱衷健身的人，他交遊廣闊，邊沁、托克維爾（Alexis de Tocqueville）、約翰．彌爾（John Stuart Mill）和丹尼爾．韋伯斯特（Daniel Webster）都與他有往來。他在新國家成為一名傑出的知識分子與教育家，編纂第一版《美國百科全書》（*Encyclopedia Americana*），最後成為哥倫比亞大學有史以來第一位美籍政治學教授（political science，這個名詞與學門也是他協助發明的）。

當美國爆發內戰，利伯是北方聯邦的堅定支持者，但他自己的家庭就跟很多其他人一樣分裂了。一個兒子為邦聯南軍打仗而過世，另一個兒子則在效命北軍時受到重傷。利伯成為忠誠出版協會（Loyal Publication Society）的負責人，仍著述不輟，重心愈來愈放在兩邊陣營應該如何互相對待上。他勇敢提出主張，認為南部邦聯的俘虜應該被當成戰士而非叛國者，因此適用於戰爭的習慣法。他說，這才是合乎道德與道理的作法。「若有個攔路強盜跟我要我的皮包，手無寸鐵的我基於權宜之計給了他，我當然認得這個強盜，這只不過是承認事實罷了。」一八六二年，利伯寫信給時任聯邦軍總司令的亨利・哈勒克（Henry Halleck），提議代為制定一份給聯邦士兵的行為準則，結果被林肯總統發布為《一般命令第一〇〇號》（General Order #100），成為編纂現代戰爭法的重要文件，自此之後的許多成果，例如日內瓦公約（*Geneva Conventions*），都是奠基在這份文件之上。

大概過了十年多一點，在維也納，一個來自古老貴族家族卻一貧如洗的美麗年輕女子貝爾塔・馮・蘇特納（Bertha von Suttner）接下某個富裕家庭的家教工作。屢見不鮮的情況發生了，這家人的兒子瘋狂愛上她，又或許她也是。可想而知父母反對這樁婚姻，小倆口於是私奔，最後落腳在甫被俄羅斯併吞的高加索。從做木材生意失敗到設計壁紙，馮・蘇特納的丈夫試過一個又一個創業方案，也靠著當騎馬教練和法文教師勉強維持生計。雖然他倆都為歐洲報紙撰寫文章，但她變得比較出名。一八七七年，俄羅斯與鄂圖曼帝國之間爆發衝突，她親眼看到戰爭的後果，逐漸把相當多精力放在廢除戰爭的努力上。丈夫跟著馮・蘇特納搬回西邊，她成了一個小有名氣的人，將時間與筆鋒都貢獻給和平事業。一八八九年，她出版了她最有名的小說《放下武器》（*Lay Down Your Arms*）（「信念深刻但天分不足。」托爾斯泰曾經這麼形容她）。這部小說雖然矯揉造作又過度冗長，加上不可能發生的情節，但其中強烈的反戰訊息倒是在歐洲引起迴響，後者正開始逐漸意識到工業革命和民族主義茁壯所釋放出來的巨大破壞力。馮・蘇特納結識包括老羅斯福（Theodore Roosevelt）在內的政治家們，懇求他們終結戰爭，她也和瑞典實業家阿爾弗雷德・諾貝爾（Alfred Nobel）建立起堅強的夥伴關係。

身為工程師與發明家的諾貝爾，一開始是為了採礦而發明新型強烈炸藥。不過，全世界的武裝力量很快就看到它們作為更好也更致命武器的潛力。隨著諾貝爾的財富有所增長，他的良心譴責也越來越深。他說，他希望能發明一種武器，具有「大規模毀滅的可怕效力」到連想都不敢想發動戰爭的程度。馮・蘇特納說服他說不如頒發和平獎項，又因為她揮霍無度，接著便厚顏地遊說由她來接受獎項。她和諾貝爾及許多志趣相投盟友的目標一致，都想消滅戰爭。

在人類想要約束、控制或最終消滅戰爭的漫長奮鬥中，利伯和馮・蘇特納代表兩條重疊的線，彼此不盡然相互排斥。即便像馮・蘇特納這樣的和平主義者也準備針對發動與進行戰爭制定法律，希望有一天，人類能明白暴力不再有立足之地。曾經在波羅的海的和平城市柯尼斯堡（Königsberg）對戰爭做出許多反省的伊曼努爾・康德（Immanuel Kant），認為發展國際公認的戰爭法，是朝著完全擺脫戰爭的目標，踏上漫長且艱難的旅程——而人類自己的缺陷可能使它無法達到那樣的理想境界。

一九一三年，以激進的扒糞記者闖出名聲的年輕哈佛畢業生約翰・里德（John Reed），花四個月時間採訪墨西哥反叛軍領袖龐丘・維拉（Pancho Villa）。里德碰巧給他看一本小冊，上面記載著一九〇七年海牙會議上所通過的最新戰爭規則。根據里德的報導，維拉花了幾個小時看過一遍：「他大感興趣而且被逗樂了。」維拉想要知道更多關於那場會議的事，以及是否有墨西哥代表與會。最重要的是，他覺得這整個努力都很荒謬：「制定戰爭規則在我看來很好笑。它又不是比賽。文明戰爭跟別種戰爭有什麼差別呢？」

何謂公義之戰？

維拉確切指出我們想到戰爭時便會面對的諸多矛盾之一。我們怎麼能夠奢談去控制與管理某個以暴力為手段，又若不是全面毀滅敵人，至少是以宰制為目標的東西呢？然而，千年以來，我們並未因此停下不斷嘗試的腳步。好比蟻群之於它們的巢穴，我們費力地建立起一個多少得到認同的組織構造，但戰爭的大腳重重踩下，它便被踢得四分五裂。我們的軍人繼續起而重建被稱之為戰爭法則的東西。這些有部分是在特定時空下被廣泛接受具有約束效果的傳統與規範。即使群山環繞給了希臘城邦不同戰爭打法的可能性，但他們仍然在平原上以相似模式打仗，有些日子打，有些日子不打，太陽一下山，士兵們通常就會偃兵息鼓，並宣布其中一方獲得勝利。阿茲特克人有高度程式化的「花之戰爭」，更近期的新幾內亞高地族或巴西雨林的亞諾馬米人也一樣有。一種某些事是禁忌或「做不得」的感覺所形成的心理障礙，說不定在跟敵軍面對面的時候，效力特別強大。

有一種對戰爭的黯淡看法，是認為所有控制與合理化戰爭的嘗試都是徒勞無功，沒有意義。馬基維利說的好：「只要戰爭就是有必要。」然而，就算是最強大無情的人，也會找某種理由或藉口來合理化發動戰爭的行為。西元前一一一二年，在中國北方的周王討伐鄰國商朝，說商王是個欺壓臣民的醉鬼。上天因此拿回賦予商王的天命，並交給周王，很是順便。舊約聖經裡滿滿是以色列人對敵人打一場公義之戰的參考依據。他必須殺死亞瑪力人，上帝告訴掃羅王：「男人與女人，嬰孩與乳兒。」《出埃及記》（*Book of Exodus*）裡說，上帝自己「也是個戰士」。希臘和羅馬的將軍通常會有國師在出征前請示預兆，看看眾神是否允諾勝利。尤利烏斯．凱撒就算是對眾神也毫不留情，他說：「預示的內容將會依我所願地有利於我。」侵略者拿宗教來當藉口，不過他們訴諸宗教，根本顯示出他們對宗教的力量有著一種內心不安的尊重，也需要合理化自己的所作所為。

從基督教教會最初存在的幾百年間，它便認同戰爭有公義與不公義之分，不過這兩種它都不贊同。它禁止神職人員參戰，凡俗之人若是打過戰爭，在正式回到教會以前必須先行懺悔。不過在一〇九五年，教宗烏爾班二世（Pope Urban II）認定對異教徒的戰爭是公正的，而且有益於參戰者的靈魂。在克萊蒙（Clermont）的主教會議上，他做了一次激動人心的布道，籲請封建騎士們收復聖城耶路撒冷。這是上帝的旨意，他這麼說，群眾鼓譟著同意。他承諾，任何追隨召喚的人只要動機純正，靈魂都將得到救贖。大會所頒布的命令上說：「不管任何人，只要是為了奉獻，而非榮譽或金錢前往耶路撒冷解救神的教會，那麼這趟旅程將可替代所有懺悔。」在第一次與隨後幾次的十字軍東征時，十字軍們立誓並儀式性地獲賜被祝福過的十字架。他們因為罪被赦免而得到靈性上的好處，也被允諾更多塵世的好處：家庭和財產得到教會的保護、免於訴訟、也免繳欠債利息。在十字軍沿路上不幸的歐洲猶太人將發現，這不是第一次，也不是最後一次，一個超然的目的卻釋放出最卑劣的殘酷。當第一次十字軍東征緩緩地挺進東方，成員一路上攻擊無力自衛的猶太社區，安然地堅守信念，認為他們是在對上帝的敵人發動聖戰。一位編年史家記載，在萊茵河畔的美因茲（Mainz），十字軍們殺死約七百名猶太人，包含男人、女人和小孩。一位編年史家說：「在這場對猶太人的殘酷屠殺中，有幾個人逃脫了，還有一些人出於恐懼，而非出於熱愛基督教信仰而受洗。」

宗教從來不能百分之百的合理化戰爭，因為上帝並非總能給出清楚的指示：神諭是出了名的模糊曖昧，而神蹟又很難解讀。在古典世界裡，地中海周圍的思想家思考到戰爭的法律、道德與倫理問題時，開始斷斷續續地跟宗教分開來看。對希臘人與後來的羅馬人來說，打一場公義之戰是為了導正錯誤或彌補傷害。再者，偉大的羅馬雄辯家與作家西塞羅（Cicero）認為，當所有其他維繫和平的手段都已經出盡之後，才能允許戰爭。他說：「衝突有兩種，一種是靠辯論來進行，另一種是靠武力。既然前者是一個人的心之所繫，後者是野獸的行為，那麼唯有在前者不可行的情況下，才能訴諸於後者。」領導作戰應該盡可能降低殘忍程度，而且以和平為依歸。成長於伯羅奔尼撒戰爭期間的柏拉圖，主張打仗必須以知道雙方終將和解為前提。他的學生亞里斯多德提出自然法（一種人類運用自己的理性就能理解的東西）的觀念，為戰爭遠離宗教範疇進入俗世，開啟討論的大門。

雖然在西元第四與第五世紀，有龐大影響力的聖奧古斯丁（St Augustine）並未將他的筆墨放太多在戰爭上，但他仍然勉強承認戰爭的存在是人類狀態的一部分。他認同希臘羅馬的觀點，認為若為了矯枉匡正，或是對抗打算以武力遂行不正當要求的敵人，那麼戰爭便是公義的。事實上，他和幾個世紀以後同樣具有影響力的聖多瑪斯阿奎納（St Thomas Aquinas），都在貫徹道德的戰爭中看到正向與救贖。（誰來決定何謂違反道德、何謂威脅，則是另外一回事。比方說在第一次世界大戰時，各方都宣稱自己是在防衛邪惡的敵人）。聖奧古斯丁還提出一項重要但書，亦即只有合法權威才能發動戰爭（不過，如何才能稱為合法權威，這又是一個從來不曾消失的難題。獨裁政權或是像達伊沙（Daesh）——比較常見的名稱是伊斯蘭國或 ISIS，這樣的組織算是合法權威嗎？）「人們在承擔必須發動的戰爭時，基於什麼理由和在哪些權威的指揮下，是有很大差別的。」聖奧古斯丁如此寫道。他就跟古典先賢一樣，也是以公義與否來衡量一場戰爭的目標。一如以往再次重申，戰爭的目的是和平。

克勞塞維茨力主戰爭的目的應該是「打倒敵人」，現代戰爭在這樣的陰影下，加上社會發動全面戰的能耐與日俱增，往往導致國家忽略協商和解的機會，只是因為能打，所以就一直打。海珊在第一次波灣戰爭後便放棄大規模毀滅性武器，不再對鄰國造成威脅；為了中東的和平，二〇〇三年真的有必要入侵伊拉克推翻他的政權嗎？麥可．沃爾澤（Michael Walzer）寫的《正義與不正義戰爭》（*Just and Unjust Wars*）是這場當代辯論的重要教材，他說：「很多戰爭目的完全不靠毀滅與瓦解便能夠達到。我們需要追尋戰爭的合法目標，可以被公正鎖定的目標。這些目標也將是一場正義之戰的界線。一旦贏得目標，或已經進入政治範疇內，戰鬥便應停止。超過這一點而被殺的士兵是枉死，強迫他們冒死戰鬥，便與侵略他人的罪行無異。」原則上，手段與目標應該相契。換句話說，如果目標，如一小塊爭議領土或一個道歉已經達到，就沒有繼續打仗、滅掉敵人的必要。當然，這麼做的誘惑還是存在的。

儘管不同的文化各自發展出何時與如何戰鬥的理解，不過，既然西方在現代戰爭中有如此多開創先河之舉，適足以令它扮演重要角色，制定學者所謂「開戰正義」（ius ad bellum）與「交戰正義」（ius in bello）的國際法律與規則，前者指的是規範發動戰爭理由正當性的法律，後者則是規範遂行戰爭手段正當性的法律。世界其他地方也已經汲取自己的傳統，加以採納並有所調動。比方說，當封建騎士還在殘殺彼此的農民，令被圍困城鎮的居民命喪劍下時，伊斯蘭學者早早便已在制定戰時應如何對待婦女與孩童的規則。

這些被提起的都不是簡單的課題，已經爭論好幾百年，迄今仍無定論。什麼才是正義的戰爭？誰有權發起戰爭？若有的話，應該用什麼樣的原則來指導戰爭的打法和終結之道？一旦談到戰爭的進行，問題更是接踵而來。什麼時候容許攻擊平民百姓？怎麼攻擊？攻擊哪些人？應該如何對待戰俘？被征服的人民呢？

甚至當我們認為我們正要有所進展之時，便又發現自己陷入矛盾的混亂當中。為什麼我們企圖禁止某些武器，卻又認可其他武器是合法的，縱然這兩者的功能都是奪人性命、使人殘廢？用燃燒彈或火焰噴射器殺人可被接受，可是自第一次世界大戰以來，毒氣或生化戰便公認是越界過分之舉，即便使用它的人也這麼覺得。海珊用毒氣殺害自己的人民，可是他若不是矢口否認，不然就說是伊朗人幹的。只要戰爭存在，人類便一直在爭論何者可被容許，何者又不可。而每當我們似乎就要找到答案之時，看起來必然之事便經不起仔細檢視而土崩瓦解，或引發更多問題。

有一個被國際社會普遍接受的原則，亦即為了獲利或主宰而無端發起戰爭是非法的；自我防衛則不然。然而，跟古典世界及中世紀思想家奧古斯丁和阿奎納一樣，我們喜歡認為戰爭是其他所有的牌都已經出盡後的最後手段。學識淵博又多產的十七世紀尼德蘭學者雨果・格勞秀斯（Hugo Grotius），曾被法王亨利四世暱稱為「荷蘭奇蹟」（The Miracle of Holland），他成功引介一個觀念，認為唯有由國家為了保護自己而發起的戰爭才是正義的，私人武力則不算。這個觀念一進入實踐，意味著敵對國家都可以各自宣稱在發起一場公義之戰。再者，我們開始相信，訴諸戰爭的政府必定有合理的理由認為自己將能戰勝；否則，他們就是白白浪費了人民的性命。有些專家會補充說，勝利的國家不應徹底羞辱戰敗的一方。

這些原則聽起來冠冕堂皇，可是一經細細審視，又會引發一大堆問題給哲學家、倫理學家和我們其他人去思考。若一個國家覺得未來可能遭到脅迫，在沒有立即威嚇之下，便決定發起一場預防性戰爭，這樣算是正義的戰爭嗎？這正是一九一四年德國最高指揮部所持的論據，因為他們預測到未來三年將有一場挑戰（或根本就沒有）。

又如果對傷害做出反應的戰爭是正義之戰，那麼一開始誰來決定傷害已經造成？多大的傷害算數？又戰爭是唯一可能的補救之道嗎？早在哈布斯堡王儲斐迪南大公在波士尼亞被暗殺前，奧地利就已經在找藉口想要摧毀塞爾維亞這個麻煩鄰居了。雖然奧地利派了一個調查委員會去波士尼亞，但它未能把暗殺者和塞爾維亞政府劃分清楚。無論如何，以當時的語言來說，它決定開戰以報復對其榮譽的侮辱，並且給塞爾維亞發出一道意在讓人無法接受的最後通牒。即便如此，塞爾維亞仍接受了大部分條件，和解的曙光在即，只要列強能像之前的巴爾幹危機那樣，齊聚一堂強制推動和解。結果相反，歐洲和世界得到了一場大戰。

自從格勞秀斯的時代以降，正義戰爭的意義逐漸擴大。儘管十七世紀三十年戰爭結束之際的西發里亞和約（Westphalian settlements），建立起國家不應干預彼此內政的原則，但全球化自由主義思想的散播，加上拜現代溝通之賜國際輿論的茁壯，已經促進並正當化武裝人道干預舉動，以保護無力自衛的人和少數民族對抗自己的政府。一八五〇年代，俄國沙皇尼古拉一世挑起一場對鄂圖曼帝國的戰爭，如他所稱，目的是為了保護基督徒免於不公平且殘酷的對待（有望侵占衰敗的鄂圖曼帝國的領土，並打通俄羅斯從黑海經過鄂圖曼控制的海峽而進入地中海的通道，也是一項因素）。在本世紀，英美聯軍拿人道主義的理由來正當化對伊拉克的入侵行為，如同更近期美國很不成功的干預敘利亞內戰也是如此。人道主義干預和保護權（Right to Protect）之類的新教條，引發誰來決定正義是什麼的質問，也懷疑出手干預的強權的動機與目標。評論家們，其中許多來自非西方國家，認為西方強權只是用時髦的新語言來掩飾骨子裡對世界其他地方的帝國主義心態。誠如拉羅什傅科公爵（Duc de La Rochefoucauld）所評論的：「偽善，是邪惡對美德的致敬之舉。」（Hypocrisy is a tribute vice pays to virtue.）

對自己採行一套規則，碰到認為比較不「文明」的對象時又換了另一套規則，西方世界在這方面有著悠久的可恥歷史。戰爭法在一系列的認識與協議中變得更為正式化，那些不知道或未被要求簽署的人（主要是非歐洲人），卻沒有得到戰爭法的保護。在第一次世界大戰以前，處理戰俘的一系列日內瓦公約或關於限武的海牙協定（Hague agreements），有簽署的「文明」國家都相當清楚這些只適用於他們自己。日本進行現代化並成為太平洋大國後，便得到認同，擠身「文明」圈之內。一位日本外交官說：「我們證明自己至少在科學化屠殺方面與你們旗鼓相當，便馬上獲得允准以文明人的身分與你們同桌議事。」而用連發步槍、機關槍及第一次世界大戰以後的新型飛機所遂行的科學化屠殺，卻是發生在非洲、亞洲、菲律賓、美國西部或中東的「未開化」人民身上的遭遇。西方的法律專家、政客和軍方志得意滿的認為，比幸運的歐洲人或美國人處在更早期發展階段的人民，只能理解鐵腕手段。一九一四年英國的《軍法手冊》（*Manual of Military Law*）上說，戰爭法只適用於兩個文明國家之間的衝突。它接著說：「它們並不適用於文明國家與未開化國家的戰爭，法律的位置被文明國家指揮官的自由裁量權所取代，這類正義與人道原則乃依個案的特殊情況薦用之。」二十世紀逐漸接受所有人類均享有同樣的生命權與尊嚴權，國際法不應作此等區分，但我們還沒完全走到這一步。

戰爭法的文明進程

規範作戰實施的法律逐漸演變至今，並不是一套我們在國內社會所能認得的法律條文。反之，如沃爾澤所說的，它們彙編了「職業守則、法律命令、宗教與哲學原則和互惠協議，以形塑我們對軍事行為的判斷。」最近幾百年來的正式國際協議，例如針對中立國待遇的協議，已經和職業軍人榮譽守則，或更早關於戰俘處置的不成文慣例，及對人命神聖性與尊嚴的共同看法交織在一起，形成一張關於戰爭的理解網絡，看似穩固，至少如我們一再看到的，直到戰爭來臨。

在如戰俘的交換或贖回等範疇裡，約定成俗的常規能有接近於法律的力量，尤其是在交戰各方擁有共通文化的時候。幾百年來，在歐洲的戰爭裡，軍官通常不會被監禁；只需要求身為紳士的他們給出不會逃跑的承諾，他們的誓言（parole）便已足夠。一八一三年，威靈頓公爵在維多利亞戰役力克法國之後，英國軍官邀請戰敗的法國敵手到他們的食堂用餐（英國人瞧不起他們的盟友西班牙的軍官，所以這些人幾乎就沒有這麼好的待遇）。軍官的榮譽觀一路綿延到二十世紀，好比雷諾瓦導演（Jean Renoir）在一九三七年的一部好片《大幻影》（*La Grande Illusion*）裡所呈現的，片中的法國軍官向第一次世界大戰某間監獄的德國指揮官保證，他不會嘗試逃跑（其實他跑了）。十九世紀已經成為兩國間的慣例或雙邊協議的主題（例如一份一六七五年法國與西班牙的協議，制定了不同種類的士兵的贖金價），被詳細闡述在後續的日內瓦公約多邊條約裡，並成為國際法新發展出來的條文一部分。紅十字國際委員會則承擔起監督戰俘待遇的責任，確保他們得到議定數量的食物與醫療照護，也能傳遞信件與包裹。

一九一四年的聖誕節休兵時，部分戰壕停止駁火，敵對雙方站出來走到無人地帶，相互敬酒、齊唱聖歌或玩足球，回到至少可遠溯至中世紀的傳統，在宗教節日裡暫時停止打仗。古希臘人在奧林匹克運動會期間不戰鬥，他們之中最好戰的斯巴達人在某些神聖的日子裡也是不開戰的。如何宣戰或訴請停火，也是有悠久的傳統。當一九四一年日本人攻擊珍珠港時，報紙所下的標題是「寡廉鮮恥」且「背信忘義」，尤其是因為日本並未事先發出宣戰聲明。（當日本在一九〇四年打破先例，在遠東毫無預警的攻擊俄國港口時，西方報紙還欽佩它的大膽。不過那時候日本是英國的盟邦，而且被普遍認為是值得尊敬的現代化國家）。日本在一九四五年由天皇透過無線電廣播宣布投降，整個亞洲地區的日本軍隊則是以古老的舉白旗來向同盟國表示投降，今天偶爾還會有人用到這種作法。不過，自一九四五年以來，社會風氣已有莫名的轉變，宣戰已經完全不受歡迎了。

控制所使用的戰術和武器的種類，這類嘗試恐怕跟戰爭本身一樣古老。古希臘人企圖把可接受的範圍局限在適合近身戰鬥的武器。歷史學家波利比烏斯在西元前二世紀所留下的文字，聲稱希臘人已經達成協議，「不使用祕密的投射物或那些從遠處發射的東西來對付彼此，並認為唯有近距離徒手搏鬥才真正具有決定性。」在中世紀，因諾森二世（Innocent II）試圖禁止十字弓，而培根則打算把製造火藥的祕密埋藏起來。

一九一四年之前的幾十年間，是適用於所有國家的戰爭法發展最多產的時期，反映出十九世紀的樂觀態度，認為人類正在進步，包括戰爭在內的人性黑暗面是有可能獲得控制的，從後來發生的事情來看，真是諷刺。儘管經過許多世紀以來，在全世界的宗教和哲學家的作品中，基礎已經打下，但有兩套主要規則如今快速成形。第一個是重新嘗試管制戰爭；一八五六年《巴黎宣言》對於交戰國何時可以採取海上封鎖，並扣押來自敵方或中立船隻上可能用於戰爭的貨物訂下規則（雖然它未能定義何謂禁運品），而一八六八年的《聖彼得堡宣言》（St Petersburg Declaration）則禁止使用爆炸性彈丸。這些宣言彰顯出一種具有革新性的國際關係，亦即它們既不是國家之間的雙邊或多邊條約，也不是像一八一五年的維也納會議（the Congress of Vienna）那樣，由列強達成協議後再強加於小國身上。反之，它邀請各國參與，協助制定提案。這些宣言和其後許多關於戰爭的國際協議，樂觀的假定人們之間有一套共通的價值觀與共同目標。

一八九八年，年輕的新沙皇尼古拉二世公開邀請世界列強共同努力約束正在方興未艾的武器競賽。隔年約有二十六個國家在海牙會面，商討如何進一步管制戰爭。儘管該次達成的軍備協定，只有禁止窒息性毒氣、達姆彈（會造成裂開的外傷）和從氣球上投擲投射物與爆炸物，令人感到掃興，但還是有其他振奮人心的跡象出現，包括戰俘人道待遇的協議以及常設仲裁法院（Permanent Court of Arbitration）的創立。和平運動分子仍然希望至少世界上的文明地區能遠離戰爭。一九〇七年，第二次海牙會議召開，這一次有四十四個國家的代表與會，對先前的協議做出一些微小改變，也試圖管制海戰，例如禁止對軍艦與商船日漸造成威脅的特定類型水下觸發雷。一九〇九年的《倫敦宣言》終於提出禁運品的工作定義。由於英國後來改變立場，拒絕接受他們協助起草的宣言，所以仍然停留在紙上談兵的階段。雖然如此，從海牙起頭的倡議從來不曾消逝。隨著新型武器轟炸機、生化武器、更致命的地雷、核子武器問世，這個世界已經、也仍然在力圖限制或禁止它們的使用。而個別大國也還是會像英國或其他國家曾經做過的那樣，忽略或不肯批准他們不喜歡的條款。

「海牙公約」已經成為描述戰爭規則的一種簡要說法，好比另一組主要公約是以日內瓦為名，也是起源於十九世紀，不過卻是意在保護戰爭的受害者，打仗的人跟平民百姓都包含在內。一八五九年，一個穿著白色夏裝的年輕瑞士商人亨利·杜南（Henri Dunant）碰巧來到北義大利的蘇法利諾（Solferino）戰場，在義大利統一戰爭的一場決定性戰役中，法國與薩丁尼亞聯軍才剛在該地打敗奧地利人。原因可能是光榮的，結果卻慘不忍睹。新型改良武器造成的傷亡人數約在三萬之譜，所有的參戰軍隊，對躺在死者之間的傷者，連最基本的照護處置都沒有提供，誠如杜南後來所寫的，他們「在赤裸的大地上，無助地躺在自己的血泊中」。他驚駭不已，加入當地志工行列，給傷者喝水，包紮他們的傷口，用臨時拼湊的粗製擔架將他們抬離戰場。

杜南想到，那天是上帝引導他來到戰場。他後來寫了一本書《蘇法利諾回憶錄》（*A Memory of Solferino*），描繪戰爭的悲慘，並且請求各地的志願社團和他們的政府，對戰場上不分陣營的所有士兵提供醫療救助。他的作品對整個歐洲的輿論造成巨大衝擊，拜現代通訊之賜，當時有許多人開始更加注意到士兵的待遇有多麼惡劣。杜南也得到瑞士內部的支持，它身為中立國，最能夠在敵對方之間保持公正的立場。一八六三年，在人脈深厚的眾多支持者協助下，他成立「救援傷兵國際委員會」（International Committee for Relief to Wounded Soldiers），並即刻邀請歐洲列強派遣代表參加日內瓦的會議。一年後，在第二次會議上，十二個國家的代表簽署「改善戰地武裝部隊傷者境遇日內瓦公約」（Geneva Convention for the Amelioration of the Condition of Wounded in Armies in the Field）。在戰場上或靠近戰場的志願服務者將受到紅十字的標誌保護，這個標誌是把瑞士國旗的顏色反轉過來（有些國家認為看起來太像基督教十字架，也已經加上紅色新月與菱形圖案）。紅十字國際委員會已經茁壯成一個令人敬佩的非政府組織。從那一刻起，獲得愈來愈多國家簽署的後續幾份日內瓦公約，已經加強並擴大最初的使命，把平民百姓和戰鬥人員都涵蓋在內。

平民百姓應該跟戰鬥人員有所區分，並且盡可能放過他們，這個觀念在歷史上由來已久。一份古印度文獻中列出了清單：「那些旁觀但不參與的人，那些悲痛欲絕的人……那些睡著的、口渴的、疲憊的、正走在路上的人，或手上有工作還沒完成的人，或精通美術的人。」在十二世紀，偉大的猶太學者邁蒙尼德（Maimonides）制定規則，禁止浪費的破壞果樹之類的東西，或規定只能三面包圍城市，讓想要的人可以逃走。儘管女性經常被當成戰爭的獎賞，但她們從平民百姓中被單獨挑出來，給予特殊待遇。舊約的申命記（Old Testament Book of Deuteronomy）說，你這戰勝的人擄走女人是可以的，只要你喜歡她，而且將娶她為妻。不過，經文上也接著說：「後來你若不喜悅她，就要由她隨意出去，決不可為錢賣她，也不可當婢女待她。」

利伯在美國內戰期間寫出著名的利伯法典，既是取材猶太教與基督教共有的價值觀，也汲取歐洲長期以來被認可的戰爭實務。「在公開的戰爭裡拿起武器相互對抗的男人，不可因此停止成為有道德的人，對彼此負責，也對上帝負責。」他如此主張。因此，戰爭中不允許強加不必要的折磨、復仇、傷害或致殘無力防衛的人、或刑求逼供。他禁止強暴，但有趣的是，談到懲罰犯下「跟間諜、戰爭叛徒或戰爭叛亂者有關」的罪行時，他並未在性別上做出區分。

然而，利伯也承認他面對的是現代戰爭，毀滅的手段比過去更為強大，平民百姓與戰鬥人員的區別也已經千瘡百孔，然而他卻不由自主的使它變得更模糊。他在法典第十四條這麼說：「如現代文明國家所理解的軍事必要性，就是確保戰爭目的所必不可少的，而且根據當代法律和戰爭慣例是合法的那些措施的必要性。」接著他繼續臚列出從人員到財產可被正當摧毀的事物種類。他認為，基於必要性「容許財產的所有破壞，交通、旅行或溝通的途徑與管道的妨礙，以及敵人糧食或生計的完全扣留。」他甚至呼應克勞塞維茨的看法，主張發動戰爭一定要做到極致（他指出，好處是戰爭可能因此快點結束），不能總是放過平民百姓：「切莫忘懷，整個國家都在跟敵人作戰……」

利伯法典將留在「占領區裡的敵對軍隊」，跟「自己組織起來攻擊的占領軍」，被他分別稱為「武裝竊盜者」（armed prowlers）和「戰爭叛亂者」（war rebels）。前者受戰爭規則的約束，假使被抓了，應等同其他戰俘的待遇；後者就像普通罪犯，可以處以死刑。利伯的法典雖然廣為模仿傳抄，但是沒有解決一個問題，也就是當平民百姓拿起武器自衛與保護領土，對抗侵略軍時，該怎麼辦？他們是受戰爭法約束的戰士，還是屬於其他類呢？過去兩百年來，隨著民族主義的散播和全面戰爭的出現，這個問題變得日益重要。十八世紀的歐洲政府和菁英分子視戰爭為職業軍人的工作，到了十九世紀初，他們開始把平民百姓當成戰爭努力的一部分和一種資源。拿破崙的軍隊在一八〇七年輕易地打敗西班牙正規軍，卻發現自己陷入跟西班牙反抗軍一連串令人耗弱又曠日廢時的戰鬥中。這種「小小的戰爭」──游擊戰，使西班牙成為拿破崙眼中的「潰瘍」（ulcer）。在普魯士，無能的國王領導本應所向無敵的普魯士軍隊，敗在拿破崙手下，愛國志士說這是「國家緊急狀態」，故而組織起來抵抗法國。當拿破崙在一八一二年入侵俄羅斯時，人民和地主自發性的抵抗，在逃走前以焦土政策毀壞自己的財產。面對這種平民抵抗，軍隊往往會做出嚴厲的反制，主張平民百姓無權扮演軍人角色，占領區的反抗行為是違法的。法國人拒絕稱呼西班牙的游擊隊是軍人，說他們是「土匪強盜」。

那個世紀後期，祖先曾經抵抗拿破崙占領的普魯士人，在一八七〇年至七一年的普法戰爭中看到法國人也做出同樣的反抗，他們的反應是憤怒的。不久就被法國割讓的被占領省分阿爾薩斯和洛林，有部分地區的德文告示被人撕了下來，落單的德國士兵遭到攻擊。當法國戰俘經過的時候，圍觀群眾會突然唱起「馬賽曲」。各地法國人群起組織武裝民兵，稱為法國義勇兵（francs-tireur），他們在德國占領當局眼中根本沒有權益可言，經常遭到任意槍殺。社區居民提前體驗到兩次世界大戰也將發生的事情，若被懷疑藏匿義勇軍，便會遭到殘酷的報復。有一本德國通俗小說後來還形容法國義勇兵膽小、奸詐，說不定最可惡的是缺乏紀律。有了法國經驗，德國軍隊持續採取嚴厲措施來對付平民反抗運動；德軍的戰術手冊上建議：「廢話不多說，挑一棵好樹就把法國義勇兵給吊死。」

海牙的兩次國際會議挑起我們至今仍在爭辯的問題。平民百姓什麼時候才能正當合法的攻擊入侵與占領的軍隊？這些部隊可以做什麼反應？誰才算是軍人，所受待遇應該依照日內瓦與其他公約的要求？而誰又只能當成罪犯或叛徒？在海牙，德國堅持對平民戰士採取盡可能最狹隘的定義，強調唯有身穿明顯可辨識軍服的部隊才屬合法，而且只在入侵時允許抵抗，占領一經確立便不可以。講到最後一項的意思是什麼的時候，德國又突然想要盡可能用最寬的定義，主張只要侵略軍的正規部隊在附近但不一定看得見，便足以構成占領。英國人也許是想到西班牙在拿破崙戰爭期間打游擊戰的成功經驗，而法國人有著「全民動員」的革命傳統，加上一些比較小的國家，都想留給公民在面對侵略時有自發起義的空間。一八九九年的海牙會議達成妥協：禁止集體處罰平民百姓，但可以懲罰敵方犯下「非法戰爭行為」的個人。一九〇七年的會議更清楚闡述什麼是公認的反抗軍：成員必須有組織性，以制服或徽章來識別、公然攜帶武器，並且遵守戰爭法打仗。

對於把很大一部分財富貢獻給和平事業的美國慈善家安德魯・卡內基（Andrew Carnegie）來說，保護平民顯然已有足夠的進展，以至於他在一九〇五年的一場演講中說非戰鬥人員如今可在戰爭中倖免於難，戰俘也能得到妥善照料：「人類就算並沒有忙著直攻戰爭巨獸的心臟，至少已經在忙著拔掉它的一些毒牙。」他預期「在受祝福的進化法則運作下」，事情只會愈來愈好。

卡內基就跟一九一四年之前的許多人一樣過度樂觀了。戰爭的緊迫性把意欲遏制它的法律與協約之網撕出許多裂口。在比利時的德國人，在塞爾維亞的奧地利人，在加利西亞的俄羅斯人，第一次世界大戰期間這些占領者以恐怖統治殘酷對待當地人民。一九二〇年代，英國在伊拉克以空中武力的新手段轟炸反叛區逼使其屈服，一九三〇年代義大利和德國的空中部隊在西班牙內戰時，和一九三七年以後日本人在中國的作為，在在證明了儘管國際社會可能普遍痛惜平民百姓，尤其是他們的抵抗遭到攻擊，但國際協議若要套到自己身上，大國們往往視而不見。

第二次世界大戰期間，德國人、義大利人和日本人對平民的野蠻報復，再次凸顯出這個問題，而在戰時與戰後，法律面也有了實質進展。在一九四二年的《戰爭罪倫敦宣言》（*London Declaration of War Crimes*）中，同盟國將占領國挾持或處決平民的行為界定為戰爭罪行。自一九四五年以來，一種新型態的戰爭與戰士出現在國際語彙中：民族解放戰爭。阿爾及利亞民族解放陣線（National Liberation Front; FLN）的成員如法國所主張的是罪犯嗎？還是他們算是軍人？有關游擊隊的舊條款具體規定他們必須穿戴某種形式的制服或可識別的徽章，可是解放戰爭也會像毛澤東所講的，讓游擊隊員如大海中的魚兒一般潛游於人民之間。假裝成普通老百姓的戰士是否受戰爭法的保護？在中南半島陷入長期爭鬥的法國軍方，殘酷的清楚表明他們的看法。「永遠別忘記，」法國反叛亂訓練學校的牆上貼的格言說：「敵人不會照著法國軍隊的規則來打這場戰爭。」那麼，在這樣的反叛亂戰爭中，以某種大眾利益之名來刑求敵方俘虜是沒問題的嗎？或者這是一種戰爭罪與危害人類罪（crime against humanity）？今天，所謂的反恐戰爭（War on Terror）已經引發類似的問題。日內瓦公約適用於美國在伊拉克阿布格萊布（Abu Ghraib）監獄裡的囚犯嗎？關塔那摩（Guantanamo）[41]監獄的囚犯呢？此外，所謂的「強化偵訊手段」（enhanced interrogation techniques）（一種匹配得上歐威爾《一九八四》的委婉說法）是否違反囚犯的人權？美國司法部在二〇〇三年的備忘錄上認為美國審訊者的作為都是可被允許的；美國法院與多數民眾卻不以為然，爭辯仍持續不休。

制定法律是一回事，執法又是另一回事。國家擁有警力、法庭與監獄。違反法律的人會遭到審判與懲罰。截至目前為止，國際秩序才剛剛走到這種制度的起頭階段，近期歷史上，滿滿都是國家一旦適用自己身上就違反戰爭法，而且覺得可以僥倖脫罪的例子。一九三九年以前，德國已經簽署各種關於戰俘待遇的議定書，而納粹在西

41 美國海軍在關塔那摩灣有一座海軍基地，近年來被用於拘留和審訊在阿富汗與伊拉克等地區的戰事中捕獲的恐怖活動嫌疑人、戰俘（取自維基百科）。

方也確實遵守約定，因為他們認為西方人例如英國人或法國人跟他們在種族上是平等的；不過到了東方，根據納粹的意識形態，德國軍隊所接觸到的波蘭人或俄羅斯人屬於次等種族，他們就會放手任意荼毒謀殺囚犯。即便是民主政體也已經發現，當戰敗迫在眉睫或勝利遙不可及，就會想要、甚至覺得有必要放鬆規則。畢竟，戰鬥時把一隻手綁在背後是很危險的事。第二次世界大戰時，英國人與美國人克服了最初的不情願，嘗試以大規模轟炸平民來加速戰爭結束，也保住自己人民的性命。他們這麼做是對的嗎？這是一個至今仍然引發強烈分歧的問題。

即便是判定誰在發動不正義戰爭上是有罪的，又應當如何處理這樣的人，事實也已經證明困難重重，而且問題還在一直演變當中。一八一五年，談到如何處置拿破崙的時候，列強並未從違反國際法的罪行來思考。他們只是一心想要把他甩得遠遠的，讓他無從逃脫，不要像上次從厄爾巴島（Elba）逃出來一樣，再次回到歐洲攪亂風雲。普魯士人提議說最簡單的方法是暗殺他，可是英國人有所保留。也許他們希望法國人會自己審判這位前統治者，理由是拿破崙回到法國時，曾經推翻新的、合法的波旁統治者，可是法國政府不意外地表現出興趣缺缺的樣子。英國人只好回過頭來宣稱拿破崙是戰犯，應該被無限期拘禁，因為他顯然永遠不會停止發動戰爭。為了強化站不住腳的法律主張，英國國會通過一個法律，說「為了維護歐洲的安寧，」關押他是「有必要的」。為了讓大家都得到解脫，當然拿破崙本人和他的忠實徒眾除外，英國人斷然地將他送到南大西洋遙遠的聖赫勒納島，在那裡終老至死。

一百年後，列強再度思考應該如何處置那些要為戰爭負起責任的人，而如今，他們有了一套發展更充分的假設。許多戰爭應該怎麼打的國際規則的編纂，再加上各種武器協議，已經造成一個假設，恐怕也是最強的假設，亦即有一個代表所有人類的國際社會，應該對不正義的戰爭和戰爭中不正義的行為強力做出反應。比方說，在一九一五年，英國與法國對鄂圖曼政府發出一項聲明，說它將為屠殺亞美尼亞人所犯下的「危害人類與文明罪」負起責任。大戰結束時，公眾與許多同盟國的領導人要求某人或某事應該為重創歐洲的這場大災難受到懲罰。在巴黎和會（Paris Peace Conference）之前及期間，主要政治家們花了相當長的時間爭辯這些敗戰領導人與軍人當中，誰應該為發起戰爭和戰爭過程中犯下的罪行接受審判。最明顯的人物也許就是德皇威廉二世和他的一些顧問（奧匈帝國已經不在了，而老皇帝法蘭茲・約瑟夫（Franz

Joseph〕也早就加入祖宗的行列，入土維也納的皇家墓穴）。在巴黎和會前，法國、義大利和英國同意公開設立一個國際法庭。它們的協議上說：「正義，就是德皇和他那些基於惡劣意圖策劃並引起戰爭的共犯，或要為人類在戰爭時所蒙受無法估量的苦難負起責任的人，應該為其罪行接受審判與懲罰。」美國反對設立國際法庭，同樣的直至今日仍然反對「國際刑事法院」（International Criminal Court; ICC）的存在，不過它的總統威爾遜（Woodrow Wilson），倒是加入各國行列一起推想，如果威廉二世被判有罪的話，可能會被流放到什麼地方。美國人覺得百慕達太靠近美國了，令人感到不自在，而勞合・喬治（Lloyd George）則提議福克蘭群島。最後，最後，威廉二世留在戰爭末了時尋求庇護的尼德蘭，因為尼德蘭人拒絕把他交出來。德國政府被迫在萊比錫對德國軍官進行幾次審判之後，同盟國對那些犯下戰爭罪的德國人，以及他們所犯下據稱超過一千條的戰爭罪進行審判與懲罰的強烈要求，也漸漸平息下來。

在兩次大戰之間，人類一如既往從過去汲取他們所認為的教訓，重新嘗試著控制或甚至廢除戰爭。一九二五年的日內瓦公約禁制生化武器買賣，一九二九年的另一個日內瓦公約則完全禁止在戰爭中使用生化武器。還有另一個簽署於一九二八年的日內瓦公約，充實了管理戰俘的規定。一九二一年至二二年的「華盛頓海軍會議」（the Washington Naval Conference）一度成功的緩和太平洋的海軍軍備競賽，並且在區域裡建立起新的安全保證。一九三〇年的倫敦會議將華盛頓協議延長至一九三六年，直到日本與義大利拒絕簽署延期協定為止。整個一九二〇年代，新成立的「國際聯盟」（League of Nations）都在努力發起一個更廣泛的裁軍會議，並且終於在一九三二年於日內瓦順利召開，只是當德國的新總理希特勒讓德國退出會議與國際聯盟之後，它就土崩瓦解，變得無足輕重了。

第二次世界大戰的規模與破壞性，使得世人重新努力強化控制戰爭的國際建制（international regime）。一九四一年，邱吉爾和小羅斯福總統在紐芬蘭的海岸邊簽署《大西洋憲章》（*Atlantic Charter*），期盼能帶來永久和平，使所有國家都免於侵略的威脅。隔年，包括蘇聯在內的同盟國成員簽下《聯合國宣言》（*United Nations Declaration*），承諾共同戰鬥直到打敗敵人為止，並且支持《大西洋憲章》的原則。

同盟國既展望未來，也思考如何懲處那些要為戰爭負責的人。從那時開始，大家便同意德國、日本與義大利全都是發動戰爭的國家，跟第一次世界大戰不一樣的是，各種戰前的公約與協議裡已經有控告這些領導人的法律基礎。雖然直到戰鬥結束，發生在死亡營或占領區的平民與戰俘身上的種種恐怖未能完全曝光，但同盟國也已經握有敵人在戰時犯下暴行的證據。另一方面，如今站在正直這一方的蘇聯，一向默許希特勒瓜分中歐。而這件事可以、也已經用同盟國的潛艇戰和大規模轟炸平民也是違反法律的犯罪之舉，來為自己辯護。無論如何，在紐倫堡（Nuremberg）和東京的特殊法庭對德國與日本領導人的審判，或許帶有瑕疵，仍是將犯下戰爭罪的人繩之以法的一種嘗試。被告被控破壞國際協議且違反戰爭法，而就德國人來說，他們犯下的則是一個新的罪名，叫「危害人類罪」。這些審判也建立起重要判例，確立「受審者只是奉命行事」不足以成為開脫罪名的理由。

後來，新成立的聯合國有一個委員會制定了《紐倫堡原則》（the Nuremberg Principles），範圍涵蓋危害和平罪、戰爭罪和危害人類罪。這些原則在一九五〇年的聯合國大會上獲得確認，成為進一步擴大國際法的基礎。針對人權的新語言和新協議也強化論證，認為戰爭不能成為武裝部隊剝奪人類同胞基本權利的藉口，例如不受非法拘禁或刑求的權利。當然，困難在於執行，一向如此。自一九四五年以來，我們已經以制裁手段或聯合國或北大西洋公約組織的部隊來維繫和平，我們也努力發展國際法與國際法庭來審判侵略者，像是塞爾維亞的米洛塞維奇（Slobodan Miloševi ）之流。不過，這類措施只有在列強想要做的時候才能發揮效果。當世界上最強大的國家在世界各地的據點非法拘禁囚犯，不接受國際刑事法院（其設立就是要懲罰不正義的戰爭和危害人類罪）有管轄權，其他人就很容易有樣學樣。

反戰——人類道德的轉化

然而，就跟過去幾百年來人們所做的努力一樣，我們仍然希望在控制戰爭和減緩影響之外，還能做得更多，一舉廢除戰爭。在中世紀的歐洲，除去十字軍的神聖事業不談，教會一再地推動「主賜和平」（the Peace of God）運動並且禁止戰爭。從十世紀到十二世紀，主教們請求地方貴族參加教會會議，宣誓絕不掠奪當地的教堂與修道院，傷害手無寸鐵的教士或偷竊農夫的東西。這份清單隨著時間變長：攻擊來往教會的商人或路人，或是拔掉葡萄藤，都屬於有罪之列。在十一世紀，教會也企圖在特定日子裡禁止戰鬥：比方說，從星期三的晚禱與晚課結束後到下週一的太陽升起前，或基督教年曆中的神聖節日期間，例如復活節和聖誕節。可想而知，教會的措施受到大眾熱烈歡迎，但是即便威脅開除教籍，貴族與扈從們仍然無法無天。南法勒皮教區（Le Puy）的主教在西元九九〇年採取更有力的行動，要求地方貴族發誓維護和平，並且歸還從窮人和教會處拿走的東西。他們拒絕，他便把之前藏起來的部隊叫出來，一位編年史家說，「在上帝的幫助下」，貴族們終究立下了誓言。教會也試著把貴族的暴戾之氣向外引導到十字軍東征。儘管談到戰爭，宗教有著好壞參半的紀錄，例如中世紀的教會，不過某些教派已經產生了很多反戰運動分子。拿破崙戰爭之後，英國的非國教徒與福音派創立「永久與普遍和平促進協會」（the Society for the Promotion of Permanent and Universal Peace），貴格會（Quakers）與門諾會（Mennonites）也向來積極參與反戰運動，直到今日依然如此。

其他人則把希望放在理性而非宗教上。十五世紀的傑出詩人暨思想家克莉絲汀・德・皮桑（Christine de Pisan）寫道，如果國君覺得委屈，他應該召集「一場賢人大會……不只邀請自己王土裡的智者，更是為了免除失敗的疑慮，也要從已知不會選邊站的外邦號召政界元老、法律顧問及其他人等前來。」康德在他的《在世界公民觀點下的普遍歷史之理念》（*Idea for a Universal History from a Cosmopolitan Aim*）一文裡，則希望，「人性這根曲木」（crooked timber of humanity）能在和平的道路上長得直一點。十九世紀的物質文明已有顯著的進步，尤其是歐洲與美國，使得世人升起一股希望，以為人類的道德本質也會發生類似的轉化。不屈不撓的鬥士貝爾塔・馮・蘇特納寫道：「和平是文明進步所必然帶來的一種狀態……絕對可以肯定的是，在這幾百年間，好戰的精神將逐漸萎靡不振。」（一個世紀以後，平克也在他的書《人性中的善良天使：暴力為什麼會減少》〔*Better Angels of Our Nature: Why Violence Has Declined*〕當中，表達了同樣的希望）。武器的進步，以及軍隊的成長，進一步刺激人們去思考運用戰爭之外的其他方法。十九世紀偉大的英國法學家亨利・緬因爵士（Sir Henry Maine）指出：「戰爭似乎和人類一樣的古老，但和平卻是一種現代發明。」確實，現在還有戰爭，甚至在歐洲也是，可是列強也越來越會尋求仲裁以解決爭議。一七九四年到一九一四年間約有三百件仲裁案，其中有超過半數發生在一八九〇年至一九一四年間，似乎呈現出一種明顯的趨勢。再者，代議政府的普及和選舉權的擴大，看來正在實現康德的願望，亦即奠基於人民同意（the consent of the people）的政府以共識決的方式運作，在處理其他國家的事務時，也會遵循相同的原則。（二十世紀所謂的「民主和平論」〔democratic peace theory〕是假設民主國家不會互相征戰，這個假設仍然強烈地吸引我們的想像，儘管歷史上有不少例子顯示，相當程度民主化的國家，彼此會作戰，例如第一次世界大戰的德國和英國。）到一九一四年那時，許多歐洲人已經認為戰爭過時了，是比較不文明的人才會做的事。奧地利作家史蒂芬・茨威格（Stefan Zweig）回想童年時期：「人們對野蠻故態復萌的可能性，例如歐洲國家之間的戰爭，相信程度不會高於相信鬼魂和女巫的存在。」

反對戰爭似乎也有充分的經濟論據。誠如英國記者諾曼・安吉爾（Norman Angell）在他廣受歡迎的書《大幻影》（*The Great Illusion*）中所指出的，戰爭不再具有經濟意義。在過去，國家為了劫掠而彼此攻伐；在現代世界裡，他們透過貿易與投資，便能以遠遠更低的成本取得所需。二十世紀初期的國家在經濟上的依存度如此之高，以至於最強的國家也會受到戰爭的傷害。相互依存應該獲得鼓勵，自由貿易不僅對所有的人都有好處，還會帶來其他益助。誠如偉大的英國激進派理查・科布登（Richard Cobden）說的，自由貿易好比維持大地穩定的引力，「凝聚眾人，拋開種族、教條、語言的對立，將我們團結在永恆不朽的和平下。」第二次世界大戰結束時所創立的布列敦森林機構，和美國在冷戰終結後推動降低國際貿易與投資障礙，背後都是有著相似的盼望。

和平運動組織蓬勃發展

一九一四年以前的世界也以其他方式在交織連結當中，透過旅行（十九世紀下半葉可見大眾旅遊與移民的大量移動興起），也透過蓬勃發展的國際組織，從「紅十字國際委員會」到「跨國議會聯盟」（Inter-Parliamentary Union）。到二十世紀肇始，世界上有在伯恩的「國際和平局」（International Peace Bureau），也有了和平鬥士們及和平請願書。在海牙的兩次裁軍會議吸引大批觀察家前來，其中包括馮・蘇特納，期間她住的旅館還懸掛一幅白旗來向她致敬，還有俄國金融家伊萬・布洛赫（Ivan Bloch），分發他對戰爭進行大量研究的專著，證明先進大國爭戰會是多麼瘋狂的事。他這麼告訴他的英國出版商：「未來將不會有戰爭，因為戰爭已經變得不可能，如今很清楚了，戰爭意味著自殺。」

雖然給女性投票權的國家還不多，但她們愈來愈積極參與和平運動，第一次世界大戰之後更是如此。一九二〇年代和一九三〇年代在英國，擁有七萬兩千名會員的「婦女合作公會」（Women's Co-operative Guild）是「國際婦女和平自由聯盟」（Women's International League for Peace and Freedom; WILPF）的堅定支持者。而婦女也積極參與「誓言和平聯盟」（the Peace Pledge Union）。WILPF 最後在五十五個不同國家設立分支機構。二戰之後，女性和平運動分子投入了一九五〇年代和一九六〇年代的裁減核武運動（Campaign for Nuclear Disarmament; CND），並在一九八〇年代發起只有女性的示威活動，抗議美國巡弋飛彈部署在英國，其中以波克夏的格林漢空軍基地（Greenham Common）抗議活動最受矚目。在北愛爾蘭，貝蒂・威廉斯（Betty Williams）和梅里德・麥奎爾（Mairead Maguire，原本姓 Corrigan）親眼目睹教派暴力之後，在一九七〇年代創立了「和平人社團」（Community for Peace People）。她們在一九七六年獲頒諾貝爾和平獎。不過，我們始終要記得，其他女性也曾經是為戰爭加油歡呼的啦啦隊。

國家消滅戰爭的承諾

十九世紀開始，男性政治人物和愈來愈多的女性政治人物，不管喜不喜歡，必須跟國際輿論打交道，又隨著許多國家的選舉權擴大，也要應付愈來愈多的國內選民。當沙皇尼古拉二世提議在海牙召開第一次裁軍會議時，其他國家的元首和大臣們並不特別熱衷此事。「搞笑會議。」德皇這麼說，愛德華七世則說這是個「最狗屁不通、無聊透頂的」主意。大眾則不作此想（比方說，德國有一份支持裁武的請願書得到超過一百萬人連署），於是列強只好同意派遣代表團去尼德蘭。德國的代表團成員中，有一位教授剛好寫了一本小冊譴責整個和平運動，他收到的命令是反對任何會阻礙德國發動戰爭的措施。英國代表團中有海軍上將傑基・費雪（Jacky Fisher），此人正在檢修與強化英國海軍，拒絕考慮任何會影響他們在戰爭中執行海上封鎖的舉措。美國人表態支持和平，不過也說他們自己的軍隊規模太小，限縮沒有意義。

或許托爾斯泰說的有道理，他批評限武是一種危險的轉移焦點之舉，使人離開了真正的初衷，那就是一舉擺脫戰爭。在《戰爭與和平》裡，波羅第諾戰役前夕，將在戰場上受到重傷的男主角安德烈親王反省讓戰爭不那麼殘酷的種種嘗試：

可是在打仗時，用寬大為懷等等之類的心態去打仗，簡直是卑劣。那種寬容與惻隱之心，就好像仁慈善感的女士，一看到宰殺小牛就覺得噁心不舒服（她太善良了，見不得血），但她卻可以津津有味地吃著燉小牛肉。他們聊著戰爭的規則、騎士精神、舉旗投降、以仁慈對待傷患等。全是廢話連篇。

也許兩次大戰間的「誓言和平聯盟」把口號說的更為簡練：「當男人拒絕打仗，戰爭就會終止。」

對第一次世界大戰的記憶和大戰捲土重來的恐懼漸增，重振了那些想要廢除戰爭的人的意圖與活力。全世界有很多人都贊同威爾遜總統說：「國際聯盟是人類唯一的希望。」他在一九一九年七月對參議院報告整合聯盟盟約的《凡爾賽條約》時，告訴參議院說，「一個由自由國家形成的組織，將使這類侵略與掠奪的戰爭永遠再無可能。」國際聯盟將提供成員國充分的集體安全，制止外來攻擊，並以和平的方式解決成員國之間的爭端。如果成員國拒絕參與討論或訴諸仲裁，威爾遜相信解決方法會是經濟制裁。「不！不會是戰爭，而是比戰爭更好的作法。有了這種經濟的、和平的、寧靜的、致命的救濟措施，便無使用武力的必要。」威爾遜也希望國際輿論能孤立並斥責侵略的國家。

儘管美國並未加入聯盟，但他的代表與日內瓦的聯盟機構密切合作。在兩次大戰期間，大眾仍然非常支持終結戰爭。在英國，一九三〇年代開始「國家聯合聯盟」（the League of Nations Union）有四十萬名會員，約有一千一百五十萬名英國男女，占成年人口的將近四成，在一九三四年至一九三五年間所舉辦的和平公投中投票，以壓倒性多數支持該聯盟與軍備裁減。一九二八年，法國外交部長阿里斯蒂德·白里安（Aristide Briand）和美國國務卿法蘭克·凱洛格（Frank Kellogg）邁出當時許多人希望是人類遠離戰爭的一大步。簽署《巴黎非戰公約》（*Pact of Paris*）的國家承諾放棄以戰爭作為手段解決彼此之間的爭端。最後，有六十一國簽下公約，其中也包括德國、義大利和日本。當時，懷疑論者便指出該公約無從落實，一九三九年爆發戰爭也證明了他們的懷疑是對的。

在羅斯福總統的壓力下，同盟國在戰爭期間開始規劃一個新的團體來取代國際聯盟，也成立新的經濟組織，希望此舉有助於將全世界的國家緊密連結起來，使未來發生戰爭的危險減至最低。一九四五年五月，就在德國投降前夕，太平洋的戰鬥還在進行時，四十六個國家齊聚舊金山成立聯合國。它並未實現一舉消滅戰爭的承諾，這始終是個要求太多的希望，但它居中促成一連串限武協定，也透過維繫和平、建設和平、以及它的各種組織例如世界衛生組織（WHO）的活動，來協助減輕並緩和戰爭的某些效應。

二戰之後發生在美國與蘇聯之間的冷戰，使人類的注意力再次聚焦於戰爭的危險性，到了一九六〇年代，這危險無疑使得人類漫長的歷史蒙受劃下句號的威脅。《世界就是這樣結束的》（*On the Beach*）、《奇愛博士》（*Dr. Strangelove*）和《浩劫後》（*The Day After*）等小說、電影與電視節目，描繪了核子戰爭的恐怖衝擊和它是如何輕而易舉的發生。不知怎麼的，這跟冷戰時兩大超級強權之間的核武平衡比較有關係，「相互保證毀滅」（mutually assured destruction，有一個再貼切不過的縮寫 MAD）的可能性，意味著美國和蘇聯雖然一度接近戰爭，但仍會彼此避戰。這不表示這個世界從一九四五年以來便能免於戰爭：超級強權和一些次強國家打代理人戰爭，也曾資助內戰，至今仍然如此。暴力不必然用到最新的高科技武器才能為之；過時的、便宜的武器也能造成很大的傷害。在盧安達，胡圖族（Hutu）民兵組織開始大屠殺圖西族

（Tutsi）以前，這個國家進口的開山刀，數量多到每三個盧安達男人就可以擁有一把新刀。這些刀可不是用來耕種。環顧全世界，我們必須記得，一九四五年以來還有上述以及所有其他種種的戰爭，戰爭與戰爭的威脅仍然與我們常相左右。

[第九章] 戰爭與藝術

原諒我們，合唱團在莎士比亞《亨利五世》第四幕的一開始這麼唱著：

哎呀好可憐！
我們對不起阿金谷這個地名，
只有四五枝破劍胡亂耍動一番。
但是諸位請坐下來看戲；
戲是假的，事情卻是真的……[42]

在接下來的場景，莎士比亞將同時把戰爭的悲慘與光榮帶給觀眾。戰鬥前夕，陷入沉思的國王亨利微服漫步在他的軍隊之間。一名普通兵威廉斯正在和朋友聊天，說他不期望他們能活過今天。亨利探問說：跟著一個作戰理由這麼光明正大的國王，他們不覺得高興嗎？威廉斯說或許吧，可是那些死掉的人將詛咒他們的死亡，哭喊著求救，或擔心身後留下的妻小。他說：「我恐怕，死在戰場上的人很少能死得心安理得……」亨利回以一段邏輯周密但不怎麼寬慰人心的長篇大論，談到戰爭中的責任以及每一位將士應如何做好良心準備，如此一來他才能死得其所，得到救贖。不過，隔天一早，他又有了另一番講法。他告訴弟兄們，即將到來的戰役是他們追求光榮的機會。他提醒他們，當天是雙胞胎聖人克利斯品與克利斯皮尼安（Crispin and Crispian）的節日。

凡是今日不死能安然生還的人，
以後聽人說起這個日子就會感覺驕傲，
聽人提起克利斯品就會興奮。
……
從今天起到世界末日，

---

42 本譯文取自《亨利五世》譯本，遠東圖書公司印行，梁實秋譯。

克利斯品節日永遠不曾輕易度過
而不憶起我們；
我們這幾個人，我們這幸運的幾個人，我們這一群弟兄……[43]

一九四四年D-Day那天，東約克郡軍團（East Yorkshire Regiment）的一個連長在他們靠近寶劍海灘（Sword Beach）的時候，摘錄亨利這段激勵人心的演說，透過登陸艇的擴音器朗讀給弟兄們聽；當第一特遣旅（1st Special Service Brigade）登陸時，威武的指揮官洛瓦特勳爵（Lord Lovat）帶領他們涉水搶灘，他的專屬風笛手比爾・米林（Bill Millin）則在一旁演奏著「高地少年」（Highland Laddie）與「通往島嶼之路」（Road to the Isles）。偉大的統帥亞歷山大大帝、尤利烏斯・凱撒、拿破崙、麥克阿瑟、蒙哥馬利，都具備偉大演員的能力，和弟兄們打成一片，讓他們覺得統帥認識他們，關心他們，正在直接對著他們說話。他們掌握莎士比亞的精髓，將戰爭當成一種劇場，用誇張的姿態來製造戲劇效果。鄂圖曼帝國在十五世紀為了看守達達尼爾海峽而製造的巨炮；被漢尼拔帶到義大利或蒙兀兒人（Mughals）在印度使用的大象；冷戰時雙方陣營所開發的核彈，這些東西用來震懾與恫嚇敵人的意圖不亞於實際作戰之用。聯軍便把二〇〇三年入侵伊拉克的戰法稱為「震撼與威懾」（Shock and Awe）。我們把藝術用在戰爭上，而我們對戰爭的想法及如何發動戰爭，又反過來被我們的藝術表現所影響。

從藝術看戰爭

戲劇、詩歌、小說、繪畫、雕像、照片、音樂和電影形塑了我們對戰爭的想像與看法，戰士和老百姓皆受到影響。藝術能讓我們看到戰爭的許多面向：從英勇的與光榮的，到殘酷的與恐怖的。它們能傳達若干戰爭的興奮與熱情，也能訴說戰爭的瘋狂、乏味與無意義。它們讓我們想起戰爭的力量與錯綜複雜，還有我們對戰爭的曖昧感受。藝術可以慫恿我們迎向戰爭，例如第一次世界大戰之前，也能像戰後那樣使我們轉而反對戰爭。藝術幫助我們去處理、記憶與紀念戰爭。

43 本譯文取自《亨利五世》譯本，遠東圖書公司印行，梁實秋譯。

藝術與戰爭之間的流動是雙向的：戰爭改變那些創作戰爭圖像與故事的人。作家奮力尋找新語言，畫家努力實驗新畫風。戈雅在畫作《戰爭的災難》中，放棄色彩和頌揚戰爭勝利與英勇的悠久傳統，而去呈現戰爭的卑劣、無故的殘忍時刻、破碎殘缺的身軀。圖像不可能捕捉得到第一次世界大戰的樣貌，一九一六年一份文化評論表示：「關於那些發生在夜裡、在濃霧中、在地下、在雲端的種種，沒有藝術家能給我們一個全面的印象……在老派畫布的戰場上，視死如歸的士兵成分列式前進並撲向敵人的景象已經消失不見；交通壕溝（communication trench）把他們吞噬掉了。」曾經被法國政府派到前線記錄實況的瑞士畫家費利克斯・瓦洛東（Félix Vallotton）說：「從此以後，我再也不相信血淋淋的素描、寫實的繪畫，再也不相信眼中所見的或甚至所經歷的。唯有冥想才能把這類召喚的根本綜合性給汲取出來。」他的畫作《凡爾登戰役》（*Verdun*）描繪法國與德國之間那場令人毛骨悚然的消耗戰，是由火焰、黑色與白色的雲狀毒氣和煙霧、多道光束、破碎的地貌和落雨所組成的圖案，畫中杳無人跡。說來也許只是巧合，一九一四年以前，歐洲各城市和新世界的藝術家們正在實驗的藝術形式，正適合即將到來的戰場。立體派藝術家發展新的風格來捕捉周圍世界的破碎性，未來主義畫派則想方設法去描繪動作本身。在英格蘭，漩渦派畫家（Vorticist）想要把既有秩序砸個粉碎，在他們眼中，一種新的幾何圖形正可反應出現代世界參差不齊的本質。深受漩渦派影響的英國藝術家保羅・納許（Paul Nash）不久也發現自己正在速寫與繪畫殘破的戰場。他們全都以某種方式感應到即將重創歐洲社會的那場大災難嗎？可悲可嘆啊！他們的實驗畫風太適合戰場上的殘山剩水和其上的光線交錯、火箭彈爆破與一波又一波的毒氣。

然而，當我們努力的去想像戰爭或憑藉他人的想像時，卻又碰上這恆常的問題：我們是否能確切說出戰爭的現實，還是只是把戰爭的體驗局限在一本書的篇幅或一幀畫框或一卷底片裡？《青春的悲愴》[44]（*The Sorrow of War*）的作者鮑寧（Bao Ninh）曾經在越戰時為北越軍隊打仗，小說的主人翁是一個退伍老兵，著魔似的堅持寫下他關於愛與戰爭的故事：「這幾頁薄紙代表阿堅（Kien）的過往；字裡行間訴說的故事

44 麥田出版的中文譯本。

有時清晰，但多數時候充其量是模模糊糊的，像暮光一般朦朧黯淡。它們說著那劃分生與死的危脆邊界的故事，卻模糊了界線本身，終至將它一把抹去。歲月與時間夾雜在一片混亂中，和平與戰爭也是如此。」這本書出版後，遭到共產黨政府禁止，自此之後，鮑寧就極少有作品問世。美國作家提姆・歐布萊恩為另一邊的陣營打仗，在《負重》一書中寫道：「概括地談論戰爭就跟概括地談論和平是一樣的。幾乎每件事情都是真的，也幾乎沒有一件事情是真的。」他問，我們是否能掌握戰爭的意義？「在一個真正的戰爭故事裡，如果有任何寓意的話，就像織成布的紗線，你沒辦法把它理清楚。若不揭開更深層的意義，你就萃取不出意義。而到頭來，說實在的，也許除了『喔！』之外，一個真正的戰爭故事沒有什麼好說的。」然而，他還是繼續努力訴說，就跟在他之前和將來的許多人一樣。威爾弗雷德・歐文寫信給母親，說到他一九一七年在埃塔普勒（Étaples）的大型英國基地裡，曾經從大兵們臉上看到非常怪異的樣子：「一種難以理解的樣子，是你在英格蘭永遠不會看到的……既不是絕望，也不是驚恐，比驚恐還要糟糕，因為那是一種被蒙住眼的樣子，像隻死兔子一般，沒有表情。永遠不會有人畫出那樣的表情，也沒有演員能演得出來。我想，我一定要回去跟他們在一起，才能形容得出來。」在韓戰，美國攝影師大衛・道格拉斯・鄧肯（David Douglas Duncan）也談到他試著捕捉士兵的那種表情，他所謂的「空茫的凝視」（the thousand-yard star）。

儘管由戰爭或關於戰爭所產生的藝術作品只會把焦點放在一邊陣營，也就是藝術家所在的那方，但戰爭所挑起的反應往往能跨越界線。德國作家雷馬克的《西線無戰事》談到壕溝戰的徒勞無益、士兵間的袍澤之情、他們與大後方的巨大鴻溝，就跟反戰英語小說曼寧的《財富的中段》和格雷夫斯的《告別一切》（*Goodbye to All That*）並無二致。歐布萊恩和鮑寧在越南分屬不同陣營，可是兩人的作品裡都有叢林、炎熱、恐懼和鬧鬼事件。鮑寧主要角色的人生跟他是如此相近，他對這個角色的形容，不難套用在歐布萊恩書中的敘述者身上：「進入故事裡的還有帶著有害氣味的暗黑叢林氛圍，和關於普通士兵生活的傳說與迷思，這些人的死亡賦予他的寫作節奏感。」

某些戰爭能比其他戰爭刺激出更多也更好的藝術作品。第一次世界大戰帶給我們以多種語言創作的偉大小說和詩作，還有出色的繪畫與音樂。第二次世界大戰就很難想到什麼堪可匹敵的創作潮。瓦西里・格羅斯曼（Vasily Grossman）的《生活與命運》（*Life and Fate*）是一本傑出的小說，但其他的好作品在哪兒呢？又為什麼是越戰而非兩次大戰或韓戰，對美國的藝術創作產生這麼強的刺激效應？那時是流行樂的黃金年代，有清水合唱團（Creedence Clearwater Revival）、布魯斯・史普林斯汀（Bruce Springsteen）、鄉村喬與魚樂團（Country Joe and the Fish）、巴布・狄倫（Bob Dylan）和門戶樂團（the Doors），寫作並錄製關於越戰的歌曲。除了歐布萊恩和他的作品外，文壇還有菲利普・卡普托（Philip Caputo）的《戰爭謠言》（*A Rumor of War*）、麥可・赫的《派遣》（*Dispatches*）和卡爾・卡馬藍提斯（Karl Marlantes）的《馬特洪峰》（*Matterhorn*）；電影也呈百家爭鳴之勢，例如《前進高棉》（*Platoon*）、《七月四日誕生》（*Born on the Fourth of July*）和《現代啟示錄》（*Apocalypse Now*）。這些作品就跟第一次世界大戰的偉大藝術創作一樣，幾乎全都在批判越戰，此事絕非巧合。越戰之於美國人就相當於第一次世界大戰之於歐洲人；它撼動了他們對自己的信心和文明。我們這些道德高尚的好人，何以捲入這樣一場戰爭之中，做出如此可怕的事情，或許是因為他們需要解開這駭人的謎團，所以這兩場戰爭才會對藝術家造成衝擊。

然而，偉大的藝術只能源於戰爭的恐怖與無稽，這種說法未免過於簡單。對照於布瑞頓的《戰爭安魂曲》、托爾斯泰的《戰爭與和平》或雷馬克的《西線無戰事》，我們有《薩莫色雷斯的勝利女神像》（*Winged Victory of Samothrace*）、《伊利亞德》或榮格的《鋼鐵風暴》可作為平衡。約翰・拉斯金（John Ruskin）是維多利亞時期孚有眾望的英格蘭藝術評論家及頂尖知識分子，一八六五年他在伍爾威治（Woolwich）發表一場關於戰爭的演講，可能讓在場的年輕官校生感到驚訝，「任何出現在世間的偉大藝術作品，莫不是來自軍人的國度。」他認為，和平帶來繁榮與滿足，可是它也讓藝術枯萎凋落，因為人們不會被提升到最高境界，此事唯有戰爭能做到：「一個確定的事實是，只要人類的聰明才智臻至成熟飽滿，便一定要用藝術來表達自我。」因此，他的結論是：「當我告訴你戰爭是所有藝術的基礎時，我也是在說戰爭是人類所有高尚美德與聰明才智的基礎。」

一如某些戰鬥的人所領悟到的，戰爭自身有其美麗之處。加拿大畫家A.Y.傑克遜在第一次世界大戰接近尾聲時寫道：「有天晚上，我和奧古斯都・約翰（Augustus John）一起去看我們對德國前線的毒氣攻擊。它就像一場精彩的煙火表演，有我們的毒氣雲和德國那邊五顏六色的火焰與閃光。」沒過多久，他就畫出《列萬的毒氣攻擊》，成為那個時代最富盛名的加拿大畫作之一，畫中以黝黑的枯萎大地作為前景，藍灰色的雲盤旋其上，加上綠色與粉紅色的光線條紋。《現代啟示錄》的開場鏡頭也是一樣，青翠叢林中，優雅的棕櫚樹輕輕搖擺，發出叱叱聲的直升機飛過。幾縷煙裊裊升起，接著煙塵變多了，然後整個場景瞬間陷入熊熊烈焰中（拍攝電影就是這麼瘋狂到真的去焚燒叢林），門戶樂團則一直在唱著《結局》（*The End*）這首歌；這個開場扣人心弦，恐怕是有史以來最了不起的電影開場。導演法蘭西斯·福特·科波拉（Francis Ford Coppola）打算拍一部反戰電影，以約瑟夫·康拉德（Joseph Conrad）控訴西方帝國主義的小說《黑暗之心》（*Heart of Darkness*）為藍本，可是，他把這部電影的某些地方拍得既振奮人心又美麗無比。

藝術家腦中的戰爭

藝術家會刻意美化戰爭，不管是因為受雇或是因為他們如此相信，或兩者皆有。在人類歷史中，以藝術來描繪並頌揚戰爭的作法可回溯至久遠以前。古代世界有非常多遺留下來的東西，如雕像、凱旋門與凱旋柱、馬賽克、裝飾瓶、墳墓等戰爭的題材。埃爾金石雕（Elgin Marbles）呈現人類與半人馬（centaurs）的戰鬥。德國佩加蒙博物館（Pergamon Museum）有一項珍藏是來自同名城市的宏偉祭壇，表現巨人與奧林匹克眾神之間的傳奇性戰鬥。貝葉掛毯（Bayeux Tapestry）上記錄著諾曼人征服不列顛的事蹟。描繪往昔陸上及海上勝仗的風格化巨幅畫作，充斥在歐洲宮殿和文藝復興時期的政府建築裡，統治者的交響樂團則演奏著慶功曲，例如韓德爾作於一七四九年的《皇家煙火》（*Music for the Royal Fireworks*），便是在彰顯英國的一場勝利，這裡指的是一七四八年奧地利王位繼承戰爭終了時所簽訂的《艾克斯拉沙佩勒條約》（the Treaty of Aix-la-Chapelle）。一五七一年在勒班陀的決定性戰役中，神聖同盟的基督教國家打敗鄂圖曼帝國，啟發了威羅內塞（Veronese）、丁托列托（Tintoretto）、提香（Titian）和一群較不知名藝術家的繪畫、詩作和音樂。十五世紀佛羅倫斯與西恩納之間的「聖羅馬諾戰役」（The Battle of San Romano），如今主要也是靠著烏切羅的三聯畫為後世所記得。馬兒揚起前蹄，士兵互相鬥毆，斷矛、棄甲和屍體凌亂散落在地上，可是卻不見一絲血光，也沒有被砸碎的頭顱或斷肢殘臂。

這樣的描寫方式可以去除戰爭的恐怖、混亂和戰鬥的人命代價。由統治者阿克巴大帝（Akbar）所委託創作的蒙兀兒繪畫以圍城、戰役、槍炮、士兵和騎兵為主題，全都色彩斑斕、裝飾性強，連屍體也是如此。一九四五年喬・羅森塔爾（Joe Rosenthal）舉世聞名的照片《在硫磺島豎起國旗》（*Raising the Flag on Iwo Jima*）（這是在一面較小的國旗已經豎起後的某個時間才擺出的姿勢）捕捉到勝利的一瞬間，但卻對那場勝仗造成兩萬六千名美國人傷亡，沒有一丁點的暗示。十八世紀的歐洲以身處理性時代（the Age of Reason）而自豪，藝術家們絕少例外地紛紛將戰爭表現成井然有序的賽局，也許是棋局吧，把人當成了棋子。在漫長的奧地利王位繼承戰當中，英國在一七四五年強迫尼德蘭和漢諾威王室的盟軍攻擊位在豐特諾伊（Fontenoy；現今的比利時）的法軍。這場戰役的結果是法軍獲勝，造成大約五千人死亡，另有一萬人受傷。路易十五委託皮爾・殷范提（Pierre L'Enfant；他的兒子是華盛頓特區的規劃者）繪製一幅關於當天的畫作。士兵列隊整齊地正在進行攻擊。槍炮冒出一陣陣煙霧，騎在馬背上的人策馬奔馳，地面上點綴著幾具屍體。個別英雄魁北克的沃爾夫（Wolfe）或指揮艦上的納爾遜將軍死於戰鬥中的繪畫，也是以端莊有禮的方式呈現死亡的降臨，垂死之人優雅地躺著，哀悼者環伺身旁。藝術連戰爭的工具都可以美化。全副鎧甲、劍、彎刀、長柄槍、早期的手槍和大炮往往也是美麗的物件，以貴重的金屬與寶石潤飾，展現設計與製作工匠的技藝和眼光。這是我們已經失去的風氣，至少就軍事武器來說是這樣；很難想像有鑲嵌著裝飾品的機關槍，發出音樂般的聲調出來。

就跟對待其他社會資源，不管是跟人有關的、物質的或精神的都一樣，戰爭會為了自己的需要去籠絡藝術，而藝術家也會自我收買。雅克－路易・大衛（Jacques-Louis David）是一個擁有強烈求生本能的優秀藝術家，在法國舊政權（ancien régime）時期發跡崛起，很快便調整自己融入法國大革命，後來成為拿破崙最喜愛的畫家。他的名作《拿破崙越過阿爾卑斯山》（*Napoleon Crossing the Alps*）呈現一個英雄人物騎乘著前腿騰空的雄馬，爬坡奔馳於前往義大利的勝利之路上。馬蹄邊的石頭上可看到刻有漢尼拔和查理曼的名字，不過只有拿破崙自己的姓氏波拿巴（Bonaparte）拼寫得最清楚。第一次世界大戰時，藝術家和知識分子忙不迭地譴責另一邊陣營的同行。著名的法國哲學家亨利・柏格森（Henri Bergson）在一九一四年八月八日的一場演講中，說這是一場法國文明與德國野蠻行徑之間的戰爭。德國作家湯瑪斯・曼（Thomas Mann）也把戰爭看成是不同價值系統之間的衝撞，不過在他看來，德國的文化（Kultur）是充滿活力、生機勃勃、深入人性的，而不是溫和、有理、基於理性而非感性的「文明」。他如此稱頌：「德國的整體德行與美麗，唯有在戰爭中方能顯露。和平並不總是適合的，在昇平時期，人們有時候會忘記德國有多麼美麗。」諾爾・寇華（Noël Coward）編劇、執導並主演電影《為國盡忠》（*In Which We Serve*），讚揚皇家海軍靜默的英雄氣概。英國政府資助勞倫斯・奧立佛（Laurence Olivier）拍攝澎湃激昂的電影《亨利五世》，這部片也是由他主演。電影上映於一九四四年，諾曼第登陸行動剛結束之後，而他所飾演的亨利國王既英勇又高貴，為了正當的理由而戰（電影劇本捨棄了亨利國王出言威脅哈弗勒爾市民這類場景）。好萊塢明星約翰・韋恩（John Wayne）為了支持越戰，自掏腰包拍攝電影《綠扁帽》（*The Green Berets*）[45]，電影最後一幕，一個越南小男孩，曾經被一組特種部隊（即綠扁帽）照顧過的戰爭孤兒，發現他的朋友被殺而淚流滿面。「我現在會怎麼樣？」男孩問韋恩扮演的上校。韋恩把死去軍人的扁帽給了這個孩子。他說：「你就別擔心了，綠扁帽，你就是他們的一切。」兩人走進夕陽中，「綠扁帽之歌」（The Ballad of the Green Berets）的配樂聲響起。

韋恩的片子之所以受人矚目，是因為它是少數的電影之一，以正面角度來表現一個愈來愈不受歡迎的戰爭。相較之下，第一次世界大戰時各方陣營的藝術家們卻是排山倒海的支持自己國家的戰事，至少在衝突發生的早些年間是如此。愛德華・艾爾加（Edward Elgar）譜寫愛國音樂，雖然他開始討厭自己在戰前處理《威風凜凜進行曲》（Pomp and Circumstance Marches）的方式，放了太多浮誇的辭藻在裡面，但是他仍為吉卜林的《船艦邊緣》（*The Fringes of the Fleet*）譜曲，《船艦邊緣》是一九一五年出版的小冊，收錄了吉卜林的詩歌與散文，談的是英國海軍較不為人所知的英勇時刻。在各個交戰國中所創作的小說與詩歌絕大部分是愛國作品；有些是成名詩人所作，如湯姆斯・哈代（Thomas Hardy）的《行軍出發的人們》（*Men Who March away*）（在詩中允諾「正義將獲得勝利的榮冠」），有些則是熱血的無名氏們寫的。光是一九一四年八月，一家柏林大報在一天之內就收到五百首愛國詩投稿。「我們愛也一

45 臺灣發行的DVD將片名譯為《越南大戰》。

體，我們恨也一體，我們有一個敵人，而且只有一個敵人——英國！」恩斯特・利紹爾（Ernst Lissauer）受到瘋狂歡迎的《恨之頌歌》（*Hymn of Hate*）如是說。

藝術參與戰爭

隨著現代戰爭的規模與需求日益龐大，政府開始發現他們可以像利用科學或工業那樣，運用藝術來動員他們的社會。第一次世界大戰時，英國政府委託知名藝術家為貨船繪飾偽裝圖案。「迷彩船艦」（dazzle ships）上塗滿瘋狂的設計，使德國潛水艇難以估算它們的方向與速度。新成立的新聞處發展一連串計畫，聘用藝術家來記錄戰爭，並且創作給大後方看的宣傳內容。在新興的電影產業裡，英國和法國的製片廠出品題材廣泛的電影，從留守家園如常維持家務到描述德國人的罪孽都有。後者還被出口到中立國去，企圖藉此幫同盟國贏得民心，成效往往也不錯。德國電影產業在政府的嚴密控制下，很慢才意識到新媒體的力量，而它對外輸出的電影也沒有太大影響力。在德國電影裡的戰爭前線，演的是心滿意足的士兵們閱讀公告和吃飯用餐，有些受到輕傷的人在醫院休養，或是德國軍隊重建被敵人摧毀的教堂。片中沒有很難拍攝的戰爭場面，也沒有死亡。當這些電影放映給德國前線的部隊看時，他們哄堂大笑（德國在第二次世界大戰時的宣傳就做的比較有效，主責的宣傳部長戈培爾說他跟英國人學到很多）。然而，一旦敵人的藝術創作被當成許許多多的特洛伊木馬而遭到攻擊時，另一條戰線便開啟了。在法國，也是第一次世界大戰時，聖桑（Camille Saint-Saëns）和其他人組成「保衛法國音樂全國聯盟」（the Ligue Nationale pour la Défense de la Musique Française），發起活動禁止演出德國當代音樂。「經過屠殺婦女與孩童的事件之後，」聖桑問：「法國人怎麼還能聆聽華格納？有必要作出此等犧牲，不去閱讀或聆聽華格納的作品，因為他覺得德國可以透過他的作品征服靈魂。」在英國，媒體會抨擊演奏貝多芬、布拉姆斯或巴哈的交響樂團。

誠如洛瓦特勳爵所認識到的，在戰場上演奏音樂能發揮特定作用。《縱向之鼓》（*The Drums of the Fore and Aft*）是吉卜林所寫的一篇有力量的故事，關於帝國邊陲的英國士兵，他可能是取材自第二次阿富汗戰爭的一段情節，當時有一個英國部隊起初遭遇阿富汗人的攻擊時節節敗退。在吉卜林的故事裡有一對墮落的男孩鼓手，年方十四就已經是酗酒的惡棍流氓，他們在撤退時被留在後頭，兩人於是共飲偷來的蘭姆酒，拿起鼓和笛子，一邊演奏著《不列顛擲彈兵進行曲》（British Grenadiers），一邊往阿富汗的陣線衝去。男孩的舉動讓縱向軍團感到羞愧，他們重新加入戰鬥，冷靜而有效率地斬殺敵軍，直到勝利得手。男孩們被埋葬在其他死去英軍的身旁。

根據修昔底德的說法，斯巴達人會唱著他們的戰鬥歌曲上戰場。他形容他們在西元前四一八年的曼提尼亞戰役（the Battle of Mantinea）中，跟著行列中的長笛手吹奏的音樂，緩慢地朝著阿爾戈斯聯軍（Argives）逼進。「他們的這個習俗無涉於宗教，而是意在使他們的步伐一致，穩定地向前推進而不會自亂陣腳，大型軍隊在上戰場的時候經常會這麼做。」

戰爭有如舞蹈，音樂有助於訓練士兵們即便在戰鬥時也能不假思索的動作，並且保持陣形。十八世紀的傑出軍人莫里斯．迪．薩克斯素以操練聞名，他說：「讓他們按著節奏行進。這就是全部的祕密，羅馬人的行軍步……大家都看過有人跳舞跳整晚，可是讓一個人在沒有音樂的情況下跳舞十五分鐘，看看他能不能受得了……跟著音樂擺動是天性的、不自覺的。我經常注意到，當鼓聲跟著軍旗咚咚響起時，所有的士兵無須刻意便能隨著節奏前進，渾然不覺。他們靠著天性和本能就做到了。」孫子建議將帥在行軍、調動、衝鋒時，用鑼和鼓，再加上旌旗來保持軍隊的沉著不亂，並讓他們的注意力放在某個特定的點上。在前現代的戰場上，還沒有野戰電話、無線電或電子通訊設備時，音樂是指揮官能用來發出信號指令的少數方法之一。在歐洲軍隊會發現，高音的木管樂器和銅管樂器可以傳遞很多戰場噪音。在拿破崙戰爭時，英國陸軍的步兵規章列出各式各樣可以用音樂傳遞的訊息：前進、撤退，甚至敵方騎兵或步兵臨近時的警告。音樂也能的對攻擊者及防禦者造成心理衝擊。一名英國老兵在威靈頓公爵對抗法軍的半島戰爭（Peninsular Wars）中打過仗，他說在滑鐵盧一役中的一場攻擊開始時，為了加快腳步，法軍的鼓手擊起了快步節奏（pas de charge），這聲音「不管再怎麼勇敢，很少人聽了不會些微升起不愉快的感受。」

在昇平時期，藝術可以為大眾做好戰爭的準備，歐洲在第一次世界大戰前的幾十年間已經這麼做了。軍樂隊在歐洲各地公園的露天舞臺上演出，夏天舉辦的海上閱兵，穿著軍服的騎兵團叮噹作響地走在大街上，這些都是給民眾看的娛樂表演，不過也是強而有力的戰爭宣傳。在詩裡，勇敢的年輕將士在遠方整軍經武，對抗殘暴的敵人，帶著對家園的快樂回憶慷慨就義。紅鬍子（Barbarossa）[46]長眠於山中，德瑞克爵士正歇息於吊床上，等著被召喚而甦醒過來，拯救他們的國家。上流社會和中產階級的男孩們，尤其是在英國，嚮往著他們曾在荷馬或李維或尤利烏斯・凱撒的書中讀到的那種光榮戰鬥。整個歐洲正在重新發現中世紀，或毋寧說是擁有騎士精神、穿著盔甲的武士和十字軍的那個部分。給男孩看的通俗小說和雜誌寫的大多是過往的英勇事蹟。在德國，最受歡迎的題材是這個國家的偉大勝利，不管是西元一世紀的條頓堡森林之戰（the Battle of the Teutoburg Forest），當時日耳曼部族打敗了一支羅馬大軍，還是一八七〇年在色當戰勝了法國。英國暢銷小說家亨提寫了八本小說，書中的英雄幾乎總是體面的英國男孩，克服逆境，在戰爭青史中留名；他說：「在我的書裡灌輸愛國精神向來是我的一個主要目的，就我所知的可能範圍內，我在這方面從未失敗過。」歐洲的年輕人在一九一四年奔赴戰場，就是希望能有個機會和他們心目中的英雄一較長短。

那個世代的小說家、詩人和傳記作家——英國的羅伯特・格雷夫斯、西格夫里・薩松和威爾弗雷德・歐文；澳大利亞的弗雷德里克・曼寧、或法國的亨利・巴比塞

——因為教育程度和熟知文學、歷史與傳說的關係，特別有能力表達他們的震驚與幻滅（他們也很憎惡平民作家描繪前線的嘗試，「無稽之談！」一位法國作家這麼說）。不過，我們總是要記得，反戰作家受歡迎的程度遠遠不及那些談論英雄面向的作家，例如榮格，至少在戰爭剛結束那時是如此。一九二〇年代後期，《西線無戰事》在德國賣出一百二十萬本（直到納粹禁了那本書為止），而被封為「紅色男爵」的王牌飛行員李希特霍芬的回憶錄也賣出同樣多本。一位學者估計，兩次大戰之間出版關於戰爭的書，只有百分之五是和平主義者寫的。

被控管的藝術與背後的隱語

在戰爭時，當權者明瞭也試著利用藝術的力量，同時，他們也會去管控關於前線的描繪，以免工業化戰爭的本來面目嚇壞了社會大眾。英國戰爭藝術家被告知圖畫

---

46 「巴巴羅薩」（Barbarossa）是紅鬍子的義大利語，此處指的是神聖羅馬帝國皇帝腓特烈一世的綽號。

裡不要有死屍出現。克里斯多福・內文森（Christopher Nevinson）一九一七年的畫作《榮耀之路》（*Paths of Glory*）裡有兩具屍體面朝下躺在地面上，就沒有通過審查員的審查。內文森把一張大大的「審禁」（censored）標語覆蓋在畫上，徒留一隻靴子和一頂頭盔供觀看者想像。德國藝術家喬治・葛羅茲（George Grosz）製作了一幅粗野的版畫是描繪戴著防毒面具的基督，題為「閉上嘴幹你的骯髒事吧！」他的德國同胞奧托・迪克斯（Otto Dix）在戰後創作出死屍和殘軀的系列畫作，令人頭皮發麻，其中一幅畫《壕溝》（*The Trench*）呈現出大炮攻擊後，屍體被轟得四分五裂的景象。新納粹黨譴責他，而且在掌權之後，一九三七年於慕尼黑舉行的「墮落藝術展」[47]（Degenerate Art）中，把他的這幅畫及其他作品擺在顯眼的位置。

想要美化戰爭的人和想要呈現戰爭殘忍面的人，彼此間的爭鬥由來已久，而藝術是一種逃避或擺脫控制的途徑。英國畫家保羅・納許在第一次世界大戰時擔任官方委託的戰地畫家，可是他從前線傳回來的畫作，如《門寧路》（*The Menin Road*）和諷刺地題為《我們正在建立新世界》（*We are Making a New World*），是對損失與破壞的一種見證，縈繞人心久久不散。這些畫不是他在戰前畫的怡人英國風景，恰好相反，他畫的是殘破的樹木、爛泥和一攤又一攤的汙水。這裡沒有開心野餐的人或愉快的農夫，而是行進士兵的孤單身影。「我再也不是一個興味盎然的好奇藝術家，」他在一九一七年十一月給妻子的信上寫著：「我是一個信差，把正在打仗的弟兄的話語帶回去給那些想要一直戰爭下去的人。我的訊息也許微弱，也許拙於言辭，但卻是苦口良言，願它燃燒那些人的可鄙靈魂。」

戈雅在一八一〇年到一八二〇年間創作出偉大的系列畫作《戰爭的災難》，當時的西班牙遭到積弱不振的政府、法國人侵略、革命、內戰及法國與英國間的戰爭所折磨。他在擔任西班牙皇室的宮廷畫家，也為法國與英國官員繪製人像畫的期間，默默地製作自己的版畫。這些作品在他過世後很久才出版，對戰爭各個面向發出灼熱而有力的控訴，呈現人類是何等殘忍。《野獸》（*Wild Beasts*）畫的是斬殺法國士兵的西

---

47 希特勒掌權後將印象派、立體派等畫作視為對德意志文化道德有害且必須清除的「墮落藝術」，此展是納粹政府為「淨化」美學所辦，用來批判展出的墮落藝術。

班牙女子們，其中一人還隻手環抱一個嬰孩，而《野蠻人！》（*Barbarians!*）畫的是法國士兵正在射殺一名綁在樹上的僧侶，其他士兵則在一旁麻木不仁地看著。戈雅下的標題簡練有力，《不忍卒睹》（*One can't look*）、《很糟糕》（*This is bad*）、《更糟糕》（*This is worse*）、《最糟糕》（*This is worst*），而且他是堅守本心的下這些標題：《我看到的》（*I saw this*）、《事情是這樣發生的》（*This is how it happened*）。戈雅以十八世紀的戰爭為題材創作出條理分明的畫作，以此博得極大成就，他對後輩藝術家如迪克斯和達利（Salvador Dalí）的影響也不可小覷。戰地攝影師唐・麥卡林（Don McCullin）說：「每當我在戰地拍照時，就會忍不住想到戈雅。」

畢卡索也想到他推崇的戈雅，並且在一九三七年創作出二十世紀最偉大的反戰繪畫。西班牙共和政府為了保住政權，正在對抗佛朗哥將軍的國民反叛軍，委託畢卡索幫巴黎世界博覽會的西班牙展館創作一幅壁畫。德國空軍轟炸格爾尼卡讓畢卡索找到了創作題材。畢卡索描繪這起事件的畫作，把關心焦點從戰爭的軍事受害者轉向平民百姓，標誌出戰爭畫的一次重大轉變。他以飛快的速度工作，在一張大畫布上塗滿混亂與恐懼的景象：尖叫的人們和一匹馬散落各處，一個女人抱著死去的孩子。他在繪畫的時候發表一段聲明：「在我正在工作的這塊畫板上，我將稱它為格爾尼卡，還有在我最近所有的藝術作品上，我清楚地表現出我對於讓西班牙陷入痛苦與死亡深淵的軍人階級的厭惡。」有一個可能是真的故事，說第二次世界大戰期間，一個蓋世太保到德國占領的巴黎拜訪畢卡索，看到一張《格爾尼卡》的照片。「這是你畫的？」他問。「不是，」畢卡索回答說：「是你們。」直到西班牙恢復民主制度以前，畢卡索都不肯讓這幅畫回到西班牙。自一九八一年以來，它便被當成國家寶藏保存在馬德里。

並非人人都對這幅畫推崇備至。左派這邊，在蘇聯的高壓控制下，共產分子便對它明褒暗貶，為這幅畫的不夠真實感到惋惜。納粹為世界博覽會所製作的指南，指這幅畫是「四歲小孩都畫得出來的身體部位大雜燴」，這幅畫在第二次世界大戰前到美國巡展時，一個美國保守派說它是「莫斯科一手掌控的布爾什維克（Bolshevist）藝術。」我們是否能在極端不認同一個人的觀點及意圖時，還能欣賞此人創作的藝術作品？華格納是譜寫出一流音樂的反猶分子，而蘭妮・萊芬斯坦（Leni Riefenstahl）則是一個忠誠的納粹分子，卻拍出既創新又有力量的電影。這些向來是困難的問題，尤其對以色列人而言。我們對藝術作品的反應，端視我們是誰、我們的立場、和我們何時遇到這些藝術品而定。格雷夫斯很驚訝於他所寫的《告別一切》被看成是一種反戰宣言，他當時只是想要描述戰爭（他很自豪於自己的從軍參戰），又說不定還能賺到一些急需用度。可是他的書問世於一九二〇年代終了之際，當時對第一次世界大戰的幻滅及隨後出現的和平懷疑論正在滋長當中，未來也看似愈來愈渺茫無望。假使我們對創作者所知不多或完全不認識，這類問題便無關緊要，而藝術品剛出爐時環伺周圍的情緒與想法，也會隨著時間流逝而被抹除。如果荷馬在世的話，他是會被敬重還是會被畏懼？是好戰分子還是和平愛好者？我們無從得知，因此，我們才能去讀《伊利亞德》和《奧德賽》，而不必對它們的創作者有立場之分。在西班牙，《格爾尼卡》如今被奉為國家寶藏，可是如果當初畢卡索答應佛朗哥的要求，在第二次世界大戰後把它送回西班牙，那麼它得到的待遇恐怕會有所不同。

戰爭紀錄的創新

從十九世紀中期開始，在描繪戰爭方面，攝影與後來的電影愈來愈能與繪畫並駕齊驅。新媒體所呈現的畫面是否在某個角度上更真實，則是另外一個問題。鏡頭如同藝術家的眼睛，也能有所揀選和扭曲，同樣的，重點在於你是誰，還有你是從哪一個角度觀看。儘管最早的照相機無法表現動作，但他們能呈現出戰爭的面貌與結果。成功的攝影師馬修．布萊迪（Mathew Brady）決定盡可能完整記錄美國內戰。一八六二年，亞歷山大．加德納在安提坦的戰場上拍下他的作品集中最著名的系列照片，那是美國內戰最血腥的一天，其中一張照片裡，向遠方蜿蜒而去的鄉間小路上，皺垮的士兵屍體沿路橫陳。如果我們知道他常常動手布置場景，把屍體移來移去，會使他的照片減損一絲一毫的感動嗎？一九一六年，英國政府打破了它製作不痛不癢且頗為沉悶的宣傳片的作法，拍攝一部關於索姆河會戰初期的影片。由於軍方預計首波攻擊能突破德國的防線，所以史無前例地允許攝影師接近戰場。鏡頭捕捉到士兵在壕溝內做準備，把刺刀架在步槍上，然後消失在壕溝上方，進入無人地帶的畫面。拍攝就停在這裡：早期的膠片攝影機太重了不易攜帶，如果他們需要拍攝戰場的話，便必須站起身來，這是很危險的事情。製作人把訓練影片的鏡頭剪進來，以刻畫實際的攻擊，然後再接上受傷士兵回來的真實畫面。即便如此，還是帶給英國觀眾極深的感動與憂慮，生平第一次，他們如此接近西線戰場的現況。一九一六年夏天，法國的戰鬥還在進行當中，電影上映六週後便有四分之一人口看過這部片子。人們掩面啜泣，還有一些人不支暈倒。

便宜相機問世，使得戰鬥者人人都可以當自己的藝術家，是戰爭紀錄的另一項重大創新。到第一次世界大戰中期，一臺小型的柯達相機要價一美元，而且放在軍服口袋裡剛剛好。當局想要比照檢查士兵的信件去檢查照片，加拿大則試圖禁止士兵攜帶相機，不過都沒能成功。隨著技術持續進步，相機設備也越來越輕巧，攝影師有能力在戰場前線走來走去，捕捉轉瞬即逝的一刻，好比羅伯特・卡帕在西班牙內戰那樣，在某個共和軍士兵被射中的瞬間拍下他那張出名的照片。今天，在衝突區阿富汗和伊拉克的士兵用他們的手機就可以拍照了。

越戰結束後，美國軍方得出的結論是由於曾經允許記者、攝影師和作家相當自由的來去戰區，在他們的照片與視覺報導影響下，社會大眾的支持因此消退。越南小孩遭汽油彈燒傷在路上奔跑，「新春攻勢」（Tet Offensive）期間敵軍包圍西貢美國大使館周邊，或西貢警察局長從頭部射殺某個被俘的北越士兵，這類照片的餘波盪漾，讓大量美國人相信這場戰爭是贏不了的，是錯的。軍方自有其道理，不過新聞報導是否是社會輿論轉而反對越戰的主要因素，仍有爭辯空間。這場衝突本來就不受歡迎，徵兵也是，美國人從來都不懂，他們的國家為什麼要去世界另一邊的一個小國，打一場曠日廢時的戰爭。

從藝術回憶戰爭

提姆・歐布萊恩說我們永遠無法確實知道戰爭的真相，他說的也許沒錯，不過藝術能幫助我們去面對它，並試著了解到頭來可能難以名狀的那些部分。對戰鬥過的人和不曾戰鬥的人來說皆如此。希臘人視荷馬為「靈魂的醫生」。菲利普・卡普托接到越戰老兵寫給他的信，說他發現閱讀他寫的《戰爭謠言》，解開了他塵封已久的記憶與感受。最近有一份法國研究檢視第一次世界大戰時的法國普通兵都在壕溝裡讀什麼書。很多人只受過小學教育，卻把托爾斯泰《戰爭與和平》之類的書寄回去給家人或書商。世界上還有一些美麗與重要的事物，比眼前的苦難更歷久不衰，也許他們不只因此對這件事有更深的理解，更從中找到一些慰藉。一九三七年，英國作家麗貝卡・韋斯特（Rebecca West）在塞爾維亞的一家餐館裡跟某個狂熱的德國民族主義分子正在不愉快的爭辯時，有人打開收音機，流淌出莫扎特的交響樂。「我們如何能寄望它（藝術）為那塊巨大又難以駕馭的布，那張在宇宙逆風中翻飛的風帆，帶來秩序與美感？」她問。「然而，」她接著說：「當這音樂從頭頂牆上那神奇的盒子裡自然而然地流洩而下，它應允我們一切都會沒事，而有時候，我們的生命就跟它一樣的美好。」

創作與欣賞藝術品既是一種反抗的舉動，也是希望之所繫。在兩次大戰時，戰俘會演出戲劇與音樂。法國作曲家奧利佛・梅湘（Olivier Messiaen）在一九四〇年成為德國戰俘，在營裡發現了三個職業音樂家——一個單簧管樂手、一個小提琴手和一個大提琴手。他想辦法從一個同情他的守衛那裡拿到幾張紙和一枝小小的鉛筆，還有幾個受損的老樂器，包括一臺給他自己彈的鋼琴。一九四一年一月十五日，在戶外的雨中，這支四重奏團首演了他的《時間的盡頭四重奏》（*Quatuor pour la fin du temps*）。他後來回憶說，他「以前所未有的全神貫注與痴迷的領會來聆聽。」他的作品有八個樂章，以新約聖經的《啟示錄》為基底，談的是時間的終結與末日天使的降臨，末了以「讚耶穌之不朽」（Praise to the immortality of Jesus）樂章為結。「這都是愛，」梅湘說：「這緩慢地上升至極致，是人向著他的神上升，是神的孩子向他的天父上升，從神聖化的所在朝著天堂而去。」那樣的承諾和那種對當下的俾倪，也出現在第二次世界大戰最令人難忘的一張照片裡，拍攝的是「倫敦大轟炸」的大火與廢墟中兀自挺立的聖保羅大教堂。

有時候，藝術也會從千百年前的過往傳來自己的聲音。蘇美人在西元前三世紀所做的一首詩是世上最古老的詩作之一，哀悼著戰敗的苦果：

仇敵穿著靴子踐踏我的臥室！
那仇敵對我伸出骯髒的手！
…那仇敵剝下我的袍子，讓他的妻子披上，
那仇敵砍下我的珠寶，讓他的孩子戴上，
我就要走去他的住所。

在《伊利亞德》裡，當偉大的特洛伊戰士赫克特的妻子安德洛瑪凱得知阿基里斯殺了她的丈夫，她哭喊著：

如今你倒下
進入死亡的處所，地球的黑暗深淵，
徒留我在悲傷中憔悴，
一個迷失在皇家大廳裡的寡婦——
和一個還是嬰兒的男孩，
我們生的兒子，你我命中注定如此。

凱特．珂勒維茨是一名左派藝術家，第一次世界大戰前和醫生丈夫在柏林一個貧窮地區經營診所。一九一四年八月，當他們的十八歲兒子想要自願從軍時，她並未試圖阻止他。他在十月十二日離家奔赴前線，十天後就戰死了。她從未停止哀悼他，也一直保留他離開前的臥室原貌。她說，彼得是「不應被磨碎的植物種子」。最後，她為座落於比利時羅格佛德（Roggevelde）的德軍公墓製作了花崗石紀念雕像，那裡是她兒子的埋骨之所。《悲痛的雙親》最初設置時，父母兩人離得很遠，孤絕於自己的悲傷中。母親的頭低下，雙手環抱自己。父親直起身子，不過也是雙手抱胸。一九五五年，公墓搬遷到鄰近一個較大的地點，而珂勒維茨的兩座雕像現在也靠得比較近。

紀念儀式、紀念碑、雕像

第一次世界大戰時，人們會採用古老的儀式來憑弔亡者（希臘石柱或神似古代戰士的雕像、穿著黑衣或給死者的祈禱文），不過從戰爭的規模和它對這麼多人造成影響的方式來看，這個世界似乎也需要一些新的作法。積極進取的遠見家費邊・韋爾（Fabian Ware）成功地為英國人成立「皇家戰爭公墓委員會」（Imperial War Graves Commission），堅持三個主要原則：人應該被埋葬在他倒下的國家裡；不應跟過去的戰爭一樣有階級之分；每個人都應該得到一塊同樣簡單的墓碑。儘管一般市民總是有自己懷念逝者的方式，但他們現在會發起行動，發展在地的儀式與紀念物，也會形成官方版本。歐洲各地的城鎮與大英帝國的部分地區為各式各樣的紀念活動發起地方募款，從紀念碑到公園、圖書館、噴泉、村禮堂和醫院，不一而足。紐芬蘭的聖約翰市還成立了一間紀念大學。在劍橋，靠近火車站的地方矗立著一座大步行走的軍人雕像，有著奇短的身軀和長長的腿，這是因為募到的款項不夠，只得縮減大小的關係。方尖碑是一種流行的紀念碑形式，因為它既便宜又容易製作。到了最後，光是英國與法國兩地便有六萬個紀念碑。

一九一九年，英國當局為了同年七月在倫敦市中心沿著白廳大道（Whitehall）舉行的勝利遊行，請曾經為英國陣亡將士設計公墓的著名建築師埃德溫．勒琴斯爵士（Sir Edwin Lutyens）製作一個臨時的戰爭紀念碑（the Cenotaph）。一座空墓的象徵特別適合第一次世界大戰，因為在空襲炮火下，有太多死去的人的遺骸再也找不到或無法辨識。勒琴斯的紀念碑以木頭和灰泥製成，吸引社會大眾的極大關注，成千上萬的人前來一訪，留下花束與花圈，逼得政府不得不讓它矗立在原地比原定計畫的更久。首次出現在一九一九年十一月十一日的停戰紀念日（Armistice Day），然後在一九二〇年與三〇年代年年都會進行一次的默哀兩分鐘，也同樣獲得大眾採納。全國各地的人聚集到公共場所；交通自發性地停止；接線生也拔掉電話交換臺上的插頭。

為了迎合大眾需求，政府要求勒琴斯設計一個石造的永久紀念碑，在一九二〇年十一月揭牌，那一天從西方戰線回來的無名戰士遺體抵達倫敦，經過遊街的儀式後前往西敏市。這就跟紀念碑一樣是一個聰明又簡單的作法，以處理沒有遺體可供憑弔的狀況。每一個家有亡者躺在無名墓裡的人，現在有了一個宣洩悲傷的焦點。再一次地，政府當局必須修改計畫，允許比原先預計還來得更多的公眾參與。西敏寺的公墓持續開放兩週，有一百二十五萬人靜默地列隊通過，只偶爾爆出一兩聲哭喊與啜泣。一九二〇年代，巴黎、羅馬、華盛頓特區、布魯塞爾、布拉格、貝爾格勒、布加勒斯特（Bucharest）和維也納群起效尤，不過柏林和莫斯科就沒有這麼做。第二次世界大戰有自己的紀念物，但多數情況下就是直接沿用前一個戰爭所留下的，並將下一代死者的姓名添加上去。今天，在大部分曾經參與大戰的國家裡，都會把二十世紀與二十一世紀所有死去的人都納入陣亡將士的紀念活動裡。公眾則仍然繼續以自己的方式去塑造官方的國殤儀式。退伍老兵和家人們來到華盛頓的越戰紀念碑，在牆角下留下他們的紀念物——有時候是幾瓶啤酒、花束、泰迪熊。二〇一四年在倫敦塔陳列了超過八十萬朵罌粟花，每一朵花代表一位大英帝國在第一次世界大戰中死去的人，倫敦塔的欄杆上也綴滿了紙條與相片。

緬懷與紀念戰爭

我們如何緬懷與紀念戰爭，既反映出戰爭本身和參戰社會的本質，也反映出是哪些人正在紀念戰爭。退伍老兵懷念死去的戰友，女人們懷念失去的摯愛。戰士的子女們記住的東西跟孫輩不同，如果後者還能完全記得的話。儘管並非每個退伍老兵都想要緬懷過往，但仍有很多人會加入協會、參加聚會或到以前的戰場去朝聖，例如諾曼第海灘或越南。他們未必讚揚戰爭或支持未來的戰爭。第一次世界大戰後，法國退伍軍人率先批評他們認為帶有軍國主義的學校課程，包括法國、德國與英國在內曾經為敵的退伍軍人們也為了改善福祉和追求和平，而齊聚於「殘疾既退伍軍人協會國際會議」（Conférence Internationale des associations de Mutilés et anciens Combattants）。另一方面，法國與德國的右翼退伍軍人協會則竭盡所能的維持戰時的仇恨之火不被熄滅，並把矛頭指向他們眼中的自家叛徒，各種左翼分子、自由派和猶太人都有。

我們對過去戰爭的態度，也受到後來的發展所影響。第二次世界大戰太常被鑄造成善惡之間的鮮明對決（便宜行事地忽略西方列強跟世上最大的專制暴政蘇聯結盟的事實），已經形塑出當前對第一次世界大戰的看法，這場大戰如今看來顯得道德模糊、愚蠢且徒勞無益。在一九一四年至一九一八年間戰死的人，如今得到的是憐憫而非敬佩。「被驢子領導的獅子。」好比英國政治家艾倫．克拉克（Alan Clark）錯誤地聲稱一名德國將軍曾經這樣說英國軍人。不只英國人，今天世人流行的觀點是認為那些去打第一次世界大戰的人都上當了，不負責任的菁英揮舞著為文明或君王及國家或家園而戰的大旗，把他們拐騙到戰場上。我們應該小心謹慎，莫對過去的人擺出優越的姿態。逝者就跟我們一樣擁有理想與信念。我們也許不同意他們，但我們應該給予尊重。那些趕赴第一次世界大戰的人確實認為他們是為了某些珍貴的事物而戰，通常更多是為了他們摯愛的人，而非民主或帝國這類抽象的概念。

一九二〇年代，那些緬懷第一次世界大戰的人，當然是協約國（Allied）這邊，往往把第一次世界大戰視為一種必要的犧牲。德國人並不怎麼質疑這場戰爭本身的正確性，在他們看來，他們質疑的是和平下的不公不義。「這些英雄是怎麼死的？」德國圖賓根（Tübingen）一座公墓的牌匾上這麼問。答案是：「毫無畏懼，忠肝義膽。」「英雄塚」遍及德國當地的社區。在英國，包括倫敦在內的紀念碑上所刻的銘文，會提到「壯烈成仁」（The Glorious Dead）的字眼，在年度紀念集會上也會提醒大家「他們不是白白犧牲」。加拿大在維米嶺（Vimy ridge）的戰爭紀念碑既是用來哀悼加拿大的陣亡將士，也表現出他們是為了什麼而從容就義：石刻人物代表的是信念、正義、和平、誠實、慈悲、真相、知識與希望。這座紀念碑揭牌時，演講者稱這個地點為聖地。陸軍元帥道格拉斯·黑格（Sir Douglas Haig）如今廣被認為是一名冷血的屠夫，可是他在一九二〇年代是一名英雄。一九二八年，有大批退伍軍人出現在他的喪禮上。

只是到了一九三〇年代，隨著爆發另一場戰爭的可能性逐步升高，英國和法國的人民才開始懷疑第一次世界大戰是不是值得，而薩松、格雷夫斯及其他被視為反戰者的作品則開始引起大眾共鳴。威爾弗雷德·歐文的詩作如今被譽為傑出的戰爭詩，但一九四五年以前只在小眾之間流傳。兩次世界大戰之間的絕大部分出版物，都認為第一次世界大戰是一場公義之戰，即便到了第二次世界大戰之後，輿論對第一次世界大戰的意義仍然看法分歧。直到一九七〇年代時，我們有了足夠多的退伍軍人對這場戰爭提出各式各樣的觀點，從戰爭的無意義到戰爭的有效性皆有。當他們淡出人生舞臺，英國的觀點便斷然地搖擺到另一方，認為第一次世界大戰是一個可怕的錯誤，繼續紀念它似乎沒有意義可言。流行的電視節目如一九八九年的《黑爵士》（*Blackadder Goes Forth*）強化了這個趨勢，將之視為一場愚蠢至極的戰爭。

許多曾經參與第一次世界大戰的國家，內部出現了取消國殤紀念儀式的聲音。在澳洲，左派批判澳紐聯軍紀念日（Anzac Day）是在美化第一次世界大戰和大英帝國，也成為人們酗酒的藉口。只有兩千人參與在坎培拉戰爭紀念館舉辦的黎明追悼儀式（Dawn Service）。在加拿大，攻下維米嶺的週年紀念活動得到極少關注，而一九三〇年代在法國所豎立的紀念碑也搖搖欲墜，褪去了顏色。一九八〇年代，英國社會出現放棄在國殤紀念日舉辦教堂禮拜，並取消十一月十一日紀念儀式的聲音。然而，從二〇一四年到二〇一八年間，隨著第一次世界大戰的一連串週年紀念日來臨，英國大眾的興趣與參與度也升高了。成千上萬的人前去參觀倫敦塔的陶瓷罌粟花海，有更多人是在全國各地旅遊時跑去看的。二〇一五年，民眾想要參加在土耳其舉辦的加里波利（Gallipoli）紀念慶典，需求之熱烈到了一票難求的地步，以致於澳洲與紐西蘭政府不得不舉辦抽獎活動。二〇一九年，有超過三萬五千人到坎培拉的戰爭紀念館參加每年一度的黎明追悼儀式。從一九七〇年代到現在，這中間發生了什麼事情？

部分原因可能是至少在特定國家，組織完善的遊說團體推動政府支持紀念活動，並使得每年十一月佩戴罌粟花這種象徵性動作成為電視主持人不得不為的舉措。一九九七年，辣妹合唱團（Spice Girls）為英國軍團（British Legion）代言發起募款活動，也呼籲恢復十一月十一日的兩分鐘默哀，並鼓勵年輕人配戴罌粟花。「數百萬人死去，所以我們才能擁有自由。」媚兒喜（Sporty Spice）這麼說。辣妹合唱團在隔週推出新專輯，並且搭配成套紀念用具銷售給他們的粉絲，招致不少批評。

第一次世界大戰也會在一個正經歷快速變遷的世界裡引起共鳴，就跟一九一四年以前的歐洲一樣，如今全球化創造了贏家與輸家，國際舞臺上似乎愈來愈擾攘不安。歐洲的領袖們也許是意外開啟了第一次世界大戰，未能洞悉可能的走向與將要付出的代價。今天的我們，是否深陷重蹈覆轍的危險當中？一如歷史學家丹・托德曼（Dan Todman）所主張的，今天我們面臨了幾個第一次世界大戰所引發的問題：「個人與他們身為其中一分子的巨大且面目不明的組織之間，存在什麼樣的關係？個人能掌控自己的命運或他們只是機器的螺絲釘？隨著更好的民主制度出現，公民與政府處在什麼樣的關係當中？」

雖然我們往往以粗獷的筆觸來描繪過去，但也會鎖定能代表整體的特定情節。英國人在近期的第一次世界大戰紀念活動當中，把大部分焦點放在索姆河會戰的第一天，它既代表英國在這場戰爭中的巨大損失，也象徵作為世界領導強權的大英帝國走向末日的開始。澳洲人緬懷加里波利戰役，當時澳洲軍士們的性命被浪擲於一場計畫不周的進攻中；對加拿大人來說則是維米嶺之役，當時加拿大軍隊成功取下一處先前已經挺過多次攻擊的德國要塞。法國的第一次世界大戰紀念活動把重心放在凡爾登（Verdun），這是投入大批法軍的長期消耗戰所在地。這類記憶往往是有所揀擇的。如紐西蘭人所指出的，當時他們也在安扎克灣（Anzac Cove），是澳大利亞軍隊的一員，而紐西蘭陸軍軍團也在維米嶺跟加拿大人及英國軍隊並肩作戰。

並非所有過去的交戰國都覺得需要進行大規模紀念。美國的紀念活動就啟動的很慢，而且始終保持低調，大部分是由志願者所推動的。對美國來說，第二次世界大戰才真的重要，當時這個國家在全球進行巨大的爭鬥，並且崛起成為世界強權。俄國人對第一次世界大戰所付出的注意力也相對較少，這是因為對他們來說，第一次世界大戰所留下的遺緒十分混雜。戰爭期間舊政權崩潰使布爾什維克派上臺掌權，但他們自己現在也消失了，那麼，要怎麼紀念和紀念什麼就成了問題。俄國人把第二次世界大戰稱為「偉大的衛國戰爭」（the Great Patriotic War），首當其衝的史達林格勒戰役（Battle of Stalingrad）對俄國人來說是更為重要的紀念標的。德國人和日本人背負著第二次世界大戰罪名的沉重負擔，似乎沒有太大興趣紀念再前一次的大戰。印度在兩次大戰時送了數以百萬計的部隊上戰場，不過在民眾與官方的記憶裡，爭取獨立的奮鬥扮演了更重要的角色。另一方面，對波蘭來說，第一次世界大戰是它的重生之時，因為那時它的三個敵人德國、奧匈帝國與俄羅斯都戰敗了。

當英國人、美國人和俄國人帶著驕傲懷念第二次世界大戰時，法國人的反應就比較五味雜陳。幾十年來，法國的學者與作家對法國在一九四〇年的淪陷，或後續有這麼多法國人尤其是維琪政府與納粹勾結的理由敬而遠之。關鍵成果都是英國或美國的歷史學家寫的。不過，抵抗運動確實受到法國人的關注。自由法國組織（Free French）的領導人戴高樂將軍（Charles de Gaulle）在一九四四年巴黎解放不久後抵達，於市政廳發表演說。他說：「在整個法蘭西的支持與協助下，巴黎是被自己解放，被它的人民所解放……」這番話是對真相的嚴重扭曲，不過他是在努力掩蓋法國社會的分裂，建構一個共同敘事來服務法國的統一大業。馬歇爾・歐佛斯（Marcel Ophüls）在一九六九年拍出令人震驚的紀錄片《悲傷與憐憫》（*Le chagrin et la pitié*；*The Sorrow and the Pity*），探討法國人民的合作與抵抗，以及對法國猶太人死亡營的壓迫與殺害的參與狀況，但它被禁止在法國電視上播放。電視臺的總經理向戴高樂將軍籲求時，將軍明白地回答說：「法國需要希望，不需要真相。」這部片子終於在一九八一年戴高樂過世之後播出。

對過往戰爭的記憶經常會跟當前的社會與政治爭辯夾纏不清。大部分左派寧願根本不要教導關於戰爭的事，除非你要呈現的是過去的愚蠢與邪惡。保守派則往往會譴責歷史教學，因為它們認為過度集中於國家過去的錯誤，對偉大的勝利談得太少了。誠如麥可・戈夫（Michael Gove）在主政英國教育的時候所主張的，英國的學校給學生太多有關第一次世界大戰的《黑爵士》觀點了，未能指出它是一次良善且有必要的爭鬥。博物館特別容易受到抨擊，創立它們也許是用來當成教育與研究中心，但大眾經常把它們當成紀念館來看。澳洲的處理方式是蓋了一間同時也是博物館的戰爭紀念館。一九九〇年代，位於華盛頓的史密森尼（Smithsonian）學會舉辦一場以艾諾拉・蓋（Enola Gay）為主題的展覽而惹上麻煩，艾諾拉・蓋就是曾經對廣島市投下原子彈的那一架飛機，策展者是想要呼籲世人注意此事造成的百姓傷亡和使用炸彈的道德議題。這件事情引起軒然大波，保守派、退伍軍人和軍隊協會全都加入論戰，史密森尼學會則取消了展覽。

英國內部關於是否留下或離開歐盟尚持續討論中（英國已於二〇二〇年脫歐），脫歐派特別援引了敦克爾克（Dunkirk）的例子。事實上，脫歐大將奈傑爾・法拉奇（Nigel Farage）便曾說每個人都要去看最近那部以敦克爾克為名的電影。他和其他人認為，英國當時是孤軍奮戰、歷經艱辛，最後才獲得勝利。這種看待過往的版本便宜行事地忽略了英國有整個大英帝國的支持這件事，而且還有許多來自海外的部隊在法國與中東地區戰鬥，又皇家空軍裡也充斥著外國飛行員，包括波蘭人在內。此外，它也忽視蘇聯和美國在打敗德國上所發揮的關鍵作用。俄國人運用同樣的手法，視史達林格勒為不屈不撓的俄羅斯民族的象徵。川普總統則在二〇一九年七月四日國慶日時，試圖藉由獨立戰爭展現他和共和黨對美軍的承諾。

訴求過去的戰爭來獲得政治支持並推銷某種特定的國族觀點，做過這種事的領導人有一大串，川普只是最近的一個。第一次世界大戰爆發前的十年間，民族主義高漲，在歐洲出現一連串由國家贊助、對過往勝仗的大型週年紀念慶典——一九〇五年英國人的特拉法加之役、一九一二年俄羅斯人的波羅第諾之役和一九一三年德國人的萊比錫之役——並舉辦了一系列的活動，其中還包括一場由大約二十七萬五千名體操選手所做的展演。今天，莫斯科市外正在建一座新的大教堂，將使用紅軍在第二次世界大戰時所擄獲的德國軍事裝備來建造它的主要階梯。國防部長蕭依古（Sergei Shoygu）說這座教堂是要來服侍上帝和國家的，他想要讓「每一平方米」都具有象徵意義。

不過，戰爭也可以作為和解的媒介。斯洛維尼亞（Slovenia）的科巴里德（Kobarid），舊稱是卡波雷托（Caporetto），是第一次世界大戰時義大利蒙受最為慘烈的敗仗所在地，此處有一座博物館紀念所有死在當地的人。在法國佩羅納（Péronne）的第一次世界大戰歷史紀念館（Historial de la Grande Guerre；Museum of the Great War）靠近西方戰線，紀念的是英國人、法國人與德國人擁有共同經驗的索姆河會戰。來自美國的傑·溫特（Jay Winter）是參與籌備的三位資深歷史學家之一，他說這間博物館「打從一開始就是一項跨國計畫」，展出物旨在從各個面向呈現軍人與平民之間的共通性，而非差異性，證明不管身在哪一邊的戰壕，你們所遭受的苦難是大同小異的。

由於戰爭在二十一世紀又經歷了一場革命，我們也將繼續探索它的奧祕。我們的藝術家們將繼續與它的恐怖與美麗，它的卑劣與高貴，它的無趣與刺激，它的破壞與創造奮力搏鬥。每一個人也會想要知道如何才是緬懷與紀念戰爭最好的作法。

結語

那些知道
這裡發生過什麼事的人，
必須讓路給
那些知道得很少的人，
還有那些比很少還少的人。
最後是那些幾乎什麼都不知道的人。

在把因果
覆蓋起來的草地上，
有人必須躺著，
嘴裡叼根草，
望著雲朵發呆。[48]

——維斯拉瓦・辛波絲卡（Wis awa Szymborska），
《結束與開始》（*The End and the Beginning*）

48 本譯文取自林蔚昀的譯本，《黑色的歌》（*Czarna Piosenka*），聯合文學出版。

幾年前，我造訪法國南部靠近西班牙邊界的一個小鎮。鎮上教堂的墓園裡，雜草叢生的土塚上立著一塊塊東倒西歪、搖搖欲墜的墓碑，這是在威靈頓公爵向北追趕拿破崙軍隊的其中一場戰役中，殞命於附近的英國軍士之墓。此處非常寧靜，你可以想像得到，再過幾年這些石碑就會沒入大地之中，墳塚的痕跡也將淡去。或許我們也應該這麼對待過去的戰爭，就讓它們遁入虛空，使所有逝去者的英靈終能安息。或許我們舉辦戰爭週年紀念、建造戰爭博物館、重現戰爭場景或小心照料戰爭公墓與紀念碑，是在鑄下大錯。我們是否冒著風險把戰爭變得是稀鬆平常之事，是屬於人身上的一部分，是我們的歷史與社會裡恆常存在的一股力量？是國家有必要時可以正當使用的工具？甚至是某種我們引以為傲的東西？最重要的是，我們研究戰爭、憶念戰爭，是否讓戰爭變得更有可能發生？

今日的西方社會對戰爭抱持著一種異常的複雜態度。我們紀念戰爭，也對戰爭故事、電影和遊戲有極大的胃口。不過，我們大多不想打仗。兩次世界大戰的高昂代價使我們不願意再次凝望這樣的傷亡。我們悲痛於子弟兵死在阿富汗或伊拉克的衝突中；即便我們曾經接受成千上萬人的傷亡，但現在寥寥數百的死傷似乎就嫌太多。軍方和他們的文人統治者們充分意識到這件事，大量投資於武器與其他防禦措施，盡可能使我方戰士的危險減至最低。德國和日本的軍方曾經居於主導地位，軍事價值也滲透社會，但這兩個國家如今一片祥和，愛好和平。除了一小群出身軍人家庭的次團體之外，從軍再也不是人人稱羨的職業。頂尖大學的學生們夢想的職涯是在華爾街或倫敦金融城或媒體業，不是陸海空三軍。說不定，我們無需擔憂過去的力量；我們也許已經超越戰爭了。我們的政治領導人若是知道我們既不打仗也不支持戰爭，恐怕就會龜縮不前，不再去挑起敵意。

然而，西方只占世界的一部分，而且是正在萎縮的部分，它的假設與價值觀未必放諸四海皆準。中國共產黨的領導們在韓戰或北越對法國與美國的長期爭鬥中，下令以人海戰術進行攻擊，並不會憂慮人命損失；當兩伊戰爭的什葉派領袖派遣部隊穿越伊拉克地雷區時，也同樣不會掛心此事。諸如蓋達組織（Al Qaeda）或 ISIS 這類次國家行為體（substate actors）擁有狂熱志願者形成的國際網路，更是絲毫不在意自己人或無辜百姓的傷亡。儘管自一九四五年以來，西方在自家後院已經享有和平盛世，但世界上仍見一百五十到三百個武裝衝突發生，端看你是怎麼計算的。有些衝突就跟許多之前的衝突一樣，屬於國與國之間的戰爭，例如韓戰或兩伊戰爭；不過目前為止，無論是對抗帝國統治者爭取獨立的戰鬥（阿爾及利亞或印尼）或是內戰，最大多數的衝突還是發生在一國之內，而外來強權也頻繁涉入其中，自始至終表現出追求自身利益的最高原則與行為。初建立的政治結構總是脆弱的，一旦四分五裂，戰爭就成了一種不斷更替的賭局，拿生死存亡當賭注，下賭的一個極端是相對成熟的主體，例如國家或宗教運動，另一個極端則是犯罪集團和外國傭兵。終結這類戰爭是漫長而艱苦的工作，十七世紀歐洲的三十年戰爭和今日阿富汗及索馬利亞戰爭便可為鑑。而製造戰爭的因素——貪婪、恐懼、理念，也仍在我們之間發揮作用。氣候變遷的衝擊，如爭奪稀有資源和大規模的人民運動、社會內與不同社會間日益嚴重的兩極分化、偏執民族分子的民粹主義崛起和擺出救世主姿態的魅力領導人利用這些題材，將和過去一樣成為衝突的助燃劑。

預測未來戰爭的樣貌，就跟賭馬或猜測新科技的走向沒有兩樣。你可以權衡所有的表面因素，可是一個突如其來的障礙或方向改變、騎師或執行長犯下的錯誤、沒有預見到的差錯或大眾或市場這邊始料未及的反應，都會帶來出人意料的結果。歷史上滿滿都是人們對戰爭預測錯誤的例子。軍事規劃家認為第一次世界大戰將是一種移動戰和攻擊戰，而第二次世界大戰會是防禦戰。當偉大的海軍發生衝突時，兩次大戰的海軍專家們追求的是決定性戰役，並低估了潛水艇、魚雷和簡易水雷的威力，美國陸軍戰爭學院（US Army War College）前任指揮官鮑伯·史凱爾斯少將（Bob Scales）最近這麼形容那些嘗試判定未來戰爭本質與特性的人：「華府最不成功的企業」這沒能使我們停止嘗試，也不該如此。

鑑別戰爭的趨向至少是可能的。未來就跟現在一樣有兩種層次的戰爭，一種是使用專業軍隊與高科技，背後有先進經濟體與組織化社會的力量撐腰；另一種則是組織鬆散的部隊，用便宜武器來打仗。而且可以肯定的是這兩種戰爭會有所重疊。美國是截至目前為止世上最強的軍事大國，它的總統可以威脅把阿富汗轟炸到不剩一兵一卒的地步，或天涯海角地搜捕 ISIS 成員，可是他仍然無法讓美國公民免遭威脅。好比二十世紀的戰場擴大到包含大後方在內，如今，前線與後方的分野，還有戰爭與和平的界線都正在消失當中。美國人和我們其他許多人都不能保證到海外旅行安全無虞。恐怖分子或流氓國家會射下飛彈炸掉寧靜海灘上的夜店，或用機關槍掃射觀光巴士。

他們使用的武器往往很簡單，穿著炸彈背心的自殺炸彈客或一輛裝滿汽油的卡車便已足夠。我們也無法確定待在家裡是否比較安全。在舊日的戰爭裡，威脅可能來自轟炸機、飛彈或封鎖，可是今日和未來的威脅也將來自自命為戰士所形成的國際網路，變幻萬端又毫無形狀。不穿軍服或甚至沒有基地的敵人，成員往往都是自己在網際網路上應召而來，靠昂貴的噴射戰機、坦克或航空母艦是無法打敗的。

城鎮戰（urban warfare）是第二個正在擴大且挑戰軍方能耐的安全威脅。過去的軍隊會基於戰略、政治與經濟重要性而取下敵人的城市；今天的敵人往往來自內部，以土生土長的武裝都市幫派形式出現，控制著整個區域。會有愈來愈多人住在都市裡（根據某項估計，至二〇五〇年為止將高達三分之二的世界人口），治理的難度與法律秩序的基本提供將非常龐大。在諸如里約熱內盧（Rio de Janeiro）、瓜地馬拉市（Guatemala City）、達卡（Dhaka）和金夏沙（Kinshasa）這類城市，政府已經必須動用到武裝部隊來努力重建他們的權威，雖然並非總能成功，許多國家的軍隊也正在把時間和金錢投注在反叛亂與城鎮戰之上。

不過，我們不應假定國與國之間的大規模戰爭不再有可能。一九九〇年代的諸多錯誤預測之一，是認為在日漸國際化的世界裡，國界變得愈來愈沒有意義，帶有明顯身分認同與強大中央政府的民族國家時代正在逝去當中。可是，美國、中國、印度和俄羅斯並未消失於托洛斯基所粗暴形容的歷史垃圾堆（the dustbin of history）裡，而且他們還繼續計畫並耗費巨資於作戰能力上，以對抗做同樣準備的武裝敵人。他們的國防預算持續攀升。中國的支出已經提高到過去二十年的八倍之多。美國則把將近三分之二的自由裁量預算（discretionary budget；不需強制用來支付國債利息和社會保險開支的資金）分配給國防支出，其金額相當於排在它後面的八個國家總和，雖然其中六個是友好國家或盟友——沙烏地阿拉伯、法國、英國、德國、印度和日本。只有中國與俄羅斯在這個時候可以被視為潛在的勁敵。

我們也生活在一個科技快速變遷的時代，這樣的變遷可能使得國際秩序變得更不穩定。雖然歷史上總是很難區分什麼是全新的，什麼又不是，不過戰爭就跟過去曾上升到空中也潛入海底一樣，如今它也正在取得新工具並進入新的維度。一如以往引進金屬武器、馬匹或火藥時所面臨的情況，列強也必須調整他們的組織、策略與戰術，否則就會有落於人後的風險。隨著列強慎重考慮太空武器或反制彼此通訊衛星的措施，太空不應軍事化的國際協議也在磨損當中。

戰爭的另一個面向以令人頭暈目眩的速度在網路空間展開。當世界、人民、與從冰箱到洲際彈道飛彈的各式物件經由網際網路相互連接，從中搞破壞的可能性也提高了。二〇〇七年，愛沙尼亞（Estonia）包括國會、銀行和政府部門在內的網站被假訊息淹沒，一個新名詞「阻斷服務」（denial of service）也進入我們的語言中。二〇一〇年，來源不明的震網電腦病毒（Stuxnet computer virus）癱瘓伊朗大部分核子計畫。沒有人出面承認，不過就跟震網一樣，有人懷疑美國與此事有關。又倘若戰爭也關乎斲傷敵方人民對自己機構與領導人的信念，或干預他們的內部政治的話，那麼網路空間也會是一個活躍的戰場。

值此同時，老派戰場也必須接受新的、改良的武器。一個極端是以洲際彈道飛彈的速度飛行但準確度更高的滑翔導彈（gliding missiles）。另外一個極端則是微型自走式裝置。美國軍方已經訂購了黑色大黃蜂（Black Hornet）無人機給官兵們監看周遭環境，它的重量只有三十二克，跟一封平信相差無幾。美國、中國、以色列、南韓、俄羅斯全都在開發「殺人機器人」（Killer Robots），軍方則比較喜歡稱呼它們為「全自主武器」（fully autonomous weapons）。跟自駕車相當雷同，這些武器會自我指揮，也被程式設計成一邊動作一邊學習與調整。明智的我們可以預料的到，它們就跟所有新的電腦系統一樣會有錯誤。自駕車已經有撞毀，甚至把人撞倒的紀錄，想像一顆洲際彈道飛彈或一架戰鬥機能做出什麼事情來。而且，我們也知道，系統會被駭客入侵。或如果是一個簡單的人為錯誤，例如某個人餵入錯誤的程式或指令的話，會怎麼樣呢？理論上，殺人機器人應該要能迅速回應人類的控制，可是它們是否總能如此有待商榷。而且就跟過去其他新型武器一樣，它們也引發了道德問題。操作員坐在世界這一頭的辦公室裡，指揮機器人去殺害或摧毀另一頭的目標，這件已經發生的事情代表什麼意義呢？身在擁有這類先進科技的國家，我們是否危險地脫離戰爭現實，太容易把戰爭當成一場不見血、不償命的電玩遊戲來看？如果人類被一舉從指揮鏈中拔除，會發生什麼狀況呢？「人權觀察」組織（Human Rights Watch）及其他團體已經正在發起一個叫「阻止殺手機器人」（Stop Killer Robots）的運動。以這類運動過去達成目標的紀錄來看，成果並不樂觀。

規劃會順著新科技的支出與發展同步一致。沒錯，軍方必須為各種突發事件做計畫，不過危險之處在於這些計畫會把焦點放在一個或少數幾個敵人身上，進而引導未來的支出與思考方向。到第一次世界大戰的時候，日本海軍鎖定美國為它未來的主要敵人，它的政策宗旨便是為了那樣的可能性做準備，包括敦促政府收購德國在太平洋的小島。日本的行動在美國國內激起反應，當時有一些戰略家已經把日本視為未來的敵人，因此，美國也開始基於這樣的假設而行動。在深思熟慮下認定戰爭有極大的可能性，那麼它就變得更有可能了。今天，北京與華府各自正在制定對付彼此的戰爭計畫。雙方可能都不想打仗，不過他們不會排除這種可能性。而我們已經從過去的戰爭得知，軍備競賽會使緊張氣氛升高到某種危險的程度，或意外可能發生，逼得人們越過他們原本沒打算跨越的界線。

回到法國那個寧靜的墓園，我們不能讓戰爭的記憶全部溜走。我們需要關心戰爭，因為它仍然與我們同在。我們需要知道戰爭的起因和戰爭的影響，我們需要知道如何終結它，又如何避免它。而了解戰爭，我們就能了解關於人類的事情，了解我們自我組織的能力，了解我們的情感和理念，了解我們既有殘忍暴虐，也有行善造福的本事。我們戰鬥，是因為我們有需要，因為我們有想要保護珍視的事物，或是因為我們想創造出一個不同的世界。我們戰鬥，是因為我們可以。然而，戰爭與社會長久以來交織夾纏的關係可能或應該即將走向終點——不是因為我們改變了，而是因為科技改變了。隨著駭人的新武器問世，人工智慧的重要性與日俱增，加上自動化殺人機器和網路戰，我們面臨著人類本身走向終結的前景。現在還不是時候迴避不看某些我們可能覺得憎惡之事。我們必須比以往更常去思考戰爭。

致謝

我心心念念這本書很多年了。如果你和我一樣，一直在從事近代史與國際關係的教學與著述，你便無法逃避戰爭對人世間的深刻影響，反之亦然。二〇一七年七月，與時任BBC廣播四臺負責人的葛妮絲・威廉斯（Gwyneth Williams）的一場會面，提醒了我該認真面對此事。她問我是否願意去BBC廣播大樓上節目聊一下，令我大出意外的是，我獲邀主講二〇一八年的「芮斯講座」。我深感榮幸，但也惶恐不已。在講座裡，和以此為基礎所發展出來的這本書中，我開始探問一個問題：戰爭與人類是否密不可分、無法切割？為了回答這個問題，並且了解我們人類為何而戰、如何而戰，我欠下了許多人情債。

我有幸成為兩家優秀學校牛津大學及多倫多大學的一分子，從教授們及學生們的學習與對話中受益良多，也用到它們出色的圖書館。那些比我更懂戰爭與人類社會的專家們，那些提出這麼好的問題也給出這麼好的建議的觀眾們與朋友們，是我永遠也報答不完的。戰爭歷史學家們慷慨無比地歡迎我進入他們的領域。馬克思・哈斯汀（Max Hastings）、彼得・威爾森（Peter Wilson）、艾德里安・格里高利（Adrian Gregory）、休・史壯恩（Hew Strachan）和羅傑・薩蒂（Roger Sarty）是歷史寫作的楷模，也給我許多寶貴的建言。我也虧欠牛津大學的同事們很多，尤其是保羅・貝茨（Paul Betts）和艾佛・羅伯茨（Ivor Roberts）。我在建構本書覺得卡住了的時候，是何米昂・李（Hermione Lee）幫了我一把。安東尼・比克內爾（Anthony Bicknell）體貼地讓我看他有關女性與戰爭的論文，而克里斯・派瑞（Chris Parry）則幫助我認識海戰。前BBC國防特派員、也是我那和藹的妹夫彼得・斯諾（Peter Snow），還有丹・斯諾（Dan Snow）幫我出點子並推薦讀物給我。史蒂芬・塞德利（Stephen Sedley）跟我分享他令人驚嘆的一次大戰軍歌收藏。瑪格麗特・布魯斯（Margaret Bruce）、瑪格麗特・班特（Margaret Bent）和凱瑟琳・洛克南（Katherine Lochnan）幫助我了解戰爭與藝術的關係。大衛・湯姆森（David Thomson）大方地讓我使用他在「現代衝突檔案館」（Archive of Modern Conflict）裡有關戰爭照片的豐富收藏，而那裡的艾德・瓊斯

（Ed Jones）、提摩西・普魯斯（Timothy Prus）和麗茲・鮑威爾（Lizzie Powell）也真的幫了我很大的忙。我尤其感謝偉大的戰爭歷史學家麥可・霍華。我在認識他之前，便已聽聞此人而且敬仰他的作品已久，我深深地珍惜他的智慧、和善與友誼。他在二○一九年底辭世，令人痛惜。

在BBC，我何其有幸能獲得葛妮絲・威廉斯、吉姆・法蘭克（Jim Frank）、修・列文森（Hugh Levinson）和他們的同事們的優秀建言與協助。我也同樣幸運的擁有這樣的出版商，像是側寫出版社（Profile Books）的安德魯・法蘭克林（Andrew Franklin），還有他那些很棒的同事們，包括潘尼・丹尼爾（Penny Daniel）、萊斯利・萊文（Lesley Levene）和瓦倫蒂娜・贊卡（Valentina Zanca）；在北美則是藍燈書屋（Random House）的凱特・梅迪納（Kate Medina）、企鵝出版集團（Penguin）的黛安・特比德（Diane Turbide），還有他們那些同樣出色的團隊們。卡洛琳・道奈（Caroline Dawnay）一直是個無以倫比的經紀人暨好友，很榮幸能與她的同事蘇菲・史卡德（Sophie Scard）及凱薩琳・艾特肯（Katherine Aitken）共事。我真的很幸運擁有一個慷慨又仁慈的大家族。他們協助我的每一場芮斯講座都有一些家人到場，他們也在我研究及撰寫本書時，從始至終地鼓勵我。特別感謝我的妹妹安・麥克米蘭（Ann MacMillan）、我的兄弟湯姆（Tom）和大衛（David）、我的妯娌瑪麗－荷塞・拉洛克（Marie- Josée Larocque）和我的姪女馬戈・芬利（Margot Finlay），他們閱讀了我的部分手稿，給我極具建設性的評論。

在此以最大誠意感謝所有幫助我完成講座與本書的每一個人，如有任何錯誤與缺失當然全都歸我個人承擔。

參考書目

戰爭文學多如汗牛充棟，此處僅列出我發覺特別有用的書籍與文章，如果讀者想要進一步探索這個主題，可能也會喜歡它們。我也列出我在每一章裡有特別取材的作品。

紀實文學

Armitage, David, *Civil Wars: A History in Ideas*, New Haven: Yale University Press, 2017

— 'Civil Wars, from Beginning... to End?', *American Historical Review*, 120, 5, December 2015, pp. 1829–37

Beard, Mary, *S.P.Q.R.: A History of Ancient Rome*, London: Profile Books, 2015

Beevor, Antony, *Berlin: The Downfall, 1945*, London: Penguin, 2003 Bell, David A., *The First Total War: Napoleon's Europe and the Birth of Modern Warfare*, London: Bloomsbury, 2007

Bessel, Richard, *On Violence: A Modern Obsession*, London: Simon and Schuster, 2015

Best, Geoffrey, *War and Law since 1945*, Oxford: Clarendon Press, 1994 Blanning, T. C. W., *The Pursuit of Glory: Europe, 1648–1815*, London: Allen Lane, 2007

Bond, Brian, *The Victorian Army and the Staff College, 1854–1914*, London: Eyre Methuen, 1972

— *War and Society in Europe 1870–1970*, London: Fontana, 1984

— *Britain's Two World Wars against Germany: Myth, Memory and the*

Distortions of Hindsight, Cambridge: Cambridge University Press, 2014

Bourke, Joanna, *An Intimate History of Killing: Face-to-face Killing in Twentieth Century Warfare*, London: Granta Books, 2000

Braybon, Gail, and Summerfield, Penny, *Out of the Cage: Women's Experiences in Two World Wars*, London: Routledge, 2013

Brewer, John, *The Sinews of Power: War, Money and the English State, 1688–1783*, New York: Alfred A. Knopf, 1989

Brodie, Bernard and Fawn M., *From Crossbow to H-Bomb*, Bloomington: Indiana University Press, 1973

Browning, Peter, *The Changing Nature of War: The Development of Land Warfare from*

1792 to 1945, Cambridge: Cambridge University Press, 2002
Caputo, Philip, 'Putting the Sword to Pen', *South Central Review*, 34, 2, Summer 2017, pp. 15–25
Catton, Bruce, and McPherson, James M., *American Heritage History of the Civil War*, Rockville, MD: American Heritage Publishing, 2016
Chickering, Roger, Showalter, Dennis, and van de Ven, Hans (eds.), *The Cambridge History of War: War and the Modern World, 1850–2005*,
Cambridge: Cambridge University Press, 2012
Coates, A. J., *The Ethics of War*, Manchester and New York: Manchester University Press, 2007
Collingham, Lizzie, *The Taste of War: World War Two and the Battle for Food*, London: Penguin, 2011
Costello, John, *Love, Sex and War: Changing Values, 1939–45*, London: Collins, 1985 (US edition, *Virtue Under Fire: How World War II*
Changed Our Social and Sexual Attitudes, Boston: Little Brown, 1985)
Cox, Mary Elisabeth, *Hunger in War and Peace: Women and Children in Germany, 1914–1924*, Oxford: Oxford University Press, 2019
Danchev, Alex, *On Art and War and Terror*, Edinburgh: Edinburgh University Press, 2011
Dash, Mike, 'Dahomey's Women Warriors', Smithsonianmag.com, 23 September 2011
Diamond, Jared, *Guns, Germs, and Steel: The Fates of Human Societies*, New York: W. W. Norton & Company, 1977
Echevarria II, Antulio J., *Imagining Future War: The West's Technological Revolution and Visions of Wars to Come, 1880–1914*, Westport: Praeger Security International, 2007
Edgerton, David, *Britain's War Machine: Weapons, Resources and Experts in the Second World War*, London: Penguin, 2012
Elshtain, Jean Bethke, *Women and War*, Chicago: University of Chicago Press, 1995
Emerging Technology from the arXiv, 'Data Mining Adds Evidence That War is Baked into the Structure of Society', *MIT Technology Review*, 4 January 2019
English, Richard, *Modern War: A Very Short Introduction*, Oxford: Oxford University Press, 2013
Fall, Bernard, *Hell in a Very Small Place: The Siege of Dien Bien Phu*, London: Pall Mall Press, 1967
Ferguson, Niall, *The Cash Nexus: Money and Power in the Modern World,*
1700–2000, New York: Basic Books, 2001
Finkelman, Paul, 'Francis Lieber and the Law of War', *New York Times*, 2 March 2013
Freedman, Lawrence, *The Future of War: A History*, New York: Public Affairs, 2017
— (ed.), *War*, Oxford: Oxford University Press, 1994

Frevert, Ute, *Emotions in History: Lost and Found*, New York: Central European University Press, 2011
Gabriel, Richard, *Between Flesh and Steel: A History of Military Medicine from the Middle Ages to the War in Afghanistan*, Washington, DC: Potomac Books, 2016
Gat, Azar, *War in Human Civilization*, Oxford: Oxford University Press, 2006
Goldstein, Andrea N., "Why are you trying to destroy the last good thing men have?" Understanding Resistance to Women in Combat Jobs', *International Feminist Journal of Politics*, 20, 3, April 2018, pp. 385–404
Goldstein, Joshua S., *War and Gender: How Gender Shapes the War System and Vice Versa*, Cambridge: Cambridge University Press, 2001
Goldsworthy, Adrian, *Pax Romana: War, Peace and Conquest in the Roman World*, New Haven and London: Yale University Press, 2016
Hale, J. R., *War and Society in Renaissance Europe, 1450–1620*, London: Fontana Press, 1985
— *Artists and Warfare in the Renaissance*, New Haven: Yale University Press, 1990
Hastings, Max, *Overlord: D-Day and the Battle for Normandy, 1944*, London: Pan, 1999
— *Warriors: Extraordinary Tales from the Battlefield*, London: HarperCollins, 2005
— 'Wrath of the Centurions', *New York Review of Books*, 40, 2, 25 January 2018
Herwig, Holger, et al., *Cassell's World History of Warfare*, London: Cassell Military, 2003
Herzog, Dagmar (ed.), *Brutality and Desire: War and Sexuality in Europe's Twentieth Century*, Basingstoke: Palgrave Macmillan, 2009
Heuser, Beatrice, *The Evolution of Strategy: Thinking War from Antiquity to the Present*, Cambridge: Cambridge University Press, 2010
Hobbes, Thomas, *Leviathan*, Oxford: Oxford University Press, 2012
Horne, John, and Kramer, Alan, *German Atrocities 1914: A History of Denial*, New Haven: Yale University Press, 2001
Howard, Michael, *The Franco-Prussian War: The German Invasion of France, 1870–1871*, London: Methuen, 1981
— *The Causes of War and Other Essays*, London: Unwin Paperbacks, 1984
— *The Invention of Peace and the Reinvention of War*, London: Profile Books, 2002
— *Captain Professor: The Memoirs of Sir Michael Howard*, London and New York: Continuum, 2006
— *War in European History*, Oxford: Oxford University Press, 2009
— (ed.) *Theory and Practice of War: Essays Presented to Captain B.H. Liddell Hart*, London: Cassell, 1965
— (ed.), *Restraints on War*, Oxford: Oxford University Press, 1979
Hull, Isabel V., *A Scrap of Paper: Breaking and Making International Law during the Great War*, Ithaca: Cornell University Press, 2014

Hynes, Samuel, *The Soldiers' Tale: Bearing Witness to Modern War*, London: Allen Lane, 1997

Jackson, Julian, *France: The Dark Years, 1940–1944*, Oxford: Oxford University Press, 2001

Jordan, David, et al., *Understanding Modern Warfare*, Cambridge: Cambridge University Press, 2016

Kagan, Donald, *On the Origins of War and the Preservation of Peace*, New York: Doubleday, 1995

— *The Peloponnesian War*, New York: Viking, 2003

Keegan, John, *The Face of Battle*, New York: Viking, 1976

Kello, Lucas, *The Virtual Weapon and International Order*, New Haven and London: Yale University Press, 2017

Kennedy, David, *Of War and Law*, Princeton: Princeton University Press, 2006

Kierman Jr, Frank A., and Fairbank, John K. (eds.), *Chinese Ways in Warfare*, Cambridge, MA: Harvard University Press, 1974

Knox, MacGregor, and Murray, Williamson (eds.), *The Dynamics of Military Revolution, 1300–2050*, Cambridge: Cambridge University Press, 2001

Kramer, Alan, *Dynamics of Destruction: Culture and Mass Killing in the First World War*, Oxford: Oxford University Press, 2007

LeBlanc, Stephen, *Constant Battles: The Myth of the Peaceful Noble Savage*, New York: St Martin's Press, 2003

Lee, Steven P., *Ethics and War: An Introduction*, Cambridge and New York: Cambridge University Press, 2012

Lee, Wayne, *Waging War: Conflict, Culture, and Innovation in World History*, Oxford: Oxford University Press, 2016

Leonhard, Jorg, *Pandora's Box: A History of the First World War*, trans. Patrick Camiller, Cambridge, MA: The Belknap Press of Harvard University Press, 2018

Levy, Jack S., and Thompson, William R., *The Arc of War: Origins, Escalation, and Transformation*, Chicago: University of Chicago Press, 2011

Lowe, Keith, *The Fear and the Freedom: How the Second World War Changed Us*, London: Viking, 2017

Lynn, John A., *Battle: A History of Combat and Culture*, New York: Basic Books, 2008

Maalouf, Amin, *The Crusades Through Arab Eyes*, New York: Schocken Books, 1984

McNeill, William, *Keeping Together in Time: Dance and Drill in Human History*, Cambridge, MA: Harvard University Press, 1995

McPherson, James M., *Crossroads of Freedom: Antietam*, Oxford: Oxford University Press, 2002

Maleševi , Siniša, *The Sociology of War and Violence*, Cambridge: Cambridge University Press, 2010

Matthews, Jessica T., 'America's Indefensible Defense Budget', *New York Review of Books*, 66, 12, 18 July 2019

Mayor, Adrienne, *The Amazons: Lives & Legends of Warrior Women across the Ancient World*, Princeton: Princeton University Press, 2014

Mazower, Mark, *Governing the World: The History of an Idea*, London: Penguin, 2013

Moore, Aaron William, *Writing War: Soldiers Record the Japanese Empire*, Cambridge, MA: Harvard University Press, 2013

Morris, Ian, *War! What is It Good For? Conflict and the Progress of Civilisation from Primates to Robots*, London: Profile Books, 2014

Murray, Williamson, Knox, MacGregor, and Bernstein, Alvin (eds.), *The Making of Strategy: Rulers, States, and War*, Cambridge: Cambridge University Press, 1994

Nolan, Cathal, *The Allure of Battle: A History of How Wars Have Been Won and Lost*, Oxford: Oxford University Press, 2017 Paret, Peter (ed.), *Makers of Modern Strategy: From Machiavelli to the Nuclear Age*, Princeton: Princeton University Press, 1986

Parker, Geoffrey (ed.), *The Cambridge History of Warfare*, Cambridge: Cambridge University Press, 2005

Piketty, Thomas, *Capital in the Twenty-first Century*, trans. Arthur Goldhammer, Cambridge, MA: The Belknap Press of Harvard University Press, 2014

Pinker, Steven, *The Better Angels of Our Nature: The Decline of Violence in History and Its Causes*, London: Allen Lane, 2010

Rabb, Theodore, *The Artist and the Warrior: Military History through the Eyes of the Masters*, New Haven: Yale University Press, 2011

Rhea, Harry M., 'The Commission on the Responsibility of the Authors of the War and on Enforcement of Penalties and Its

Contribution to International Criminal Justice after World War II', *Criminal Law Forum*, 25, 1–2, June 2014, pp. 147–69

Ricks, Thomas E., *Fiasco: The American Military Adventure in Iraq*, New York: Penguin, 2006

Ring, J., *How the Navy Won the War: The Real Instrument of Victory, 1914–1918*, Barnsley: Seaforth Publishing, 2018

Roland, Alex, *War and Technology: A Very Short Introduction*, Oxford: Oxford University Press, 2016

Roshwald, Aviel, and Stites, Richard (eds.), *European Culture in the Great War: The Arts, Entertainment, and Propaganda, 1914–1918*, Cambridge and New York: Cambridge University Press, 2002

Rothenburg, Gunther, *The Art of Warfare in the Age of Napoleon*, Bloomington: Indiana University Press, 1980

Rousseau, Jean-Jacques, *The Major Political Writings of Jean-Jacques Rousseau: The Two Discourses and The Social Contract*, translated and edited by John T. Scott, Chicago and London: University of Chicago Press, 2012

Scheidel, Walter, *The Great Leveller: Violence and the History of Inequality from the Stone Age to the Twenty-first Century*, Princeton: Princeton University Press, 2017

Sheffield, G. D. (ed.), *War Studies Reader: From the Seventeenth Century to the Present Day and Beyond*, London: Bloomsbury, 2010

Sheehan, James J., *Where Have All the Soldiers Gone? The Transformation of Modern Europe*, Boston: Houghton Mifflin, 2008

Sidebottom, Harry, *Ancient Warfare: A Very Short Introduction*, Oxford: Oxford University Press, 2004

Sorabji, Richard (ed.), *The Ethics of War: Shared Problems in Different Traditions*, Aldershot: Ashgate, 2006

Spiers, Edward M., *The Army and Society, 1815–1914*, London: Longman, 1980

Stargardt, Nicholas, *The German War: A Nation Under Arms*, London: The Bodley Head, 2015

Stevenson, David, *With Our Backs to the Wall: Victory and Defeat in 1918*, Cambridge, MA: The Belknap Press of Harvard University Press, 2011

Strachan, Hew, *European Armies and the Conduct of War*, London: George Allen and Unwin, 1983

Strachan, Hew, and Scheipers, Sibylle (eds.), *The Changing Character of War*, Oxford: Oxford University Press, 2011

Summers, Harry, *On Strategy: The Vietnam War in Context*, Carlisle Barracks, PA: Strategic Studies Institute, US Army War College, 1981

Thucydides, *History of the Peloponnesian War*, trans. Rex Warner, London: Penguin, 1972

Tierney, Dominic, 'Mastering the Endgame of War', *Survival*, 56, 5, October–November 2014, pp. 69–94

Tilly, Charles (ed.), *The Formation of National States in Western Europe*, Princeton: Princeton University Press, 1975

Todman, Dan, *The Great War: Myth and Memory*, London: Continuum, 2007

Townshend, Charles (ed.), *The Oxford History of Modern War*, Oxford and New York: Oxford University Press, 2005

Tyerman, Christopher, *The Crusades: A Very Short Introduction*, Oxford: Oxford University Press, 2006

Van Creveld, Martin, *Supplying War: Logistics from Wallenstein to Patton*, 2nd edn, Cambridge: Cambridge University Press, 2004

Verhey, Jeffrey, *The Spirit of 1914*, Cambridge: Cambridge University Press, 2000

Walzer, Michael, *Just and Unjust Wars: A Moral Argument with Historical Illustrations*, New York: Basic Books, 2015
Weinberg, Gerhard, *A World at Arms: A Global History of World War II*, New York: Cambridge University Press, 2005
Wilson, Peter, *Europe's Tragedy: A History of the Thirty Years War*, London: Allen Lane, 2009
Winter, Jay (ed.), *The Cambridge History of the First World War*, 3 volumes, Cambridge: Cambridge University Press, 2016
— *War Beyond Words: Languages of Remembrance from the Great War to the Present*, Cambridge: Cambridge University Press, 2017
Wintringham, Tom, and Blashford-Snell, John, *Weapons and Tactics*, London: Penguin Books, 1973
Wrangham, Richard, *The Goodness Paradox: The Strange Relationship Between Virtue and Violence in Human Evolution*, New York: Pantheon Books, 2019

回憶錄與日記

Alexievich, Svetlana, *The Unwomanly Face of War: An Oral History of Women in World War II*, trans. Richard Pevear and Larissa Volokhonsky, New York: Random House, 2017
[Anonymous], *A Woman in Berlin: Diary 20 April 1945 to 22 June 1945*, trans. Philip Boehm, London: Virago, 2011
Brittain, Vera, *Testament of Youth: An Autobiographical Study of the Years 1900–1925*, London: Virago, 2014
Caputo, Philip, *A Rumor of War*, New York: Ballantine Books, 1978
Douglas, Keith, *Alamein to Zem Zem*, London: Faber and Faber, 1966
Fraser, George MacDonald, *Quartered Safe Out Here: A Recollection of the War in Burma*, London: Harvill, 1992
Goodall, Jane, *Reason for Hope: A Spiritual Journey*, New York: Warner Books, 1999
Gordon, Huntly, *The Unreturning Army: A Field Gunner in Flanders, 1917–18*, London: Bantam, 2015
Graves, Robert, *Goodbye to All That*, Harmondsworth: Penguin, 1960
Grenfell, Julian, *Soldier & Poet: Letters and Diaries, 1910–1915*, Hertford:
Hertfordshire Record Society, 2004
Herr, Michael, *Dispatches*, New York: Avon, 1978
Junger, Ernst, *Storm of Steel*, trans. Michael Hofmann, London: Penguin, 2004
Klemperer, Victor, *I Will Bear Witness: A Diary of the Nazi Years, 1933– 1941*, trans.

Martin Chalmers, New York: Modern Library, 1999
— *I Will Bear Witness, 1942–1945: A Diary of the Nazi Years*, trans. Martin Chalmers, New York: Modern Library, 2001
Last, Nella, *Nella Last's War: The Second World War Diaries of Housewife, 49*, London: Profile Books, 2006
Lussu, Emilio, *A Soldier on the Southern Front*, trans. Gregory Conti, New York: Rizzoli Ex Libris 2014
Makdisi, Jean Said, *Beirut Fragments: A War Memoir*, New York; Persea Books, 1990
Parry, Chris, *Down South: A Falklands War Diary*, London: Viking, 2012
Reith, J., *Wearing Spurs*, London: Hutchinson, 1966
Richards, Frank, *Old Soldiers Never Die*, London: Faber and Faber, 1964
Ritchie, Charles, *Siren Years: Undiplomatic Diaries, 1937–1945*, London: Macmillan, 1947
Sassoon, Siegfried, *Memoirs of an Infantry Officer*, London: Faber and Faber, 1965
Twain, Mark, 'The Private History of a Campaign That Failed', in David Rachels (ed.), *Mark Twain's Civil War*, Lexington: University Press of Kentucky, 2007
Von Krockow, Christian, *Hour of the Women*, trans. Krishna Winston, Boston: Faber and Faber, 1993
Yeates, V. M., *Winged Victory*, London: Buchan and Enright, 1985

小說

Gilloux, Louis, *Blood Dark*, trans. Laura Morris, New York: New York Review of Books, 2017
Grossman, Vasily, *Life and Fate*, trans. Robert Chandler, London: Vintage Books, 2006
Heller, Joseph, *Catch-22*, New York: Simon and Schuster Paperbacks, 2011
Kipling, Rudyard, *Soldier Stories*, New York: The Macmillan Company, 1896
Manning, Frederic, *The Middle Parts of Fortune: Somme and Ancre, 1916*, London: Penguin Classics, 2014
March, William, *Company K*, London: Apollo, 2017
Ninh, Bao, *The Sorrow of War: A Novel*, trans. Phan Thanh Hao, London: Minerva, 1994
O'Brien, Tim, *The Things They Carried*, New York: Mariner Books, 2009
Remarque, Erich Maria, *All Quiet on the Western Front*, trans. A. W. Wheen, Boston: Atlantic Books, 1995
Tolstoy, Leo, *War and Peace*, trans. Constance Garrett, London: Penguin Classics, 2016

其他

Homer, *The Iliad*, trans. Robert Fagles, New York: Penguin Books, 1991
Stallworthy, Jon (ed.), *The New Oxford Book of War Poetry*, Oxford: Oxford University Press, 2015
Szymborska, Wis awa, *View with a Grain of Sand: Selected Poems*, trans. Stanis aw Baran´czak and Clare Cavanagh, New York: Harcourt, Brace and Company, 1995

網站

Uppsala Conflict Data Program https://www.pcr.uu.se/research/ucdp/
War on the Rocks https://warontherocks.com/

第一章：人類、社會與戰爭

Beard, *S.P.Q.R.*
Bell, *The First Total War*
Brewer, *The Sinews of Power*
Emerging Technology from the arXiv
Ferguson, *The Cash Nexus*
Gabriel, *Between Flesh and Steel*
Goldstein, Joshua, *War and Gender*
Goldsworthy, *Pax Romana*
Goodall, *Reason for Hope*
Hobbes, Thomas, *Leviathan,* Chapter 13
Kagan, *On the Origins of War and the Preservation of Peace*
Kierman and Fairbank (eds.), *Chinese Ways in Warfare*
LeBlanc, *Constant Battles*
Morris, *War!*
Nolan, *The Allure of Battle*
Parker (ed.), *The Cambridge History of Warfare*
Piketty, *Capital in the Twenty-first Century*
Pinker, *The Better Angels of Our Nature*
Rousseau, *The Social Contract*
Scheidel, *The Great Leveller*
Sidebottom, *Ancient Warfare*
Thucydides, *History of the Peloponnesian War*
Uppsala Conflict Date Program

Wrangham, *The Goodness Paradox*

第二章：戰爭的理由

Armitage, *Civil Wars*
— 'Civil Wars, From Beginning… to End?'
Bell, *The First Total War*
Bernstein, Alvin, 'The Strategy of a Warrior-state: Rome and the Wars against Carthage, 264–201 bc', in Murray, Knox and Bernstein, *The Making of Strategy*
Costello, *Virtue Under Fire*
Frevert, *Emotions in History*
Goldstein, Joshua, *War and Gender*
Kagan, Donald, *On the Origins of War and the Preservation of Peace*
— 'Athenian Strategy in the Peloponnesian War', in Murray, Knox and Bernstein, *The Making of Strategy*
Lee, Wayne, *Waging War*
Lynn, John, 'A Quest for Glory: The Formation of Strategy under Louis XIV, 1661–1715', in Murray, Knox and Bernstein, *The Making of Strategy*
Parker (ed.), *The Cambridge History of Warfare*
Ricks, *Fiasco*
Roland, *War and Technology*
Tierney, 'Mastering the Endgame of War'
Tyerman, *The Crusades*
Wintringham and Blashford-Snell, *Weapons and Tactics*

第三章：戰爭的方法與手段

Brodie, *From Crossbow to H-Bomb*
Diamond, *Guns, Germs, and Steel*
Heuser, *The Evolution of Strategy*
Howard, *War in European History*
Kagan, *On the Origins of War and the Preservation of Peace*
Lee, *Waging War*
Lynn, *Battle*
Lynn, John, 'Forging the Western Army in Seventeenth-century France', in Knox and Murray (eds.), *The Dynamics of Military Revolution*
Morris, *War!*
Murray, Williamson, 'On Strategy', in Murray, Knox and Bernstein(eds.), *The Making*

of Strategy
Parker (ed.), *The Cambridge History of Warfare*
Ranft, Bryan, 'Restraints on War at Sea before 1945', in Howard (ed.), *Restraints at War*
Roland, *War and Technology*
Sidebottom, *Ancient Warfare*
Wintringham and Blashford-Snell, *Weapons and Tactics*

第四章：現代戰爭的發展與變革

Bell, *The First Total War*
Bessel, *On Violence*
Bond, *The Victorian Army and the Staff College*
Browning, *The Changing Nature of War*
Collingham, *The Taste of War*
Elshtain, *Women and War*
Goldstein, Joshua, *War and Gender*
Howard, *The Franco-Prussian War*
— *War in European History*
— (ed.), *Theory and Practice of War*
Lynn, John, 'Forging the Western Army in Seventeenth-century France', in Knox and Murray (eds.), *The Dynamics of Military Revolution*
Knox and Murray (eds.), *The Dynamics of Military Revolution*
Pinker, *The Better Angels of Our Nature*
Scheidel, *The Great Leveller*
Sheehan, *Where Have All the Soldiers Gone?*
Spiers, *The Army and Society*
Summers, *On Strategy*
Townshend (ed.), *The Oxford History of Modern War*
Van Creveld, *Supplying War*
Verhey, *The Spirit of 1914*

第五章：打造戰士

Alexievich, *The Unwomanly Face of War*
Dash, 'Dahomey's Women Warriors'
Elshtain, *Women and War*
Goldstein, Andrea, '"Why are you trying to destroy the last good thing men have?"'
Goldstein, Joshua, *War and Gender*

Gordon, *The Unreturning Army*
Hale, *War and Society in Renaissance Europe*
Hastings, 'Wrath of the Centurions'
Hynes, *The Soldiers' Tale*
Jackson, *France*
McNeill, *Keeping Together in Time*
McPherson, *Crossroads of Freedom*
Mayor, *The Amazons*
Moore, *Writing War*
Sidebottom, *Ancient Warfare*

第六章：戰鬥的滋味

Alexievich, *The Unwomanly Face of War*
Beaupre, Nicholas, 'Soldier-writers and Poets', in Winter (ed.), *The Cambridge History of the First World War*, Vol. III, *Civil Society*
Bourke, *An Intimate History of Killing*
Costello, *Love, Sex and War*
Fall, *Hell in a Very Small Place*
Fraser, *Quartered Safe Out Here*
Grenfell, *Soldier & Poet*
Homer, *The Iliad*
Junger, *Storm of Steel*
Lowe, *The Fear and the Freedom*
Lussu, *A Soldier on the Southern Front*
Manning, *The Middle Parts of Fortune*
Moore, *Writing War*
O'Brien, *The Things They Carried*
Parry, *Down South*
Reith, *Wearing Spurs*
Richards, *Old Soldiers Never Die*
Ritchie, *Siren Years*
Yeates, *Winged Victory*

第七章：戰火下的平民百姓

[Boehm, Philip], *A Woman in Berlin*
Beevor, *Berlin*

Bessel, *On Violence*
Bond, *Britain's Two World Wars against Germany*
Brayon and Summerfield, *Out of the Cage*
Cox, *Hunger in War and Peace*
Downs, Laura Lee, 'War Work', in Winter (ed.), *The Cambridge History of the First World War*, Vol. III, *Civil Society*
Horne and Kramer, *German Atrocities 1914*
Iacobelli, Teresa, 'The "Sum of Such Actions": Investigating Mass Rape in Bosnia-Herzogovina through a Case Study of Foca', in Herzog(ed.), *Brutality and Desire*
Klemperer, *I Will Bear Witness*
Last, *Nella Last's War*
Makdisi, *Beirut Fragments*
Stargardt, *The German War*
Von Krockow, *Hour of the Women*
Walters, John Bennett, 'General William T. Sherman and Total War', in Sheffield (ed.), *War Studies Reader*

第八章：控制和規範戰爭

Best, *War and Law Since 1945*
Best, Geoffrey, 'Restraints on War by Land before 1945', in Howard(ed.), *Restraints on War*
Coates, *The Ethics of War*
Finkelman, 'Francis Lieber and the Law of War'
Howard (ed.), *Restraints on War*
Kennedy, *Of War and Law*
Lee, Steven, *Ethics and War*
Mazower, *Governing the World*
Quataert, Jean H., 'War-Making and the Restraint of Law: The Formative Years, 1864–1914', in Chickering, Showalter and van de Ven (eds.), *The Cambridge History of War*
Ranft, Bryan, 'Restraints on War at Sea before 1945', in Howard (ed.), *Restraints at War*
Rhea, 'The Commission on the Responsibility of the Authors of the War…
Roberts, Adam, 'Against War', in Townshend (ed.), *The Oxford History of Modern War*
Sorabji (ed.), *The Ethics of War*
Tyerman, *The Crusades*
Walzer, *Just and Unjust Wars*

第九章：戰爭與藝術

Beaupre, Nicholas, 'Soldier-writers and Poets', in Winter (ed.), *The Cambridge History of the First World War*, Vol. III, *Civil Society*
Becker, Annette, 'Art', ibid.
Caputo, 'Putting the Sword to Pen'
Danchev, *On Art and War and Terror*
Jelavich, Peter, 'German Culture in the Great War', in Roshwald and Stites (eds.), *European Culture in the Great War*
Leonhard, *Pandora's Box*
McNeill, *Keeping Together in Time*
Ninh, *The Sorrow of War*
O'Brien, *The Things They Carried*
Scates, Bruce, and Wheatley, Rebecca, 'War memorials', in Winter(ed.), *The Cambridge History of the First World War*, Vol. III, *Civil Society*
Winter, *War Beyond Words*

結語

Echevarria, *Imagining Future War*
Freedman, *The Future of War*
Jordan et al., *Understanding Modern Warfare*
Kello, *The Virtual Weapon and International Order*
Matthews, 'America's Indefensible Defense Budget'

國家圖書館出版品預行編目資料

戰爭：暴力、衝突與動盪如何形塑人類與社會/瑪格蕾特.麥克米蘭(Margaret MacMillan)著；曹嬿恆譯. -- 初版. -- 臺北市：商周出版：英屬蓋曼群島商家庭傳媒股份有限公司城邦分公司發行, 2021.11
面； 公分
譯自：War : how conflict shaped us
ISBN 978-626-318-012-3(平裝)
1.戰爭 2.歷史 3.社會問題
542.23 110015949

BF3046

戰爭

暴力、衝突與動盪如何形塑人類與社會

原文書名／War: How Conflict Shaped Us
作者／瑪格蕾特・麥克米蘭 Margaret MacMillan
譯者／曹嬿恆
企劃選書／陳美靜
審訂者／伍碧雯
責任編輯／劉羽苓
版權／黃淑敏、吳亭儀
行銷業務／周佑潔、林秀津、黃崇華、賴正祐

總編輯／陳美靜
總經理／彭之琬
事業群總經理／黃淑貞
發行人／何飛鵬
法律顧問／臺英國際商務法律事務所 羅明通律師
出版／商周出版
臺北市 104 民生東路二段 141 號 9 樓
電話：(02) 2500-7008 傳真：(02) 2500-7759
E-mail: bwp.service @ cite.com.tw
發行／英屬蓋曼群島商家庭傳媒股份有限公司 城邦分公司
臺北市 104 民生東路二段 141 號 2 樓
讀者服務專線：0800-020-299 24 小時傳真服務：(02) 2517-0999
讀者服務信箱 E-mail: cs@cite.com.tw
劃撥帳號：19833503 戶名：英屬蓋曼群島商家庭傳媒股份有限公司城邦分公司
訂購服務／書虫股份有限公司客服專線：(02) 2500-7718；2500-7719
服務時間：週一至週五上午 09:30-12:00；下午 13:30-17:00
24 小時傳真專線：(02) 2500-1990；2500-1991
劃撥帳號：19863813 戶名：書虫股份有限公司
E-mail: service@readingclub.com.tw
香港發行所／城邦（香港）出版集團有限公司
香港灣仔駱克道 193 號東超商業中心 1 樓
E-mail: hkcite@biznetvigator.com
電話：(852) 2508-6231 傳真：(852) 2578-9337
馬新發行所／城邦（馬新）出版集團
Cite (M) Sdn. Bhd.
41, Jalan Radin Anum, Bandar Baru Sri Petaling, 57000 Kuala Lumpur, Malaysia.
電話：(603) 9057-8822 傳真：(603) 9057-6622 E-mail: cite@cite.com.my
封面設計／兒日設計
美術編輯／李京蓉
製版印刷／鴻霖印刷傳媒股份有限公司
經銷商／聯合發行股份有限公司 新北市 231 新店區寶橋路 235 巷 6 弄 6 號 2 樓
電話：(02) 2917-8022 傳真：(02) 2911-0053

■2021 年 11 月 2 日初版 1 刷
■2022 年 3 月 15 日初版 2.5 刷
Printed in Taiwan

定價 520 元
ISBN: 978-626-318-012-3（紙本） ISBN: 9786263180178（EPUB）

城邦讀書花園
www.cite.com.tw

廣　告　回　函	
北區郵政管理登記證	
台北廣字第 000791 號	
郵資已付，免貼郵票	

104 台北市民生東路二段 141 號 9 樓

英屬蓋曼群島商家庭傳媒股份有限公司

城邦分公司

請沿虛線對摺，謝謝！

書號：BF3046　　書名：戰爭
暴力、衝突與動盪如何形塑人類與社會　　編碼：

請於此處用膠水黏貼

商周出版

讀者回函卡

線上版讀者回函卡

感謝您購買我們出版的書籍！請費心填寫此回函卡，我們將不定期寄上城邦集團最新的出版訊息。

姓名：＿＿＿＿＿＿＿＿＿＿ 性別：□男 □女

生日：西元＿＿＿＿年＿＿＿＿月＿＿＿＿日

地址：＿＿＿＿＿＿＿＿＿＿

聯絡電話：＿＿＿＿＿＿＿＿ 傳真：＿＿＿＿＿＿＿＿

E-mail ：

學歷：□ 1. 小學 □ 2. 國中 □ 3. 高中 □ 4. 大學 □ 5. 研究所以上

職業：□ 1. 學生 □ 2. 軍公教 □ 3. 服務 □ 4. 金融 □ 5. 製造 □ 6. 資訊

□ 7. 傳播 □ 8. 自由業 □ 9. 農漁牧 □ 10. 家管 □ 11. 退休

□ 12. 其他＿＿＿＿＿＿＿＿

您從何種方式得知本書消息？

□ 1. 書店 □ 2. 網路 □ 3. 報紙 □ 4. 雜誌 □ 5. 廣播 □ 6. 電視

□ 7. 親友推薦 □ 8. 其他＿＿＿＿＿＿＿＿

您通常以何種方式購書？

□ 1. 書店 □ 2. 網路 □ 3. 傳真訂購 □ 4. 郵局劃撥 □ 5. 其他＿＿＿＿

您喜歡閱讀那些類別的書籍？

□ 1. 財經商業 □ 2. 自然科學 □ 3. 歷史 □ 4. 法律 □ 5. 文學

□ 6. 休閒旅遊 □ 7. 小說 □ 8. 人物傳記 □ 9. 生活、勵志 □ 10. 其他

對我們的建議：＿＿＿＿＿＿＿＿＿＿

＿＿＿＿＿＿＿＿＿＿

＿＿＿＿＿＿＿＿＿＿

請於此處用膠水黏貼